여성 북한이탈주민의 경제적 적응

취업, 소득, 소비

서울대학교통일학연구총서 25

여성 북한이탈주민의 경제적 적응

취업, 소득, 소비

초판 1쇄 발행 2015년 12월 10일
초판 2쇄 발행 2016년 8월 30일

펴낸곳 서울대학교출판문화원
펴낸이 성낙인
지은이 정진화 · 손상희

출판등록 제15-3호

주소 (08826) 서울 관악구 관악로 1
대표전화 02-880-5252 팩스 02-888-4148
마케팅팀(주문상담) 02-889-4424, 02-880-7995
이메일 snubook@snu.ac.kr
홈페이지 www.snupress.com

ISBN 978-89-521-1726-7 94320
978-89-521-1029-9 (세트)

2016년 대한민국학술원 우수학술도서

서울대학교통일학연구총서 25

여성 북한이탈주민의 경제적 적응

취업, 소득, 소비

정진화 · 손상희 지음

서울대학교출판문화원

Economic Adaptation of Female Defectors from North Korea:

Employment, Income and Consumption

Jin Hwa Jung and Sang-Hee Sohn

Seoul National University Press

서울대학교통일학연구총서를 내면서

냉전체제가 와해되고 남북교류가 증대하면서 21세기 한반도의 창조적 미래구상이 절실히 요청되고 있다. 우리의 희망과는 달리 남북관계는 여전히 불안정하고 국제정세 또한 유동적이지만, 상호적대적인 분단체제는 더 이상 유지되기 어려운 상황임이 분명하다. 민주화와 경제발전을 성공적으로 이룩한 우리 사회의 역량을 바탕으로 이제 통일한국의 미래를 기획하고 추진하는 일이 핵심적인 시대적 과제로 부각되고 있다.

어떤 형태의 통일이 바람직할 것인가에 대해 완전한 합의를 얻기는 쉽지 않다. 통일이 이루어질 시기를 예측하기도 어려우며, 통일과정이 반드시 점진적이거나 평화적일 것이란 보장도 없다. 우리가 원치 않는 방식으로 통일문제에 맞부딪치게 될 가능성도 얼마든지 있다. 그럼에도 불구하고, 아니 그렇기 때문에 통일에 대한 연구는 더욱 총체적인 시야에서 체계적으로 이루어져야 한다. 실제로 통일과정에 돌입했을 때 그 전 과정을 적절히 관리할 역량이 갖추어지지 못하면 오히려 심각한 갈등과 후유증을 겪을 우려가 크기 때문이다.

통일논의가 구체화되고 정책적 실현가능성이 높아질수록 그에 적합한 전문성과 책임성을 갖추기 위해 노심초사해야 하는 것이 한국 지식인의 책무일 것이다. 반세기 이상 남북한 주민들이 경험해온 상이한 제도와 관행을 적절히 통합하고 전쟁의 상처와 오랜 대립에서 비롯된 적대감과 이질성을 극복하기 위해서는 고도의 전문성과 기획력이 무엇보다도 필요하다. 한반도 통일을 바람직한 동북아지역 질서와 연계시키고 보다 나은 공동체를 구현하는 일도 지식인들의 높은 식견과 섬세한 대응역량이

없이는 불가능하다.

서울대학교는 2003년부터 통일학연구 지원사업을 시작하였고, 우리 사회의 지적 대응능력을 키우는 데 진력하고 있다. 서울대학교의 통일연구 사업은 북한에 대한 지역연구 차원을 넘어서 통일과정 전반에서 고려되어야 할 쟁점들을 학제적으로 분석하는 데 목적을 둔다. 따라서 정치, 경제, 사회, 역사, 문화, 환경의 영역은 물론이고 농학과 의학, 과학기술과 예술 및 체육에 이르기까지 광범위한 영역을 포괄한다. 이 일을 총괄하는 서울대학교 통일평화연구원은 국내외의 연구기관 및 연구자들과 교류하면서 종합학문으로서의 통일학을 정립하고자 애쓰고 있다.

서울대학교통일학연구총서는 이러한 학문적 노력의 결실이다. 이 총서가 우리 시대 최대의 과제인 분단극복과 통일한국을 향한 역사적 장정에 긴요한 지적 자산이 되기를 기대한다. 또한 소모적인 이념 논란을 지양하고 창조적인 대안과 정책적 지혜를 탐색하는 이성적 도구로 활용되기를 바란다. 끝으로 통일연구의 시대사적 중요성을 인식하고 서울대학교 통일연구 사업의 제도적 바탕을 마련해주신 정운찬 전 총장님과 변함없이 이 연구사업을 지원, 격려해주신 이장무 전 총장님, 그리고 종전의 통일평화연구소를 통일평화연구원으로 승격하여 새로운 도약과 발전의 기틀을 마련해주신 오연천 총장님께 깊은 감사를 표한다.

2011년 9월

서울대학교 통일평화연구원

머리말

북한이탈주민의 수가 늘어나고 구성도 다양해지면서 남한사회에서 이들이 차지하는 정책적 중요도와 함께 대중의 관심도 높아지고 있다. 북한이탈주민의 성공적인 정착은 이들의 복지 차원에서뿐 아니라 남한사회의 통합과 사회비용 감소 측면에서도 중요하며, 통일한국을 대비한 자원관리 측면에서도 중요하다.

북한이탈주민이 남한사회에서 성공적으로 정착하기 위해서는 안정적인 소득확보를 통한 경제적 자립이 중요하며, 건전한 소비행태의 습득을 통해 합리적인 경제주체로서 활동할 수 있어야 한다. 그러나 북한이탈주민 대부분은 취업이나 소득수준, 소비생활 등 여러 면에서 많은 어려움을 겪고 있다. 특히 북한이탈주민의 70%를 차지하는 여성은 남성에 비해 취업이나 소득 면에서 더 열악하며, 가계소비를 책임지고 있으나 소비자로서의 역할을 수행하는 데 어려움을 겪고 있다.

북한이탈주민에 관한 기존 연구는 개괄적인 현상분석이거나 특정사항에 대한 단편적인 분석 위주였고, 소득과 소비를 아우르는 통합적인 연구는 없었다. 또한 성별 비교분석이나 여성에 특화된 연구도 드물었다. 본 연구는 이러한 시각에서 출발하였다. 여성 북한이탈주민에 초점을 맞추고 소득확보와 소비생활을 함께 분석함으로써 이들의 경제적 적응에 대한 이해를 높이고 효과적인 정책도출을 위한 기반을 마련하고자 하였다. 경제적 적응은 소득확보 측면에서 취업과 소득, 그리고 소비생활 측

면에서 소비지출행태와 소비생활적응으로 나누어 분석하였다. 이를 위해 서울 거주 여성 북한이탈주민을 대상으로 설문조사를 하였고, 분석결과를 기초로 이들의 경제적 자립과 복지 증진을 위한 정책적 시사점을 도출하였다.

본 연구는 모두 여섯 개 장으로 구성되어 있다. 제1장은 연구의 개요 부분이고, 제2장은 북한이탈주민 관련 통계와 선행연구를 바탕으로 북한이탈주민의 현황과 관련 지원제도를 정리한 내용이다. 제3장은 본 연구에서 수행한 여성 북한이탈주민 설문조사의 방법과 내용에 관한 설명이다. 제4장은 설문조사 자료를 사용하여 여성 북한이탈주민의 취업과 일자리특성, 소득 및 생활만족도 수준을 파악하고 관련요인들과의 연관관계를 분석한 결과다. 제5장은 여성 북한이탈주민의 소비지출행태와 소비생활적응을 분석한 것으로, 소비생활적응은 심리, 시장, 금융, 문화의 네 영역으로 측정하고, 영역별 수준에 따라 적응형태를 유형화하여 설명한다. 제6장에서는 경제적 자립역량 강화, 개인특성별 맞춤형 지원, 지원제도의 성과평가 강화와 실효성 제고의 원칙하에, 여성 북한이탈주민의 취업역량 강화와 소득증대 및 소비생활적응과 삶의 질 제고를 위한 정책대안을 제시한다. 본 연구가 여성 북한이탈주민에 대한 정책적 관심을 높이고 지원정책의 성과를 높이는 데 유용한 자료로 활용될 수 있기를 기대한다.

본 연구는 서울대학교 통일평화연구원 2012년 통일학·평화학 연구기금으로 수행되었다. 연구를 지원해준 서울대학교 통일평화연구원에 감사드린다. 또한 본 연구는 진행과정에서 많은 이들의 도움을 받았다. 서울대학교 농경제사회학부 박사과정 이주관 학생과 소비자학과 박사과정 박종옥 학생은 자료수집에서 분석에 이르기까지 전 과정에서 많은 기여를 했으며, 농경제사회학부 박사과정 조현정 학생과 인하대학교 소비자아동학과 겸임교수 김정은 박사는 설문조사 과정에서 많은 도움을 주었다. 아울러 조사 설계와 정책 등에 관해 자문을 해주신 여러 전문가와 관

계자, 북한이탈주민 조사원들과 설문조사에 참여해준 모든 여성 북한이탈주민들께도 고마움을 표한다.

2015년 11월

정진화

차례

제6장 결론: 여성 북한이탈주민의 경제적 적응과 과제

표 차례

그림 차례

제1장

서론: 북한이탈주민, 그리고 여성

1. 연구배경

2013년 12월 기준으로 국내에 거주 중인 북한이탈주민은 2만 6,000여 명에 달한다(통일부, 2014a).[1] 이들 북한이탈주민의 남한사회 내 성공적인 정착은 매우 중요한 의미를 지닌다. 북한이탈주민이 남한사회에서 자생력을 가진 경제주체로서 정착할 경우, 노동과 자본의 공급원으로서 경제성장의 동력이 될 수 있고, 특히 저출산·고령화 시대의 인력문제 해소에 기여할 수 있다. 반면 이들이 경제적으로 자립하지 못하고 빈곤층으로 전락한다면, 이들의 정착과 생계유지를 위해 막대한 복지비용이 소요되며,

1 북한을 이탈하여 남한에 거주하고 있는 주민을 지칭하여 탈북민, 새터민 등 다양한 용어가 혼재되어 사용되어왔으나, 통일부는 「북한이탈주민 보호 및 정착지원에 관한 법률」 제2조에 따라 "북한이탈주민"을 공식 법률용어로 정착시켰다. 그러나 북한이탈주민 전체가 아닌 특수집단을 대상화하는 경우, 예를 들어 북한이탈주민 예비학교의 설립에 관한 「북한이탈주민 보호 및 정착지원에 관한 법률」 제24조 2항을 보면, 북한이탈주민 중 청소년 집단을 일컬어 "탈북 청소년"으로 칭하고 있다. 이에 따라 본 연구에서는 북한이탈주민 중 여성 집단을 "탈북여성"이라 칭하고, "여성 북한이탈주민"과 함께 호환하여 사용한다.

계층 간 갈등구조의 고착화와 같은 심각한 사회문제를 야기할 수 있다. 북한이탈주민은 통일과정에서 남북화합의 발판이 될 수 있다는 점에서도 중요하다. 독일의 사례에서처럼 국제법상 남북한의 통일은 북한주민이 남한을 선택해야 가능하며(조영남, 2012), 북한이탈주민의 경험과 인식은 통일과정에서뿐 아니라 통일 이후 북한주민과 남한주민의 통합에도 중요한 역할을 할 수 있다.

그러나 현실적으로 많은 북한이탈주민이 남한사회에 적응하는 데 어려움을 겪고 있다. 북한이탈주민의 약 30%가 남한입국 이후에도 자신을 여전히 북한사람이라고 인지하며, 70%가 중국을 친근하게 느끼는 반면 24%만이 남한을 친근하게 생각한다(송영훈, 2012). 남한거주기간이 길어질수록 오히려 남한사회에서 살고 싶지 않다는 비율이 높게 나타나기도 한다(박명규 외, 2012).

북한이탈주민의 성공적인 정착을 위해서는 무엇보다도 안정적인 소득확보를 통한 경제적 자립이 중요하며, 건전한 소비행태의 습득을 통해 합리적인 경제주체로서 기능하는 것이 중요하다. 그러나 북한이탈주민은 직업의 안정성이나 소득수준, 소비생활 등 여러 측면에서 매우 취약한 구조로 되어 있다. 북한이탈주민지원재단(2013) 조사결과에 따르면, 북한이탈주민은 일반국민에 비해 경제활동참가율은 낮고 실업률은 높으며, 취업자라고 하더라도 단순직·저임금 직종에 집중되어 있다. 이에 따라 북한이탈주민 가구의 60% 이상이 월평균 생활비 100만 원 이하로 나타난다(북한이탈주민지원재단, 2012). 북한이탈주민의 생계급여 수급률은 50%가 넘어 일반국민의 수급률 3%와 대비되며, 의료급여 수급률은 60%를 넘어 일반국민의 수급률 4%와 현격히 대비된다(사회통합위원회, 2011).

이러한 문제들을 해결하기 위해 정부는 다양한 북한이탈주민 정착지원제도를 운영하고 있다. 그러나 현행 지원제도는 북한이탈주민이 처한 문제의 근본적인 해결이나 정책효과의 지속성 면에서 미흡한 것으로 평가된다(김경호, 2006; 국회예산정책처, 2009). 정부의 다양한 정책적 노력과 지

원프로그램에도 불구하고, 북한이탈주민의 경제적 지위는 크게 개선되지 못하고 열악한 상태다. 취업지원제도의 경우 북한이탈주민의 취업 촉진이나 고용안정성 제고에 실질적인 기여를 하지 못한다는 분석결과가 많다(노경란 · 김임태, 2007; 박성재 · 김화순, 2008; 박정란 · 강동완 · 김홍광, 2010; 박성재, 2012; 이찬 · 나승일 · 이수경, 2012).

북한이탈주민이 증가하면서 이들의 남한사회 정착과 관련하여 다양한 시각에서 연구들이 진행되어왔다. 특히 북한이탈주민의 성공적인 정착을 위해서는 경제적 자립이 중요하다는 점에서, 이들의 취업과 관련한 연구들—구직활동, 직업훈련, 취업경로, 취업형태, 직장생활, 직업가치 등—이 수행되었다(강일규 · 고혜원, 2003; 선한승 외, 2005; 전연숙 · 김봉환, 2005; 박정란, 2006; 김창권, 2007; 노경란 · 김임태, 2007; 유길상 · 박성재 · 김화순, 2007; 박정란 · 강동완, 2008; 김화순, 2009). 그러나 북한이탈주민의 경제활동 전반에 관한 체계적인 통계 구축이 미흡하여 소수인원 대상의 심층면접을 통한 정성적 연구가 많았고, 정량분석의 경우 소규모 표본에 기초한 제한된 분석이 주류를 이루었다.

북한이탈주민에 대한 체계적인 조사와 자료 구축은 북한이탈주민지원재단의 설립과 함께 본격화되었다. 그전에는 북한인권정보센터에서 북한이탈주민의 경제활동에 대한 실태조사를 매년 실시하였으나, 조사규모가 작아 통계의 대표성이나 신뢰도에는 한계가 있었다.[2] 북한이탈주민지원재단에서는 2010년 설립 이후 정부의 예산지원을 받아 북한이탈주민에 대한 실태조사를 하고 있다. 2013년 경제활동실태조사는 북한이탈주민 2,300여 명을 대상으로 경제활동과 관련된 다양한 통계를 제시하고 있다. 그러나 이들 자료에 대한 접근이 제한되어 있어 북한이탈주민의 경

2 북한이탈주민 경제활동실태조사는 (사)북한인권정보센터에서 2005년부터 실시한 조사가 대표적이나, 조사는 소규모로 이루어졌다. 2011년 조사(북한인권정보센터, 2012)의 경우, 전국 단위의 조사이기는 하나 대상자가 390여 명에 불과하여 취업률과 같은 거시통계의 신뢰도에는 한계가 있다.

제활동이나 정책의 효과성 등에 대한 분석은 극히 제한적으로 이루어지고 있다.

북한이탈주민의 취업에 관한 연구들은 이들의 높은 실업률과 저임금의 원인으로 직업능력의 부족과 사회적 편견을 지적한다. 북한이탈주민이 직장생활을 하는 데 있어 직면하는 애로요인 중 하나는 업무수행을 위한 능력 부족이다. 따라서 노동시장 진입 및 안착을 위해서는 직업능력개발과 같은 인적지본투자가 중요하나(이금순 외, 2003; 강일규 외, 2004; 김창권, 2007; 이찬 외, 2007; 김화순, 2009; 유시은, 2012). 북한이탈주민 개개인의 인적자본 이외에 노동시장의 구조적 형태 또한 이들의 1차 노동시장으로의 진입을 방해하는 요인이기도 하다(이기영, 2006; 김화순 2009). 북한이탈주민의 실업률이 높은 데에는 한국사회 내의 차별과 편견과 같은 구조적 문제의 영향도 크다(유지웅, 2007). 북한이탈주민의 취업에 관한 연구는 비교적 활발히 이루어졌으나, 취업의 질에 관한 연구는 상대적으로 미흡하다.

북한이탈주민의 소득에 관한 연구는 찾아보기 어려운데, 이는 소규모 조사의 경우 소득에 관한 신뢰성 있는 통계를 구하기가 어렵다는 데에도 원인이 있다. 북한이탈주민의 경우 기초생활수급자로 남아 있는 비율이 높고, 취업으로 근로소득 발생 시 각종 복지혜택에서 탈락할 수 있어 소득을 숨기는 경우도 많아, 조사의 신뢰도가 낮기 때문이다. 근로소득이나 가구소득 수준에 대한 조사는 간헐적으로 이루어졌으나(윤덕룡 · 강태규, 1997; 장명선 · 이애란, 2009; 전우택 외, 2009), 대규모 표본에 대한 조사는 북한이탈주민지원재단의 실태조사가 유일하다.

대부분의 연구들이 횡단자료(cross-section data)를 사용한 데 비해, 패널자료 구축을 통한 연구도 이루어졌다(유시은 외, 2008; 전우택 외, 2009; 유시은, 2012). 이들 연구는 북한이탈주민에 대한 패널자료를 구축하여 취업과 소득 수준 등에 관한 다양한 분석을 하였다는 데 의의가 있다. 그러나 패널의 크기가 작아 표본의 대표성이나 실증분석 결과의 신뢰도 면에서는 한

계가 있다.[3]

북한이탈주민의 소비생활과 관련해서는 남한 및 북한에서의 소비행태에 대한 연구들이 있다. 이들 연구는 북한이탈주민의 소비자로서의 취약성, 즉 시장환경에 대한 이해 부족, 정보획득 및 선택의 제한성, 상대적인 박탈감, 시장에서의 무력감, 소비생활에서의 자신감 결여, 다양한 소비자피해에의 노출과 경험, 소비자보호에 대한 인식 부족 등을 지적한다(이기춘 · 나종연, 2007; 이기춘 · 정진화 · 나종연, 2008; 박용석 · 원혜일, 2010; 손상희, 2013). 여성 북한이탈주민은 열악한 소득구조로 인해 소비생활 여건이 취약하며, 충동구매와 같은 비계획적인 소비성향도 지적된다(장명선 · 이애란, 2009; 김병욱 · 김영희, 2011). 이에 따라 북한이탈주민의 합리적인 소비생활을 위한 교육과 지원의 필요성이 강조되고 있으나, 아직 관련 연구가 그리 활발하지는 않다. 대부분 질적 연구나 실태조사 중심의 연구로서 소비생활과 관련된 다양한 변인에 대한 분석은 극히 제한적이다. 북한이탈주민의 소비수준과 저축, 부채 등 주요 소비지출행태의 결정요인에 대한 연구는 드물며, 소비생활적응에 관한 통합적인 개념을 제시하거나 측정을 시도한 연구는 없다.

이상에서 살펴본 바와 같이 북한이탈주민의 경제적 적응과 관련하여 다양한 연구가 진행되어왔으나, 대부분 취업이나 소득, 소비생활 등 각 부문에 대한 단편적 연구들이며, 경제적 적응을 통합적으로 다룬 연구는 거의 없다. 또한 북한이탈주민의 70%가 여성이고 이들은 남성에 비해 경제적으로 더 많은 어려움을 겪고 있으나, 여성 북한이탈주민에 초점을 맞춘 연구는 극히 일부에 불과하다. 여성 북한이탈주민의 경제활동 전반에 관한 연구로는 장명선 · 이애란(2009)의 연구가 대표적이며, 소비생활과 관련해서는 김병욱 · 김영희(2011)의 연구가 있다. 이들 연구는 여성

3 2001년부터 2007년까지 총 세 차례에 걸친 추적조사를 통해 패널자료가 구축되었으나, 2001년 표본이 200명이고 세 차례 조사에 모두 참여한 응답자는 106명에 불과하다.

북한이탈주민에 초점을 맞추어 경제활동 전반과 소비생활을 다루었다는 데 의의가 있다. 그러나 실태조사를 통한 현상분석 위주이고 취업이나 소득의 결정요인이나 소비생활적응에 대한 심층분석은 이루어지지 않았다. 더욱이 여성 북한이탈주민의 소득과 소비를 종합적으로 다룬 연구는 찾아볼 수 없다.

따라서 본 연구는 기존 연구들의 연장선상에서, 여성 북한이탈주민에 초점을 맞추어 이들의 경제적 적응 현황과 관련 요인을 통합적으로 분석하고자 한다.

2. 연구내용

본 연구는 여성 북한이탈주민의 남한사회에서의 경제적 적응 현황을 파악하고 관련 요인을 분석하는 데 목적이 있다. 또한 이를 통해 이들의 경제적 자립과 복지 증진을 위한 정책 도출에 기여하고자 한다. 여성 북한이탈주민의 경제적 적응은 취업과 소득 및 소비의 측면에서 통합적으로 분석하며, 경제적 적응에 영향을 미치는 요인들에 대한 실증분석을 통해 여성 북한이탈주민의 경제적 적응 시스템을 이해하고 관련 정책의 실효성을 높이는 데 기여한다.

북한이탈주민 중에서도 여성은 남성에 비해 인원수는 훨씬 많으나 취업이나 소득 면에서 훨씬 취약하고, 가계소비의 책임자로서 소비생활 측면에서 많은 어려움을 겪고 있으며, 자녀양육 부담과 여성에 대한 암묵적 차별 등으로 경제활동에 있어 추가적인 어려움을 겪고 있다. 따라서 여성 북한이탈주민의 경제활동 전반에 대한 체계적인 분석을 토대로 이들의 특성과 여건에 맞는 맞춤형 정책지원이 필요하다. 특히 취업과 소득 및 소비가 서로 연계되어 있다는 점에서, 이러한 변수들의 연계구조에 대한 분석이 필요하다. 본 연구는 여성 북한이탈주민의 취업과 소득 및 소비에

대한 통합적 접근을 통해 이들의 경제적 적응 현황과 관련 요인을 분석한다는 점에서 기존 연구들과 차별화된다. 본 연구의 결과는 여성 북한이탈주민의 취업 및 소득 증대와 합리적인 소비생활을 위한 정책방안 도출에 기여할 것으로 기대된다.

본 연구는 모두 여섯 개 장으로 구성된다. 제1장은 연구의 필요성과 목적, 방법 등에 대한 개괄적 설명이며, 경제적 적응의 개념과 측정 및 관련 요인들에 대한 연구모형을 제시한다.

제2장에서는 여성 북한이탈주민의 경제적 적응에 대한 본격적인 분석에 앞서, 선행연구들과 관련 통계자료를 기초로 북한이탈주민 전체의 정착 현황과 관련 지원제도를 살펴본다. 북한이탈주민의 증가 추이 및 인적 구성 등 일반 현황에 이어, 취업과 직업훈련, 임금수준 및 가구소득, 소비 및 생활 수준 등 경제적 적응 현황을 살펴보고, 북한이탈주민 지원 현황과 성과를 예산과 제도를 중심으로 검토한다.

제3장에서는 여성 북한이탈주민 실태조사의 내용과 방법을 설명하고, 조사 결과 나타난 응답자들의 주요 특성을 제시한다. 응답자 특성은 연령이나 가족관계와 같은 일반적 특성, 교육수준이나 직업훈련과 같은 인적자본, 인적 네트워크와 같은 사회적 자본으로 구분하여 분석한다. 또한 주요 지원제도의 이용실적과 유용성을 비교한다.

제4장에서는 본 연구의 실태조사 결과를 토대로, 여성 북한이탈주민의 경제적 적응을 취업과 소득 측면에서 살펴본다. 여성 북한이탈주민의 취업 현황과 일자리특성, 근로소득과 가구소득, 생활만족도 등을 점검하고, 각각의 결정요인을 여성 북한이탈주민 개인의 일반적 특성과 인적자본, 사회적 자본 변수로 나누어 분석한다.

제5장은 여성 북한이탈주민의 소비지출행태와 소비생활적응을 다룬다. 소비지출 및 저축과 부채 등을 중심으로 소비지출행태를 파악하고 그 결정요인을 분석한다. 또한 소비생활적응 척도를 개발하여 여성 북한이탈주민의 소비생활적응 수준을 측정하고 이에 영향을 미치는 요인을 분

석한다. 소비생활적응의 영역별 수준에 따라 여성 북한이탈주민을 유형화하고 소비생활만족도와의 관계를 분석한다.

제6장에서는 주요 분석결과를 요약하고, 이를 바탕으로 여성 북한이탈주민의 경제적 적응을 촉진하기 위한 정책대안을 제시한다. 여성 북한이탈주민의 취업역량 강화와 소득증대 및 소비생활적응 촉진과 삶의 질 제고라는 정책목표를 달성하기 위한 방안을 인적자본과 사회적 자본, 지원 인프라 등의 측면에서 도출한다.

3. 연구 모형과 방법

1) 연구모형

(1) 사회적 통합과 경제적 적응

본 연구에서 사용하는 여성 북한이탈주민의 경제적 적응 모형은 이주민이나 난민의 사회통합(social integration) 모형을 기반으로 한다. 이주민이나 난민의 사회통합은 미국과 유럽 등에서 오래도록 연구된 주제다(Chiswick, 1978; Kuhlman, 1991; Borjas, 1994). 이들 국가는 역사적으로 다양한 인종의 유입을 경험하였고, 민주주의라는 정치체제가 구체화되면서 포로나 노예가 아닌 사회구성원으로 이들을 받아들이는 것이 중요한 과제로 부각되었기 때문이다. 때로는 사회가 수용할 수 있는 수준 이상의 이주노동자 유입으로 일자리 부족과 복지비용 상승 등의 사회문제를 경험하였으며, 이를 해소하기 위해 사회적 노력을 기울여왔다(강휘원, 2010).

이주민이나 난민의 사회통합에 대해 많은 연구가 이루어지기는 했으나, 정작 사회통합의 의미를 명확하게 정의하기는 어렵다. 하렐본드는 사회통합을 기존 거주자와 난민이 사회 내의 한정된 자원을 가지고 공생할 수 있는 상태라고 정의한다(Harrell-Bond, 1986). 베리는 지역사회와의 교

류 및 문화적 특수성의 유지 여부를 기준으로 통합의 개념을 설명하고 있다(Berry, 1994)(〈표 1-1〉). 이에 반해 유엔난민기구는 지역사회로의 통합(local integration)을 통해 새로운 정착지역에서 난민들의 사회경제적·문화적 삶이 동화(assimilation)되어가는 과정을 사회통합으로 정의한다(UNHCR, 2002). OECD(2012)에서는 통합을 이주민의 경제적·사회적 자립으로 규명하고 고용률, 소득수준, 주거환경, 건강상태, 의료서비스 접근성, 자녀교육, 시민권 확보 등을 종합적으로 반영하여 이민자 통합지수를 도출하고 있다.

사회통합의 개념적 정의는 다양하나, 경제적 적응(economic adaptation)이 그 핵심에 있다는 것은 분명하다. 이는 경제적 적응이 이주민의 사회통합을 실현하는 가장 기본적이면서도 중요한 과정이기 때문이다. 경제적 적응은 개인적으로는 사회의 도움 없이 스스로 생활을 유지할 수 있는 정착지 내에서의 자립을 의미하며, 사회적으로는 경제주체로서 생산과 소비활동을 영위하는 것을 의미한다. 이주민의 경제적 자립은 경제활동을 통한 경제성장 촉진 및 사회적 비용 절감이라는 면에서 매우 중요하다. 따라서 사회통합이라는 측면에서 경제적 적응은 매우 유용한 의미를 가지며, 대부분의 정부정책은 이주민의 경제적 통합과 적응을 목표로 한다(Potocky-Tripodi, 2004).

이에 본 연구에서는 경제적 적응에 초점을 맞추어 북한이탈주민의 사회통합 과정을 이해하고자 한다. 사회통합과 관련된 대부분의 선행연구에서도 취업과 소득수준, 소비지출 수준 등의 경제적 적응 정도는 정착

표 1-1 사회통합의 개념

		문화적 특수성(cultural identity)	
		유지	상실
다른 집단과의 교류	있음	통합(integration)	동화(assimilation)
	없음	분리(separation)	주변화(marginalization)

자료: Berry(1994).

국가에서의 통합 정도를 평가하는 중요한 지표로 사용되어왔다(Kuhlman, 1991; Borjas, 1994; Clark, 2009).[4] 경제적인 측면에서의 통합은 사회 내의 소수 이주민 집단이 정부의 보조에서 벗어나 자신들의 능력을 통해 경제활동에 참여하게 되는 자립의 과정이며, 이를 통해 소득을 획득하고 기초생활수준 이상을 유지하게 되는 정착의 과정이라고 볼 수 있다. 북한이탈주민의 경제적 적응에 대한 분석은 이들이 남한사회에 정착하여 경제활동을 하고 소득을 획득하며 소비생활을 함으로써 국민경제에 통합되어가는 과정을 이해하는 데 필수적이다.

난민의 경제적 적응에 대한 통합적 이론으로 평가되는 쿤만의 이론에서는 취업이나 복지효능감, 소득과 같은 산출지표를 사용하여 경제적 적응을 통한 사회적 통합을 평가한다(Kuhlman, 1991). 경제적 적응에 영향을 미치는 요인은 크게 여섯 가지로 구성된다. 첫째, 인구학적 특성요소로 성별과 나이, 종교, 교육수준, 가족구성이 포함된다. 둘째, 이주과정에 연관된 특성들로 이주동기와 이동과정, 변화에 대한 태도가 포함된다. 셋째, 정착국의 특성으로 경제 상황, 인종구성, 이주민에 대한 태도다. 넷째, 정책 특성으로 이주민에 대한 국가나 지방정부 단위의 정책이 포함된다. 다섯째는 거주 특성으로 이주 후 거주기간과 이사 경험이며, 여섯째는 적응의 비경제적 측면으로서 새로운 환경에 대한 스트레스나 문화 변화에 대한 적응 정도가 경제적 적응에 영향을 미치는 것으로 파악된다.

경제적 적응을 취업과 소득, 소비와 같은 경제활동 전반에 대한 적응과 자립이라고 해석한다면, 경제적 적응 수준을 결정하는 중요한 요인으로 인적자본과 사회적 자본을 들 수 있다.

인적자본이론에서는 개인의 노동시장 참여와 그 성과를 결정하는 요인으로 학교교육과 직업훈련을 강조한다(Schultz, 1961; Mincer, 1974; Becker,

---

4 경제적 적응을 사회통합의 지표로 사용하게 되면 이들의 사회적 통합, 즉 이들의 정치적 권리나 차별 등의 문제를 다루지 않으면서도 정착국에서 어떤 사회경제적 위치를 차지하는지 평가할 수 있다는 장점이 있다(Lemaitre, 2007).

1993). 개인은 학교교육과 직업훈련을 통해 유용한 지식과 기술 등을 습득함으로써 인적자본을 축적하며, 개인에게 체화된 인적자본은 생산성 제고를 통해 취업 가능성 증가와 소득증대로 이어진다. 또한 인적자본은 노동시장에서의 생산성뿐 아니라 소비활동 등 생활 전반에서의 생산성 증대에도 기여한다. 헨드릭스는 이주민의 인적자본이 이들의 경제적 적응과 성과에 매우 중요한 영향을 미친다고 지적한 바 있다(Hendricks, 2002). 이를 북한이탈주민의 경제적 적응 논의에 적용하면, 북한에서 축적한 인적자본과 남한 입국 이후 새로이 축적한 인적자본이 이들의 경제적 적응에 차별화된 결과를 초래할 것으로 기대된다.

사회적 자본은 사회 내에 존재하는 공식적·비공식적 집단에 참여함으로써 사람들이 얻는 혜택(Coleman, 1988) 또는 지속적 연결망으로 인해 개인이 얻게 되는 기회나 이점의 합(Bourdieu, 1986)으로 정의된다. 사회적 자본은 물질적 자본이나 인적자본과 대비되는 것으로, 사람들 사이의 신뢰에 의해 형성되는 비정형의 가치라고 할 수 있다(Putnam, 1995). 이주민의 경제적 적응과 관련하여 사회적 자본이 중요한 이유는 사회 내에 존재하는 인적 네트워크와 공동체 내의 규범과 신뢰 등이 이주민의 경제적 자립과 사회통합에 긍정적인 영향을 줄 수 있기 때문이다(Potocky-Tripodi, 2003).

(2) 경제적 적응 연구모형

이상의 논의를 종합하여 본 연구에서는 〈그림 1-1〉과 같은 연구모형을 설정한다. 여성 북한이탈주민의 경제적 적응에 대한 연구모형은 난민의 경제적 적응에 대한 이론적 틀(Kuhlman, 1991)을 기반으로, 인적자본이론과 사회적 자본이론 및 북한이탈주민의 특수성을 반영하여 구성하였다.

여성 북한이탈주민의 경제적 적응은 취업과 소득 및 소비의 측면에서 분석한다. 성공적인 경제적 적응을 위해서는 취업을 통한 경제활동 참여와 안정적인 소득확보, 합리적인 소비활동을 통한 효용증대가 필수적이

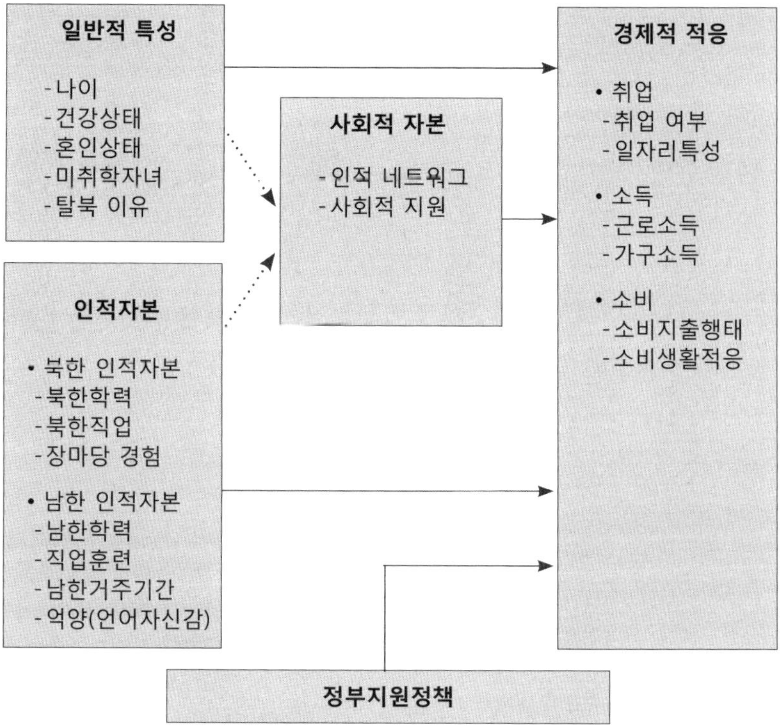

그림 1-1 연구모형

기 때문이다.

첫째, 취업과 관련해서는 취업 여부와 일자리특성으로 구분하여 분석한다. 즉, 노동시장에 참여하여 취업을 하고 있는지, 취업을 하고 있다면 양질의 일자리를 가졌는지를 분석한다.

둘째, 소득은 취업을 통해 얻는 근로소득과 가구소득을 구분하여 분석한다. 가구소득은 여성 북한이탈주민의 근로소득에 더하여 배우자 및 기타 가구원의 근로소득과 자산소득, 정부지원금이나 민간단체지원금 등 모든 소득원을 합한 것으로, 이를 통해 여성 북한이탈주민의 경제 상황을 가늠할 수 있다.

셋째, 소비는 소비지출행태와 소비생활적응으로 구분하여 분석한다. 열망재나 필수재, 부채와 저축과 같은 소비지출행태에 대한 분석과 함께,

남한사회의 소비생활에 얼마나 적응하고 있는가를 분석한다.

여성 북한이탈주민의 경제적 적응 결정요인은 인적자본과 사회적 자본을 양 축으로 하고 여기에 개인의 일반적 특성과 정부지원정책을 포함한다. 이론적으로는 개인의 일반적 특성이 남한에서의 인적자본 축적에 영향을 미칠 수 있고 남한 인적자본이 사회적 자본 형성에 영향을 미칠 수 있으나, 본 연구에서는 이러한 연관성보다는 이들 설명변수들과 경제적 적응 변수와의 인과관계에 초점을 맞추기로 한다.

인적자본은 북한에서 축적한 인적자본과 남한 입국 후 새로이 축적한 인적자본의 효과가 다를 것이라는 가정하에, 북한 인적자본으로 북한에서의 학력과 직업 및 장마당에서의 장사 경험을 포함하고, 남한 인적자본으로 남한에서 이수한 정규교육과 직업훈련, 남한거주기간, 억양 차이를 포함한다. 남한거주기간은 일반적 숙련(general skill)의 대리변수이며, 억양 차이는 언어자신감을 반영하는 변수로 사용한다. 사회적 자본은 여성 북한이탈주민의 남한사회 내 인적 네트워크로 측정한다. 새로운 환경에 적응해야 하는 이주민들에게 있어 사회 내 기존 집단과의 인적 네트워크는 중요한 사회적 자본의 역할을 하며, 이주민과 이질적인 집단과의 새로운 네트워크 형성이 이주민의 취업과 소득증가에 도움이 된다(Nee and Sanders,2001; Ooak, 2001; Potocky-Tripodi, 2004). 여성 북한이탈주민의 일반적 특성에는 나이와 건강상태, 혼인상태, 미취학자녀, 탈북 이유 등이 포함되며, 정부지원정책은 북한이탈주민 정착을 위한 지원제도를 의미한다.

2) 연구방법

본 연구에서는 먼저 북한이탈주민의 일반적인 정착 현황과 지원제도에 대해 개략적으로 검토한 후, 여성 북한이탈주민의 경제적 적응 현황과 그 결정요인을 분석하고, 이를 토대로 이들의 경제적 적응을 촉진하기 위한 정책을 도출한다. 북한이탈주민의 일반적인 정착 현황은 통일부와 북한

이탈주민재단의 통계를 사용하여 분석하고, 지원제도의 개요와 평가는 정부와 국회 자료 및 관련 문헌을 기반으로 검토한다. 통일부의 북한이탈주민 통계는 북한이탈주민 전체에 대한 가장 공신력 있는 통계이나 내용면에서 제한적이며, 북한이탈주민재단 통계는 현재로는 표본크기가 가장 크고 경제활동을 포함하여 비교적 다양한 분야에 대해 조사하고 있으나 깊이 있는 분석을 수행하기에는 조사항목에서 많은 제약이 있다. 따라서 본 연구에서는 여성 북한이탈주민을 대상으로 별도의 실태조사를 실시하고 그 결과를 사용하여 경제적 적응에 대한 분석을 시행하였다.

여성 북한이탈주민의 경제적 적응에 대한 설문조사는 서울시에 거주하는 만 25세에서 60세까지 여성을 대상으로 실시하였다. 북한이탈주민 집단의 특성상 확률적 표집이 어려워 비확률적 표집방법을 사용하여 표본을 추출하였다. 예비조사와 전문가 자문회의를 거쳐 2012년 5월과 6월에 걸쳐 본 조사를 진행하였고, 설문조사는 조사원을 통한 면대면 방식과 자기기입방식을 병행하여 진행하였다. 최종분석에는 총 278명의 조사자료가 사용되었다.

경제적 적응 관련 분석에는 각 변수의 특성에 따라 다양한 형태의 회귀분석이 사용되었다. 취업과 관련하여 취업 여부의 결정요인은 이항로짓분석을 사용하였고, 취업의 질을 반영한 직종별 취업 결정요인 분석에는 다항로짓분석이 사용되었다. 소득수준은 응답률과 응답의 정확성을 고려하여 구간 값으로 조사되었기 때문에 순위로짓분석을 시행하였고, 구간평균값을 사용하여 연속형 자료로 변환한 후 회귀분석(OLS)과 토빗분석을 병행하여 비교하였다. 소비의 경우, 소비지출행태는 회귀분석을 사용하여 결정요인을 분석하였고, 저축과 부채 유무의 결정요인 분석에는 이항로짓분석을 사용하였다. 소비생활적응은 요인분석을 통해 영역별로 척도를 개발하여 적응 수준을 측정하였고, 소비생활적응 유형을 파악하기 위해 군집분석을 사용하였다. 소비생활적응 유형 및 소비생활만족도의 결정요인 분석에는 회귀분석을 사용하였다.

연구진행 과정에서 북한이탈주민의 경제활동에 대한 연구 경험이 있는 전문가들과 북한이탈주민 지원기관 및 관련 단체 관계자 등으로 자문위원단을 구성하여, 설문조사 설계와 조사방법 및 결과해석 등에 대한 자문을 구하였다. 또한 정책제언에 관해서도 검증과정을 거쳐 제안내용의 실현 가능성과 타당성을 확보하고자 하였다.

제2장

북한이탈주민의 정착 현황과 지원제도

1. 북한이탈주민의 입국 현황과 인적 구성

1) 북한이탈주민의 입국 현황

북한주민의 탈북 현상은 1990년대 중반 이후 북한의 경제난이 악화되면서 본격화되었다. 2012년 기준으로 중국 등 제3국에 체류하는 탈북자는 약 4만 명에 달하는 것으로 추산되었다(국회보, 2012. 8). 탈북자의 국내 입국은 1990년대 초까지는 군인들의 귀순이나 정치망명 등을 통해 제한적으로 이루어졌고 매년 10명 이내로 그 규모가 매우 작았다. 그러나 북한의 경제난과 맞물려 탈북자가 급증하면서 2002년에는 국내 입국자가 1,000명을 넘어섰고, 2009년에는 국내 입국자가 2,900명을 넘어 최다 입국기록을 세웠다. 그러나 이후 중국과 북한의 국경경비 강화 등으로 입국자의 수는 다시 줄어든 상태다(〈그림 2-1〉).

한국은행(2014)의 추정에 의하면, 북한의 경제성장률은 2000년대 들어와 정체되어 있으며 마이너스 성장을 반복하기도 한다. 탈북 이후 남한에 입국하기까지의 시간 차이를 고려하면 북한의 경제 상황과 입국인원의 증감이 대체로 같은 방향으로 움직이는 것으로 판단된다.

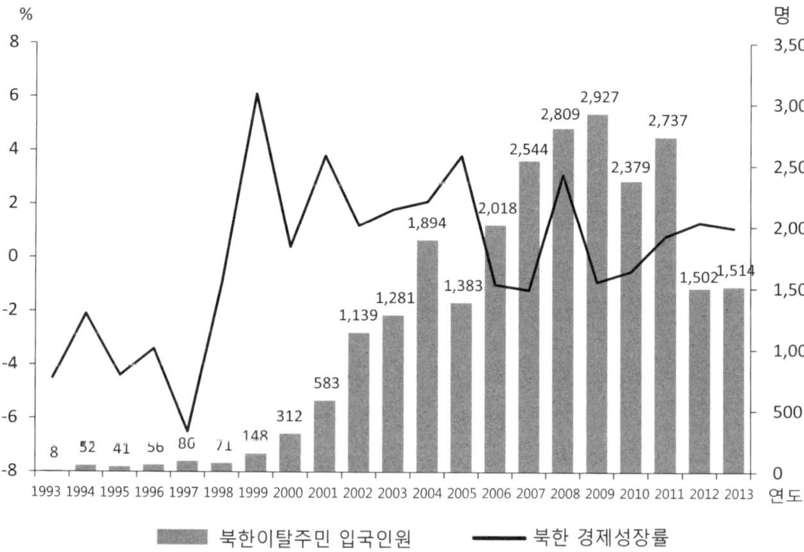

그림 2-1 북한의 경제성장률과 북한이탈주민 입국인원

자료: 통일부(2014a); 한국은행(2014).

북한경제가 정체되면서 북한과 남한의 경제규모 격차 역시 큰 폭으로 확대되고 있다(〈그림 2-2〉). 북한의 2013년 국민총소득은 약 34조 원으로 추정되며, 이는 남한의 국민총소득 1,441조 원의 2.3%에 불과하다. 1인당 국민소득 차이 또한 확대되고 있어, 북한의 2013년 기준 1인당 국민소득은 약 138만 원으로, 남한의 1인당 국민소득 2,870만 원의 4.8%에 불과하다. 남북한 경제규모의 격차가 북한주민의 탈북과 국내입국을 부추기고 있는 것은 틀림없어 보인다.

북한이탈주민지원재단(2012) 조사에서도 북한의 경제난과 이로 인한 경제적 어려움이 북한이탈주민 증가의 가장 큰 원인으로 지적되었다(〈그림 2-3〉). 김경호(2006), 전연숙·김봉환(2005), 장명성·이애란(2010) 또한 경제적 어려움이 가장 큰 탈북 이유이며, 따라서 북한의 경제사정이 심각해질수록 탈북자 수가 증가하고 국내로 유입되는 북한이탈주민의 수

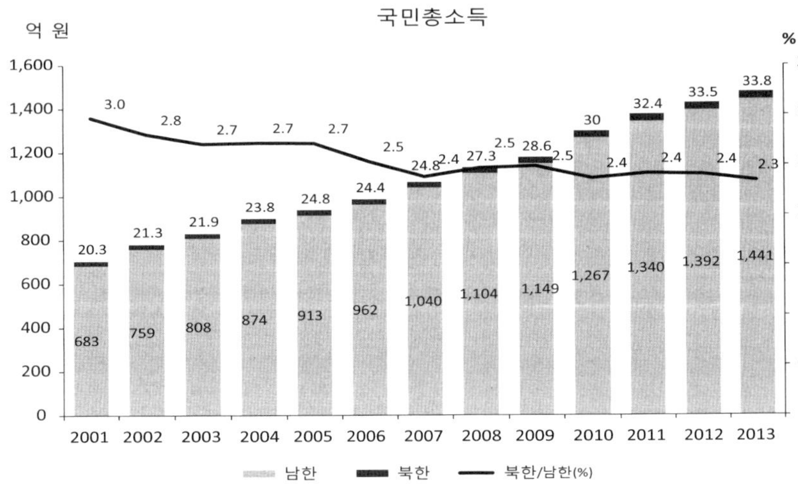

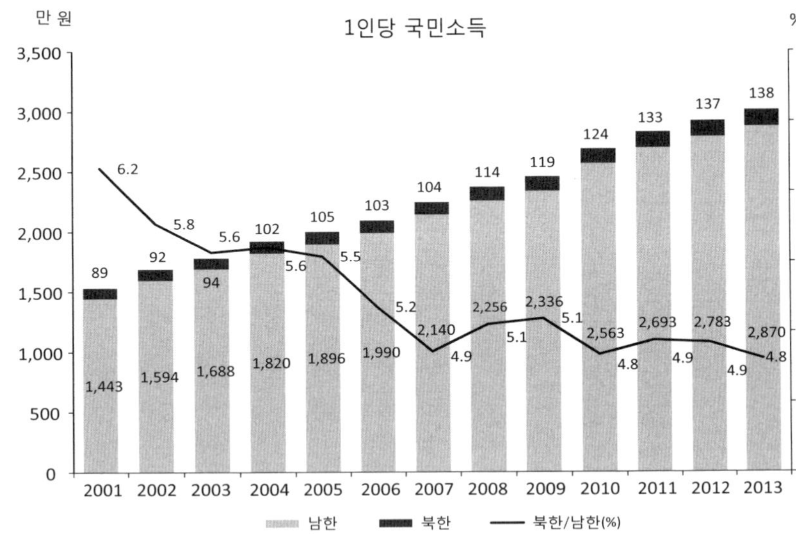

그림 2-2 남한과 북한의 국민소득 비교

주: 명목 GNI 기준.
자료: 한국은행(2014).

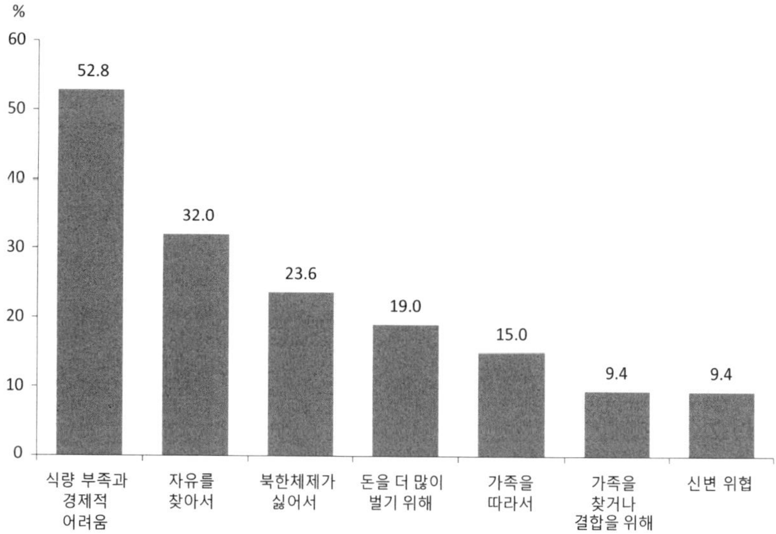

그림 2-3 북한이탈주민의 탈북 이유

주: 중복 응답.
자료: 북한이탈주민지원재단(2012).

도 증가하는 것으로 분석하였다. 북한의 경제난에 더하여 탈냉전적 국제환경과 최고지도자의 리더십 손상(김경호, 2006), 중국이나 러시아 등 주변국의 탈북자에 대한 단속강화(선한승 외, 2005) 등도 북한이탈주민의 입국에 영향을 미친다.

이처럼 탈북자의 국내 입국이 급증하면서 남한에 거주하는 북한이탈주민의 수 또한 급격히 증가하고 있다. 2001년까지 입국한 총 탈북자 수는 2,000명을 밑돌았으나, 2010년에는 누적입국인원이 2만 명을 넘어섰고, 2013년 누적인원은 2만 6,000여 명에 달하여 2001년 대비 13배가 넘는 규모로 늘어났다(〈그림 2-4〉). 북한이탈주민은 결혼이민자나 이주노동자에 비해 규모는 작으나,1 미래의 통일사회에 대비한 중요한 인적자원

1 법무부(2013)에 의하면, 2013년 12월 기준 결혼이민자는 15만 865명, 이주노동자는 54만 9,202명(불법체류자 포함)에 달한다.

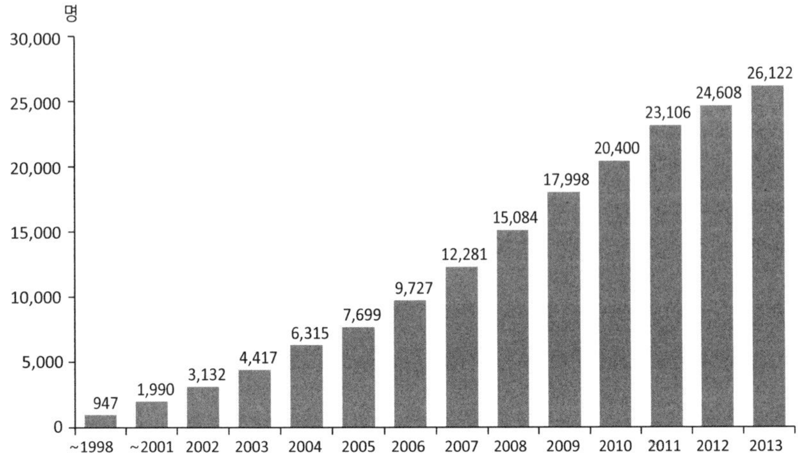

그림 2-4 북한이탈주민의 증가 추이(누적인원)

자료: 통일부(2014a).

으로서 경제적 · 사회적 · 정치적으로 매우 중요한 의미를 갖는다.

2) 북한이탈주민의 인적 구성

〈그림 2-5〉에서 북한이탈주민의 성별 구성을 입국자 기준으로 살펴보면, 2000년 이전까지는 입국자의 대다수가 남성이었으나 2000년 이후에는 여성 입국자의 수가 남성 입국자의 수를 큰 폭으로 상회한다. 특히 2000년대 중반부터는 여성 입국자가 남성 입국자의 3배 내외의 규모를 유지하고 있다. 이처럼 여성 입국자가 남성에 비해 많은 데 대해 박명희(2005)는 북한사회에서 식량을 구하는 일이 여성의 몫이며 직장에 소속되어 있지 않은 여성이 장기간 이동하는 데 유리하기 때문이라고 해석한다.

2000년대에 들어와 여성 위주의 입국이 이루어지면서 누적인원 기준으로도 여성의 수가 남성의 수를 큰 폭으로 상회하고 있다(〈그림 2-6〉). 2002년부터 2013년까지 약 10년간 남한에 거주하는 여성 북한이탈주민

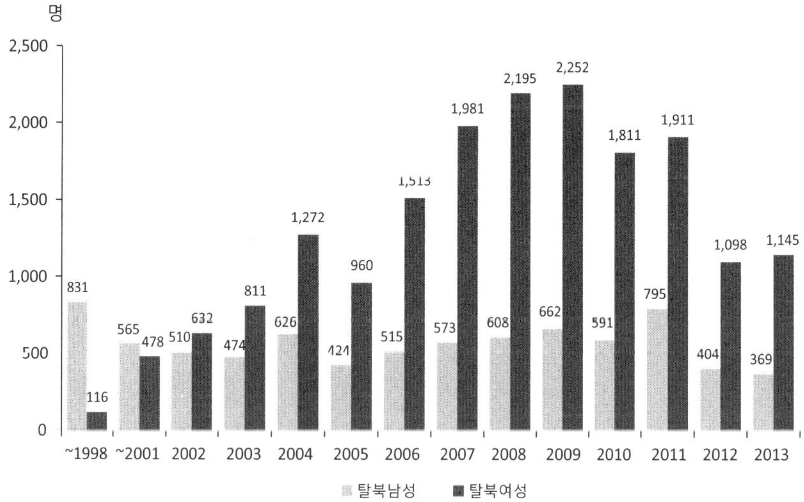

그림 2-5 북한이탈주민의 입국 추이: 성별 비교

자료: 통일부(2014a).

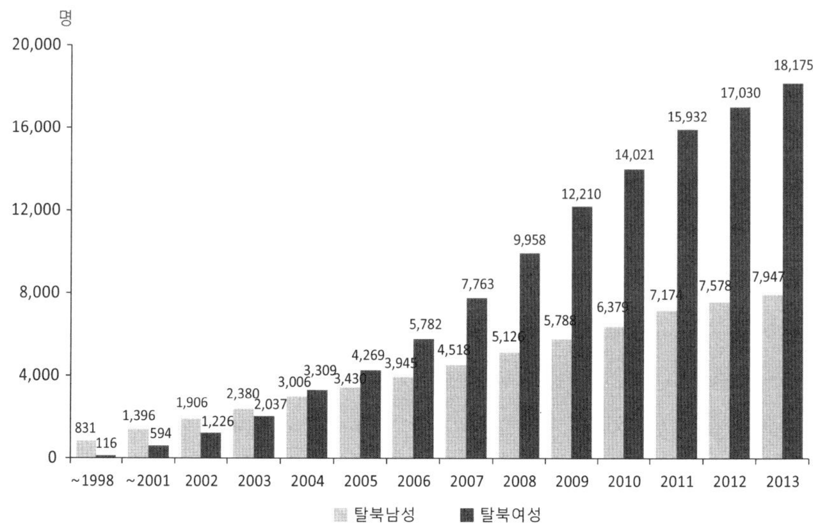

그림 2-6 북한이탈주민의 증가 추이: 성별 비교(누적인원)

자료: 통일부(2014a).

은 1,200여 명에서 1만 8,000여 명으로 15배나 증가한 반면, 남성 북한이탈주민은 1,900여 명에서 7,900여 명으로 4배 증가하는 데 그쳤다.

〈그림 2-7〉에서 알 수 있듯, 북한이탈주민 중 여성의 비중은 2013년 현재 70% 내외에 달한다. 입국인원 기준으로 보면, 2002년에 여성의 비중이 과반을 넘어섰고, 2000년대 중반 이후 70% 이상을 유지하고 있다. 누적인원 기준으로 보면, 1998년까지는 북한이탈주민 중 여성의 비중이 10%를 조금 넘는 수준이었으나 이후 빠르게 증가하여 2000년대 중반 이후 줄곧 70% 가까운 수치를 유지하고 있다. 입국인원 기준으로든 누적인원 기준으로든, 북한이탈주민의 70% 내외가 여성이다.

북한이탈주민의 연령별 구성은 〈그림 2-8〉에서 보는 바와 같다. 전체적으로 볼 때, 20대와 30대 연령층이 가장 많고 그다음으로 40대 연령층이 많으며, 10대 이하나 50대 이상 연령층은 상대적으로 적다. 탈북과정에서 장거리 이동과 위험을 감수해야 하기 때문이다. 북한이탈주민의 3/4 정도가 20대에서 40대까지의 청장년층이며, 이들 핵심노동력층의 70% 이상이 여성이다.

북한이탈주민은 주로 수도권에 집중되어 있다(〈그림 2-9〉). 북한이탈주민의 절반 이상이 서울과 인천, 경기 지역에 거주하고 있다. 이러한 지역편중 현상은 북한이탈주민의 수요를 반영한 것으로, 하나원 수료 후 거주지 배정 시 지원한 거주지역이 주로 수도권에 집중된다. 북한이탈주민의 약 90%가 국가에서 지원한 영구임대아파트 및 국민임대아파트에 거주하고 있는데(북한이탈주민지원재단, 2011), 이러한 임대아파트가 수도권 지역을 중심으로 공급되고 있기 때문이다. 임대아파트를 받지 않는 경우에는 주로 이미 정착해 있는 가족이나 다른 북한이탈주민의 집에 거주하게 되는데, 북한이탈주민의 이러한 인적 네트워크가 잘 구성되어 있는 지역이 서울 등 수도권지역이어서 이에 따른 경로의존성이 수도권 집중을 야기하는 원인으로 작용한다. 또한 수도권에 일자리가 상대적으로 많고 자녀교육에 유리하며 정부의 정책지원을 받기가 용이한 것도 수도권 선호 현상

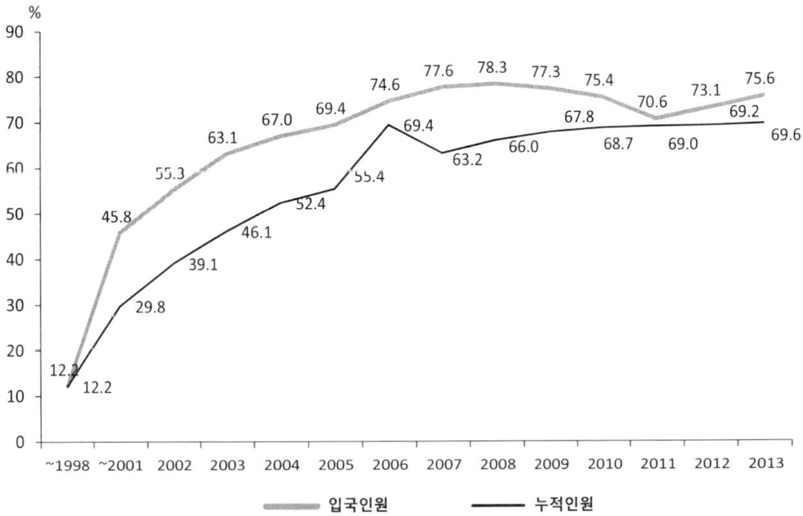

그림 2-7 여성 북한이탈주민의 비중 변화

자료: 통일부(2014a).

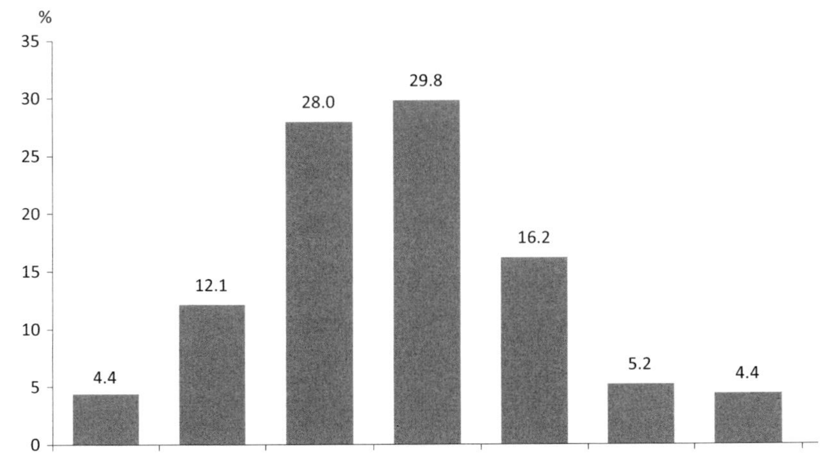

그림 2-8 북한이탈주민의 연령별 구성

주: 2014년 5월 말 현재 거주인원 26,711명 기준.
자료: 통일부(2014a).

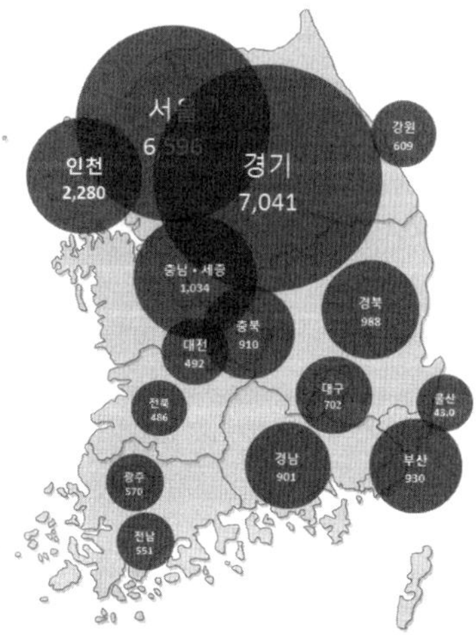

그림 2-9 북한이탈주민의 지역별 거주 현황

주: 2014년 6월 말 거주인원 24,671명 기준.
자료: 통일부(2014a).

을 부추기고 있다(이금순, 2011).[2]

〈그림 2-10〉에서 북한이탈주민의 혼인상태를 살펴보면, 남성과 여성 모두 약 30% 내외가 미혼이고, 나머지 70% 정도는 배우자가 있거나 있었던 경우다. 남성의 39%와 여성의 36%가 배우자가 있는 기혼자다. 이혼과 사별의 비율이 상대적으로 높은데 특히 여성이 남성에 비해 사별 비율이 높다.

---

2 이 때문에 수도권 집중을 막고 지역분산을 유도하기 위해 비수도권지역에서 2년 이상 거주 시 차등적으로 지방거주장려금을 지급하고 있다.

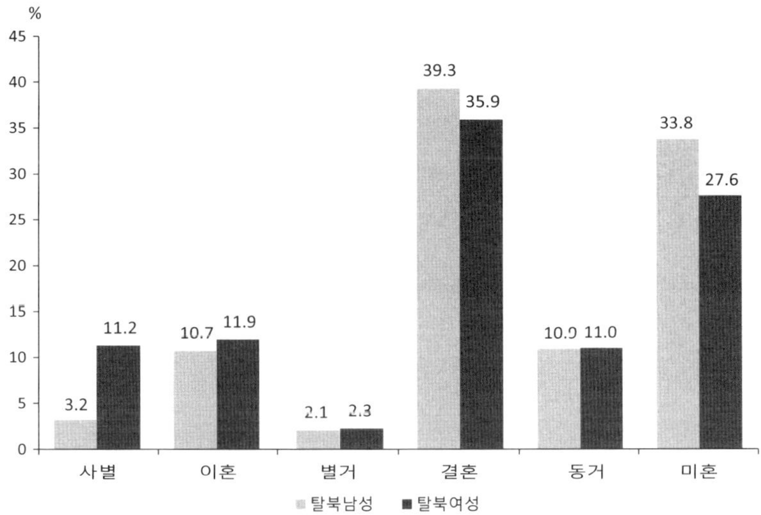

그림 2-10 북한이탈주민의 혼인상태

주: 만 19세 이상 9,460명(남성 2,409명, 여성 7,051명) 기준.
자료: 북한이탈주민지원재단(2012).

3) 북한이탈주민의 탈북 전 직업과 교육수준

북한이탈주민의 수가 크게 증가하면서 이들의 구성도 다양해지고 있다. 과거에는 군인이나 공작원 또는 전문직 종사자가 많았으나, 이념보다는 경제적 이유에 의한 탈북이 증가하면서 북한이탈주민의 탈북 전 직업과 학력 등 인적 구성도 다양해지고 있다.

〈표 2-1〉은 북한이탈주민이 북한에서 가졌던 직업 유형을 보여주고 있다. 전체 인원의 절반 정도는 직업 없이 가족부양으로 생활했던 경우인데, 무직자 비중이 이처럼 높은 것은 북한이탈주민의 대다수가 여성으로서 북한에서 특정한 직업이 없었던 경우가 많다는 데 기인한다. 또한 취업 전의 청소년층과 고령층의 유입도 무직 비중을 높이는 역할을 한다. 북한에서의 직업으로는 노동자 및 농장원이 대부분이고, 전문직이나 관

표 2-1 북한이탈주민의 탈북 전 직업

	무직·부양	노동자·농장원	관리직	전문직	예술·체육	봉사	군인·공작원	합계
인원(명)	12,924	10,083	433	560	217	1,043	697	25,957
구성비(%)	49.8	38.8	1.7	2.2	0.8	4.0	2.7	100

자료: 통일부(2014a).

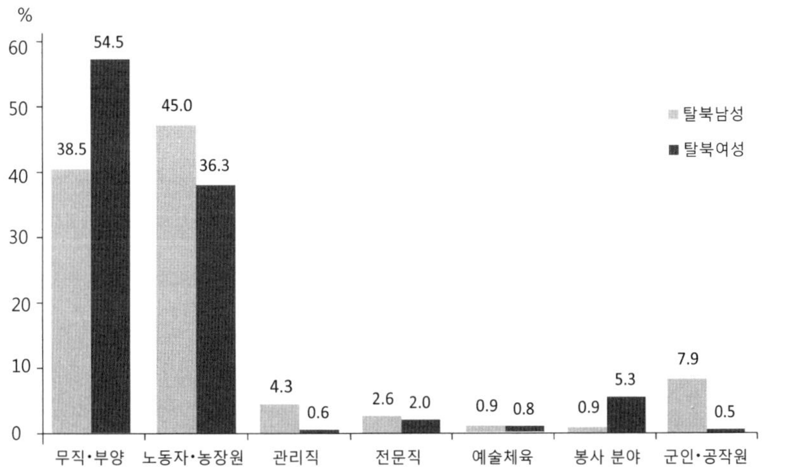

그림 2-11 북한이탈주민의 탈북 전 직업: 성별 비교

자료: 통일부(2014a).

리직 비중은 매우 낮다.

〈그림 2-11〉에서 탈북 전 직업을 성별로 비교해보면, 여성은 무직이 54.5%로 가장 높고 그다음으로 노동자 및 농장원이 36.3%로 이 두 항목이 90% 이상을 차지한다. 남성은 노동자 및 농장원이 45%로 가장 높은 비중을 차지하기는 하나 무직 비중도 40%에 육박한다. 기타 직업으로 남성은 군인 및 공작원(7.9%)과 관리직(4.3%) 비중이 상대적으로 높은 반면, 여성은 봉사 분야(5.3%)에 집중되어 있다.

북한이탈주민의 북한에서의 학력은 〈표 2-2〉와 같다. 고등중학교 졸업이 전체의 66.1%로 가장 많고, 전문대졸이 그다음으로 많은 15.8%다.

표 2-2 북한이탈주민의 탈북 전 학력

	인민학교 중퇴 이하	인민 학교	고등 중학교	전문대	대학 이상	무응답	합계
인원(명)	296	1,014	6,271	1,499	367	46	9,493
구성비(%)	3.1	10.7	66.1	15.8	3.9	0.5	100

주: 만 19세 이상 9,493명(남성 2,419명, 여성 7,074명) 기준.
자료: 북한이탈주민지원재단(2012).

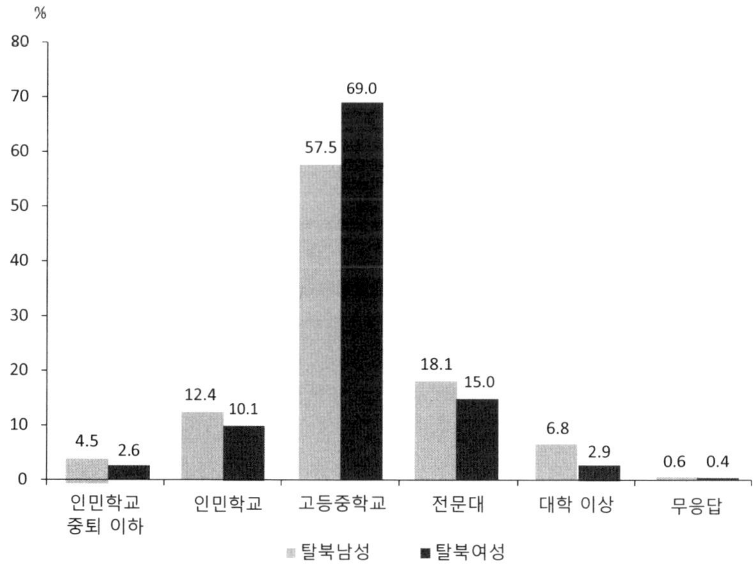

그림 2-12 북한이탈주민의 탈북 전 학력: 성별 비교

주: 만 19세 이상 9,493명(남성 2,419명, 여성 7,074명) 기준.
자료: 북한이탈주민지원재단(2012).

대졸 이상은 3.9%다. 성인인구의 대다수가 고등중학교 이상의 학력을 가져 교육수준이 높은 편인데, 이는 북한이 1980년대에 의무교육정책을 통해 고등중학교(11년)까지 의무교육을 하였고, 사회주의국가의 특성상 교육에 평등한 기회를 부여하였기 때문이다.

북한이탈주민의 학력을 성별로 비교해보면, 남녀 모두 고등중학교 졸업이 가장 많으나 성별 차이도 확인된다(〈그림 2-12〉). 남성 북한이탈주민

의 경우 대학졸업이 7% 정도인 데 비해 여성 북한이탈주민은 대학졸업이 그 절반 정도에 불과하여, 고학력자의 비중이 여성에 비해 남성에게서 높게 나타난다.

2. 북한이탈주민의 경제적 정착 현황[3]

1) 북한이탈주민의 경제활동 실태

북한이탈주민지원재단(2013) 실태조사 결과에 따르면, 2013년 현재 북한이탈주민의 경제활동참가율은 56.9%이며, 남성의 경제활동참가율이 69.6%로 여성의 경제활동참가율(52.5%)에 비해 17.1%p나 높다(〈표 2-3〉). 북한이탈주민의 실업률은 9.7%로 여성의 실업률(10.0%)이 남성의 실업률(9.0%)보다 다소 높고, 고용률은 여성의 고용률(47.2%)이 남성의 고용률(63.3%)에 비해 크게 낮다. 요약하면, 남성에 비해 여성은 경제활동참가율이 훨씬 낮고, 경제활동에 참여하더라도 실업률이 높다. 이는 북한이탈주민 중에서도 여성의 경제활동이 남성에 비해 상대적으로 위축되어 있음

표 2-3 북한이탈주민의 경제활동 현황 (단위: 명, %)

구분		인원	경제활동참가율	실업률	고용률
전체		2,355	56.9	9.7	51.4
성별	남	612	69.6	9.0	63.3
	여	1,743	52.5	10.0	47.2

주: 1) 만 20세 이상 성인인구 대상.
2) 고용률 = (취업자/생산가능인구) × 100.
자료: 북한이탈주민지원재단(2013).

3 북한이탈주민 경제활동 관련 자료는 북한이탈주민지원재단의 「2013 북한이탈주민 경제활동 실태조사」를 주로 참조하였다. 이 보고서는 만 20세 이상 북한이탈주민 2,355명(남성 612명, 여성 1,743명)의 2013년 9월 기준 경제활동 상태에 대한 조사 결과를 제시하고 있다.

을 의미한다.

북한이탈주민의 경제활동 현황을 남한의 일반국민과 비교하면 〈그림 2-13〉과 같다.[4] 북한이탈주민의 2013년 경제활동참가율은 56.9%로 일반국민의 경제활동참가율인 61.5%에 비해 4.6%p 낮다. 남한통계에 포함된 만 15~19세 학령인구의 경제활동참가율이 매우 낮다는 것을 생각하면 두 집단 간의 경제활동참가율 차이는 이보다 훨씬 클 것으로 판단된다. 이처럼 북한이탈주민의 경제활동참가율이 상대적으로 낮은 것은 정착 초기 단계에서 남한사회의 사회경제시스템에 적응하지 못하거나 남한 노동시장에서 요구하는 직업역량이 미흡하기 때문이기도 하나, 실업급여나 기초생활보장금 등의 복지혜택을 받기 위해 자발적으로 경제활동에 참여하지 않는 측면도 존재한다(이기영, 2006).

그런데 북한이탈주민과 일반국민과의 경제활동참가율 차이는 통계상으로는 남성에 국한되어 나타난다. 즉, 남성 북한이탈주민의 경제활동참가율(69.6%)이 일반남성의 경제활동참가율(73.2%)에 비해 낮은 것과 달리, 여성 북한이탈주민의 경제활동참가율(52.5%)은 일반여성의 경제활동참가율(50.2%)에 비해 오히려 높다. 그러나 이는 앞서 지적하였던 기준연령의 차이에 상당부분 기인하는 것으로 보여, 여성 북한이탈주민이 일반여성에 비해 경제활동에 더 적극적이라고 단정하기는 어렵다. 남성과 여성의 경제활동참가율 차이는 일반국민에 비해 북한이탈주민에게서 상대적으로 낮다. 일반국민의 성별 경제활동참가율 차이는 23.0%p인 데 비해 북한이탈주민의 성별 경제활동참가율 차이는 17.1%p이다. 북한이탈주민지원재단(2011) 실태조사에서는 남성은 육체적 어려움과 학업 때문에 경제활동을 하지 않는 경우가 많고, 여성은 육체적 어려움과 육아문제가 경제활동을 하는 데 가장 큰 걸림돌인 것으로 나타났다. 육아나 가사부담

4 남한의 경제활동통계는 만 15세 이상 생산가능인구 대상인 반면, 북한이탈주민 통계는 만 20세 이상 성인인구를 대상으로 하고 있어 정확한 비교에는 한계가 있다.

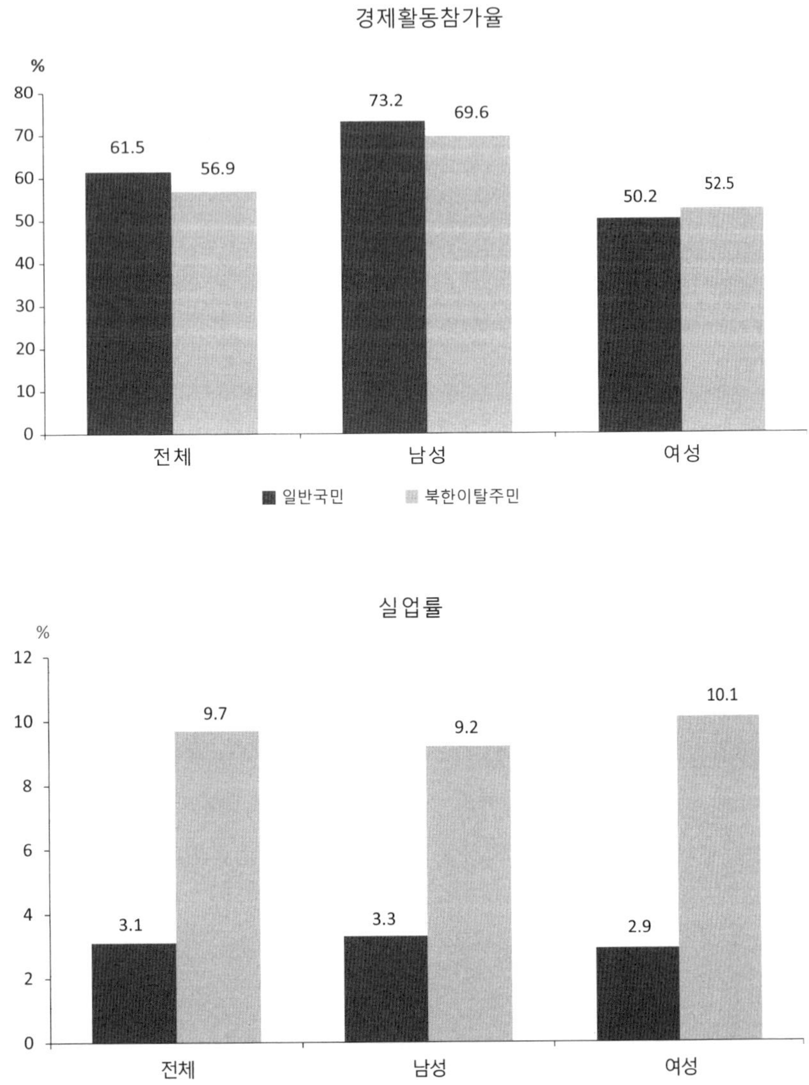

그림 2-13 북한이탈주민과 일반국민의 경제활동 현황 비교

주: 남한은 만 15세 이상 생산가능인구 기준, 북한이탈주민은 만 20세 이상 생산가능인구 기준.

자료: 북한이탈주민지원재단(2013); 통계청(2013).

이 여성의 경제활동을 어렵게 한다는 점은 일반여성이나 탈북여성이나 공통적인 현상이다. 여성 북한이탈주민의 경제활동을 촉진하기 위해서는 성인지적 관점에서 이러한 문제에 대한 대책이 필요함을 확인할 수 있다.

실업률에서는 북한이탈주민과 일반국민과의 격차가 훨씬 두드러진다. 일반국민의 전체 실업률은 3.1%로 매우 낮으며, 남성과 여성의 실업률이 모두 3% 내외의 낮은 수준이다. 반면, 북한이탈주민의 전체 실업률은 9.7%로 일반국민 실업률의 3배 수준이며, 여성 북한이탈주민의 실업률은 10.1%에 달하여 일반여성에 비해 3.5배 높다. 실업률은 일할 능력도 있고 일할 의사도 있으나 취업하지 못하고 있는 상황을 반영한다는 점에서, 여성 북한이탈주민의 실업률이 이처럼 높은 것은 이들의 노동시장 상황이 매우 열악하다는 것을 시사한다.

북한이탈주민지원재단(2011) 조사에 의하면, 구직활동 시 애로사항으로 개인 차원에서는 건강문제와 경력이나 기술·기능 부족, 가족 단위에서는 가사와 육아, 노동시장 측면에서는 일자리에 대한 정보 부족과 낮은 급여수준이 지적된다. 북한이탈주민의 취업 애로요인은 개인별로 다양하기는 하나, 공통적으로 입국 초기 적응기간에는 언어문제와 편견 및 차별대우가 문제가 되고, 3년 이상 지난 경우에는 장래성 부족이나 저임금, 해당 분야의 전문지식 부족이 문제점으로 지적된다(윤덕룡, 2006). 조정아·정진경(2006)은 직장생활에서 애로요인으로 언어장벽, 영어와 컴퓨터지식 부족과 이로 인한 직무수행의 어려움, 강도 높은 노동과 엄격한 노동규율, 동료관계에서 나타나는 이기주의와 경쟁의식, 의사소통의 차이, 남한사람들의 편견과 부정적인 태도 등을 지적한다.

2) 북한이탈주민의 취업구조

〈그림 2-14〉는 북한이탈주민 취업자의 연령별 여성의 비중을 나타내고 있다. 남성 북한이탈주민에 비해 여성 북한이탈주민의 경제활동참가율이

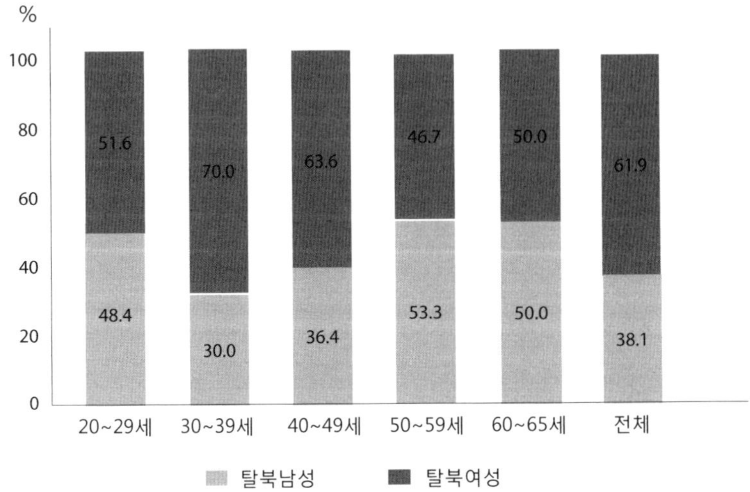

그림 2-14 북한이탈주민 취업자의 성별 구성: 연령별 비교

주: 만 19세 이상 1,200명 중 취업자 464명(남성 177명, 여성 287명) 기준.
자료: 북한이탈주민지원재단(2010).

낮고 실업률이 높기는 하나, 북한이탈주민의 약 70%가 여성인 만큼 대부분의 연령층에서 남성 취업자에 비해 여성 취업자의 수가 많다. 총취업자의 60% 이상이 여성이고, 경제활동이 가장 활발한 30대와 40대 연령층에서 여성의 비중이 특히 높다. 노동력 규모 면에서 여성 북한이탈주민이 중요한 역할을 수행하고 있는 것이다.

〈그림 2-15〉는 북한이탈주민 취업자의 연령별 구성을 성별로 비교하여 보여주고 있다. 남성 취업자의 경우 30대의 비중이 30%를 넘어 가장 높고 그다음으로 40대와 20대 연령층의 비중이 높다. 남성 북한이탈주민 전체의 연령별 분포로 볼 때 40대가 가장 많고 20대와 30대 연령층이 그 뒤를 이은 것과 비교해보면, 30대 연령층 남성 북한이탈주민의 취업이 가장 활발하다는 것을 알 수 있다. 여성 북한이탈주민의 경우에는 취업자 중 30대 연령층의 비중이 44%로 압도적으로 높으며, 40대의 비중이 31%로 그다음으로 높다.

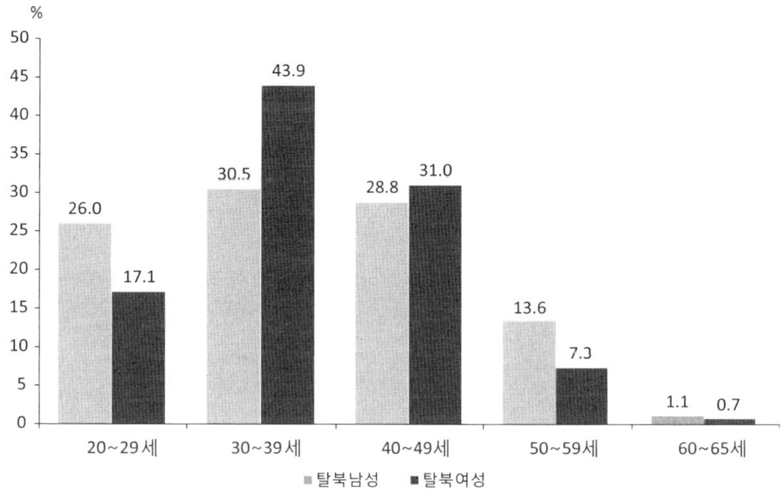

그림 2-15 북한이탈주민 취업자의 연령별 구성: 성별 비교

주: 만 19세 이상 1,200명(남성 315명, 여성 885명) 기준.
자료: 북한이탈주민지원재단(2010).

〈그림 2-16〉은 여성 북한이탈주민 취업자의 직종 분포를 남성 북한이탈주민과 비교하고 있다. 남녀 모두 단순노무직 종사자가 30% 가까운 높은 수치를 기록하고 있다. 북한이탈주민의 대부분이 북한에서 노동자 혹은 농장원 출신이거나 직업이 없었다는 점을 감안하면, 북한이탈주민의 비숙련직 집중 현상은 이들에 대한 차별보다는 남한에서 사무직이나 전문직으로 취업하는 데 필요한 역량을 갖추지 못한 것에 기인하는 것으로 판단된다. 성별에 따른 직종 차이도 나타난다. 여성 북한이탈주민의 경우 서비스직에 집중되는 것과 달리, 남성 북한이탈주민은 기능직이나 기계조작·조립과 같은 생산직 비중이 높다. 관리직 비중 또한 남성이 여성에 비해 월등히 높다.

〈그림 2-17〉에서 북한이탈주민의 근로시간 분포를 살펴보면, 성별과 관계없이 주당 45시간 이상 근로 비중이 가장 높다. 특히 남성 북한이탈주민의 경우에는 66%가 45시간 이상 근로자이며, 여성 북한이탈주민 역시 절반 정도가 주당 45시간 이상 근로자다. 북한이탈주민지원재단의

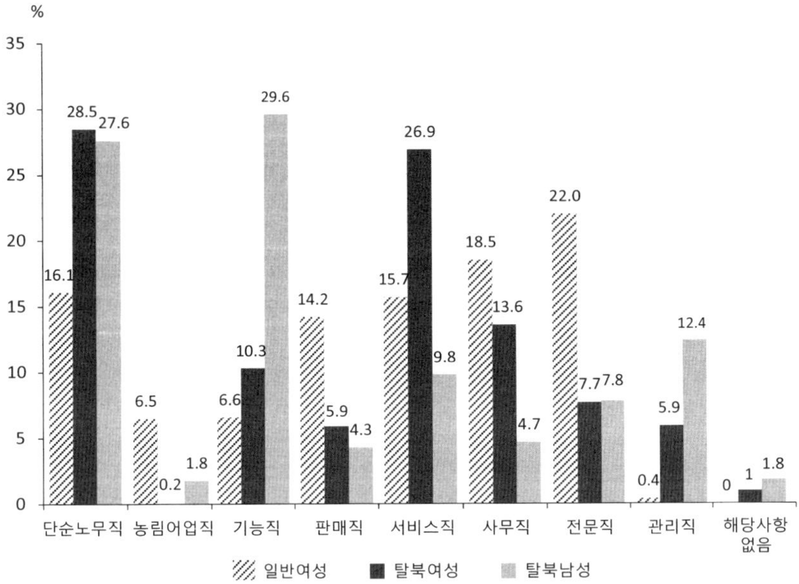

그림 2-16 북한이탈주민 취업자의 직종 분포: 성별 비교

자료: 북한이탈주민지원재단(2013); 통계청(2013).

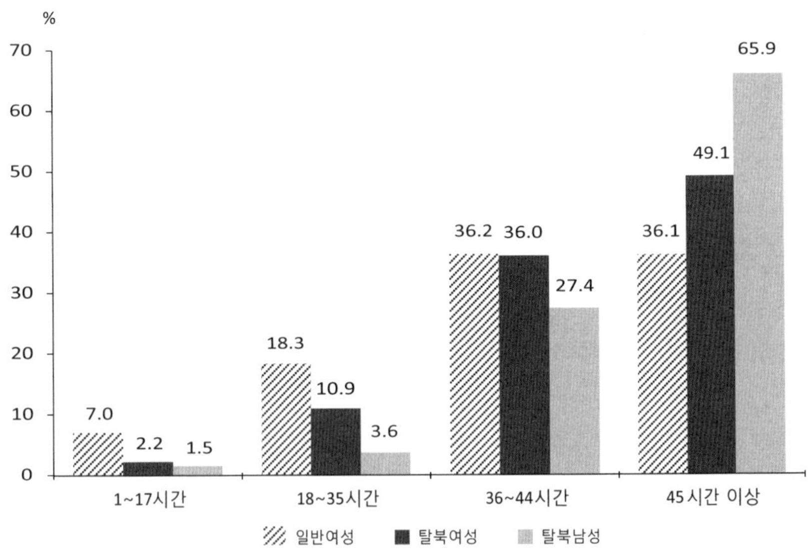

그림 2-17 북한이탈주민의 근로시간 분포: 성별 비교

자료: 북한이탈주민지원재단(2013); 통계청(2013).

2011년 조사에서는 남성 북한이탈주민의 37%와 여성 북한이탈주민의 28%가 주당 54시간 이상 장시간근로자인 것으로 나타난 바 있어, 주당 45시간 이상 근로자 중 상당수가 장시간근로자일 것으로 추정된다. 장시간근로의 비중이 높은 것은 저임금·단순직 위주의 고용 형태와 무관하지 않아, 북한이탈주민의 고용의 질이 상대적으로 낮다는 것을 확인할 수 있다. 주당 35시간 미만 단시간근로의 비중은 남성이 5%인 데 비해, 여성은 13%로 남성에 비해 2배 이상 높다. 단시간근로의 비중이 높은 것은 비정규직 위주의 고용 형태를 반영한다.

북한이탈주민의 고용안정성이 낮은 것은 평균 근속연수에서도 나타난다(〈그림 2-18〉). 남성 북한이탈주민 취업자의 65%와 여성 북한이탈주민 취업자의 73%가 근속연수 2년 미만의 근로자다. 남녀 모두 평균 근속기간이 짧은 가운데, 여성이 남성에 비해 근속기간이 더 짧다. 통상 근속기간은 해당 업무에 대한 전문성과 숙련도의 축적 정도를 나타내며 승진기회나 임금수준과 밀접한 관계를 가진다. 따라서 북한이탈주민의 근속기간이 짧고 특히 여성이 남성에 비해 짧은 것은 이들이 직장에서의 인적자본 축적이나 그에 따른 보상 측면에서 상대적으로 불리하다는 것을 의미한다. 한편으로는 북한이탈주민 스스로 취업장려금을 받거나 보조금을 수령하기 위해 단기 일자리를 전전하는 경우도 많으며, 영세규모의 한계기업들이 제도적 허점을 이용하여 고용지원금 수령 목적으로 이들의 단기채용과 해고를 반복하는 행태도 원인으로 작용한다.

북한이탈주민의 취업은 국가기관보다는 개인적인 인적 네트워크를 통해 주로 이루어지고 있다(〈그림 2-19〉). 북한이탈주민 취업자의 40% 내외가 친지나 지인을 통해 취업하고 있고, 30% 정도는 신문이나 잡지, 인터넷 등의 구인광고를 통해 취업하는 것으로 분석된다. 반면 북한이탈주민 관련기관이나 고용지원센터와 같은 공공기관을 통한 취업비율은 10% 정도에 불과해, 북한이탈주민의 취업을 위한 국가 차원의 지원을 좀 더 강화할 필요가 있다.

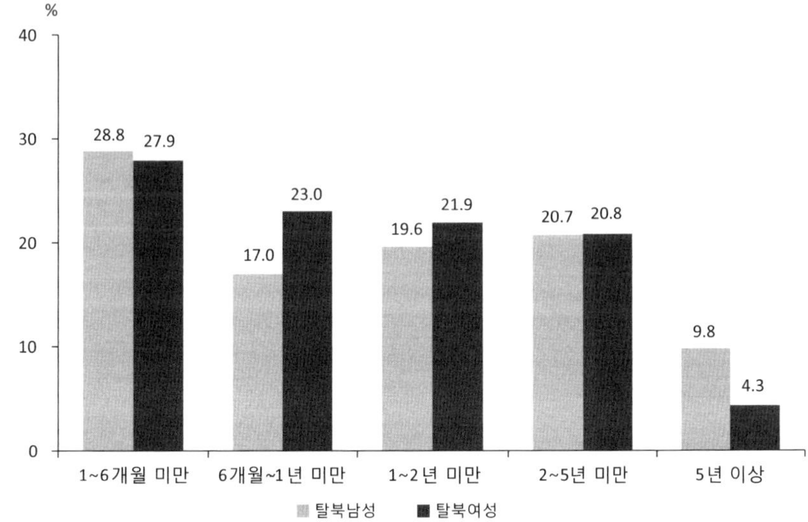

그림 2-18 북한이탈주민 취업자의 근속기간: 성별 비교

자료: 북한이탈주민지원재단(2013).

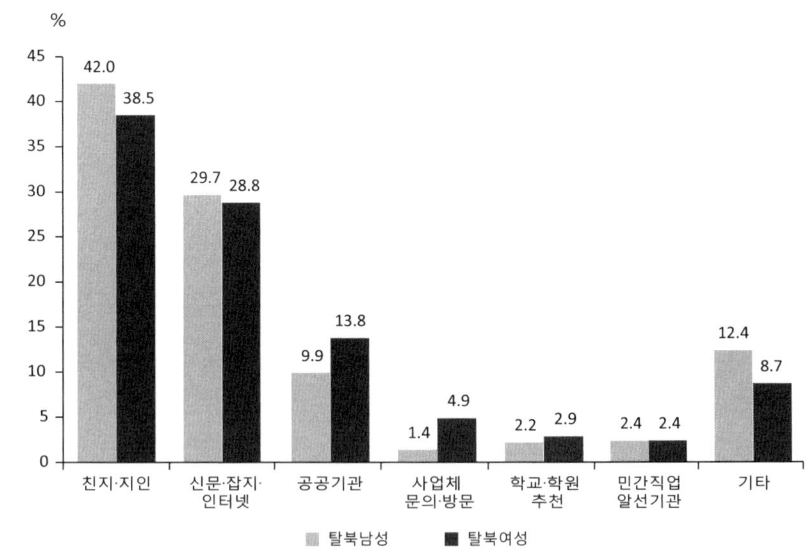

그림 2-19 북한이탈주민의 취업 경로: 성별 비교

자료: 북한이탈주민지원재단(2013).

3) 북한이탈주민의 소득

〈그림 2-20〉에는 북한이탈주민의 근로소득이 성별로 비교되어 있다. 남성 북한이탈주민과 여성 북한이탈주민 모두 월평균 근로소득이 300만 원을 넘는 경우는 매우 드물며, 200만 원 이하 취업자가 대부분이다. 여성 북한이탈주민의 근로소득은 남성 북한이탈주민에 비해 크게 낮아, 성별 소득격차가 뚜렷하다. 남성 북한이탈주민은 월평균 근로소득 151~200만 원 취업자가 가장 많고 그다음으로 101~150만 원 취업자가 많다. 남성 북한이탈주민 취업자의 약 70%가 월평균 근로소득 101~200만 원 취업자다. 여성 북한이탈주민은 50% 가까이 월평균 근로소득 101~150만 원 취업자이며, 30% 이상이 월평균 근로소득 100만 원 이하의 취업자다. 남성에 비해 여성의 저소득층 집중현상이 훨씬 심하다.

〈그림 2-21〉에는 북한이탈주민의 월평균 근로소득이 남한 일반근로자의 근로소득과 비교되어 있다. 남성 북한이탈주민의 평균 근로소득은 약 170만 원이고 여성 북한이탈주민의 평균소득은 약 130만 원으로, 여성 북한이탈주민의 평균 근로소득이 남성 북한이탈주민의 근로소득 대비 73% 수준이다. 북한이탈주민의 평균 근로소득은 남한의 일반근로자 평균 근로소득에 비해 크게 낮다. 남성 북한이탈주민의 평균 근로소득은 일반남성에 비해 65% 수준이고 여성 북한이탈주민의 근로소득은 일반여성에 비해 75% 수준이다. 북한이탈주민의 근로소득은 주된 직장에서의 소득 이외에 부업소득을 포함한 근로소득 총액이므로 주된 직장에서의 근로소득 총액을 비교하면 북한이탈주민과 일반근로자와의 소득격차는 이보다 클 것으로 예상된다. 성별 소득격차는 북한이탈주민과 일반근로자에게서 공통으로 나타난다.

이처럼 북한이탈주민의 소득수준이 낮다 보니 남한사회에서의 사회경제적 지위 또한 낮은 것으로 인지하고 있다(〈그림 2-22〉). 남성 북한이탈주민과 여성 북한이탈주민 모두 절반 정도가 북한에서 중위층 이상이

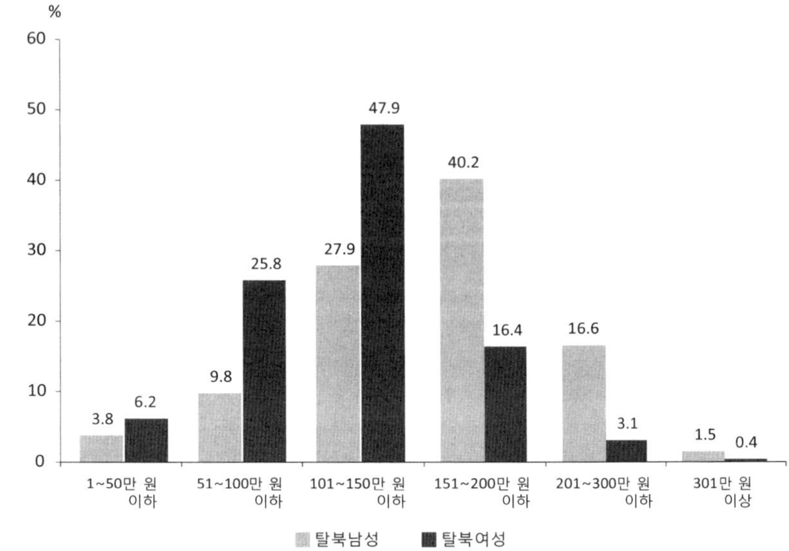

그림 2-20 북한이탈주민의 월평균 근로소득 분포: 성별 비교

주: 임금근로자 1,073명(남성 328명, 여성 745명) 기준.
자료: 북한이탈주민지원재단(2013).

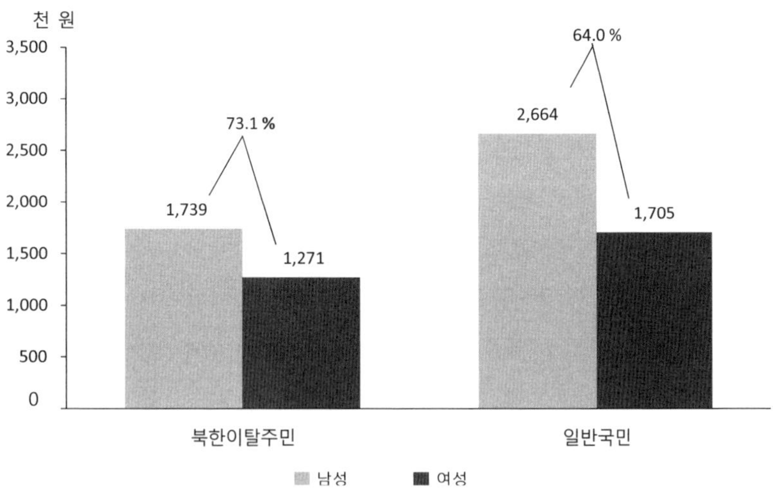

그림 2-21 북한이탈주민과 일반국민의 월평균 근로소득 비교

주: 북한이탈주민은 부업소득을 포함한 월 근로소득 총액, 남한은 주 직장에서의 월 급여액(정액급여 + 초과급여 + 전년도 연간특별급여 월할분).
자료: 북한이탈주민지원재단(2013); 고용노동부(2013).

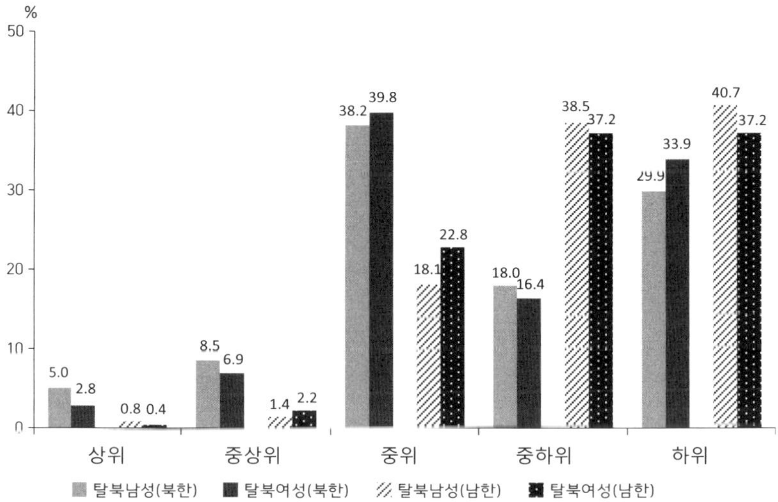

그림 2-22 남한과 북한에서의 사회경제적 지위

주: 만 20세 이상 2,355명(남성 612명, 여성 1,743명) 기준.
자료: 북한이탈주민지원재단(2013).

었다고 응답하였으나, 남한에서 중위층 이상이라고 응답한 비율은 20(남성)~25%(여성)에 불과하다. 북한에서의 사회경제적 지위에 비해 남한에서의 사회경제적 지위가 낮아지는 것은 남북한의 경제력 및 시스템 차이 때문에 불가피한 현상이다. 그러나 남한에서 하위층에 속한다고 응답한 비율이 남녀 모두 40%에 달하는 것은 이들이 남한사회에서 경제적으로 제대로 정착하지 못하고 있다는 것을 의미한다.

그럼에도 북한이탈주민의 대다수는 남한생활에 대해 전반적으로 만족하고 있다. 북한이탈주민의 71(남성)~76%(여성)가 남한생활에 만족한다고 응답한 반면, 불만족이라는 응답은 남녀 공히 10% 내외였다(〈그림 2-23〉). 남한생활에 만족하는 주된 이유는 일한 만큼 소득을 얻을 수 있고 북한생활보다 경제적으로 여유가 있기 때문으로(북한이탈주민지원재단, 2013), 일반국민과 비교한 상대적 생활수준은 낮으나 북한과 비교하여 절대적 생활수준이 높기 때문임을 알 수 있다.

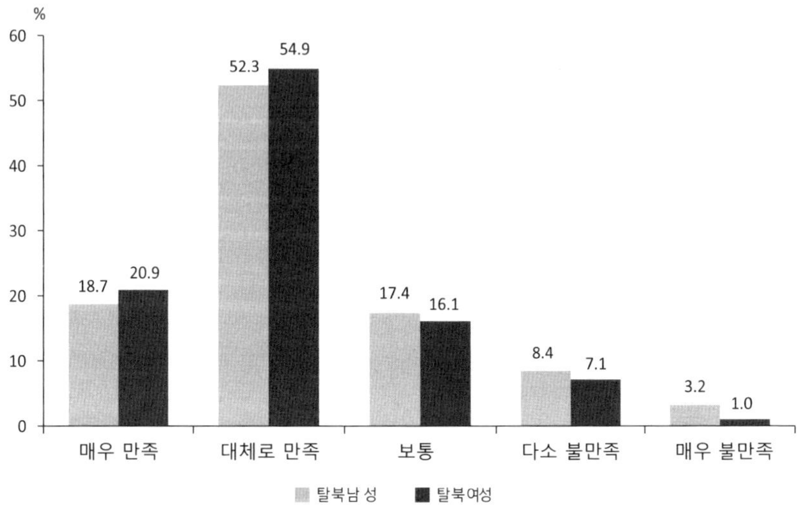

그림 2-23 북한이탈주민의 남한생활만족도

주: 만 20세 이상 2,355명(남성 612명, 여성 1,743명) 기준.
자료: 북한이탈주민지원재단(2013).

4) 북한이탈주민의 교육훈련

북한이탈주민의 남한에서의 정규교육 이수 현황은 〈그림 2-24〉와 같다. 남성 북한이탈주민의 24%와 여성 북한이탈주민의 18%가 남한에서 정규교육과정에 참여한 것으로 나타나며, 이들 대부분은 전문대 이상 고등교육과정에 참여하고 있다. 남성 북한이탈주민의 17%와 여성 북한이탈주민의 14%가 전문대 이상 고등교육과정을 이수하였거나 재학중으로, 남성이 여성에 비해 정규교육 참여율이 조금 더 높다.

정규교육에 비해 북한이탈주민의 직업훈련 참여도는 높은 편이며, 남성에 비해 여성의 직업훈련 참여도가 더 높다. 〈그림 2-25〉에 의하면, 남성 북한이탈주민의 1/3과 여성 북한이탈주민의 40% 이상이 직업훈련을 받은 경험이 있다. 여성 북한이탈주민의 6%는 2회 이상 직업훈련을 받은 것으로 나타났다. 이처럼 여성의 직업훈련 참여도가 상대적으로 높은 것

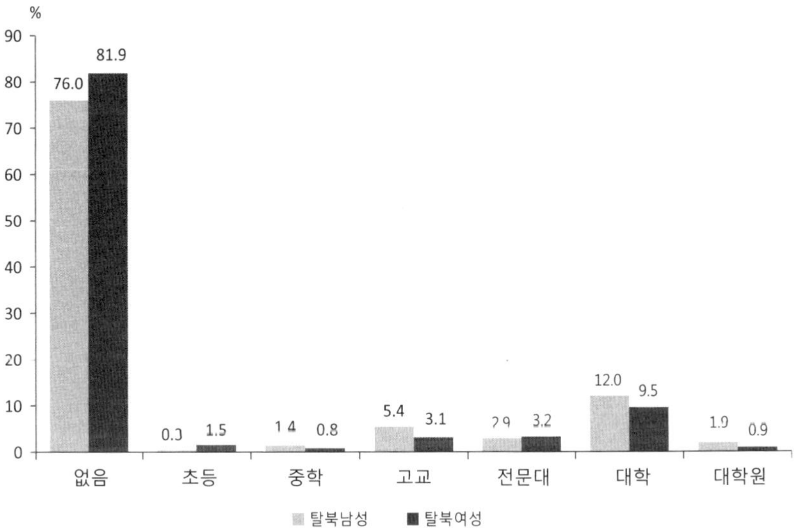

그림 2-24 북한이탈주민의 남한 정규교육 참여도

주: 만 19세 이상 8,470명(남성 2,155명, 여성 6,315명) 기준.
자료: 북한이탈주민지원재단(2012).

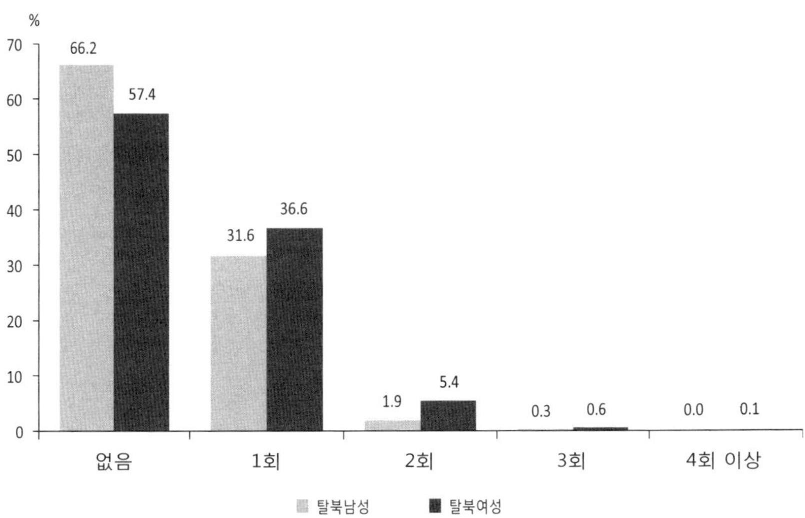

그림 2-25 북한이탈주민의 남한 직업훈련 참여도

주: 만 19세 이상 7,560명(남성 1,908명, 여성 5,652명) 기준.
자료: 북한이탈주민지원재단(2011).

은 북한이탈주민이 갖고 있는 전통적인 가부장적 문화도 중요한 요인으로 작용한다. 즉, 남성은 생계를 책임지느라 일자리를 가리지 않고 취업하기 때문에 직업훈련에 참여할 시간적 여유가 부족한 반면, 여성은 힘들거나 원하지 않는 일자리를 갖는 대신 직업훈련을 택하는 비중이 상대적으로 높다는 설명이다(이미경, 2006).

직업훈련 이수자들을 대상으로 직업훈련 분야를 살펴보면 〈그림 2-26〉과 같다. 남성은 기계나 중장비 운용 분야를 가장 선호하고 다음으로 전기 · 전자 분야의 직업훈련을 많이 받고 있다. 반면 여성은 정보통신이나 음식 등 서비스, 보건의료와 사무 · 회계 등의 직업훈련 분야에 치중되어 있다.

〈그림 2-27〉은 직업훈련의 유용성에 대한 북한이탈주민의 평가다. 직업훈련이 취업에 도움이 된 정도를 5점 척도로 평가할 때, 남성은 보건의료와 사무 · 회계 분야의 유용성이 3.5점으로 가장 높았다. 남성 북한이탈주

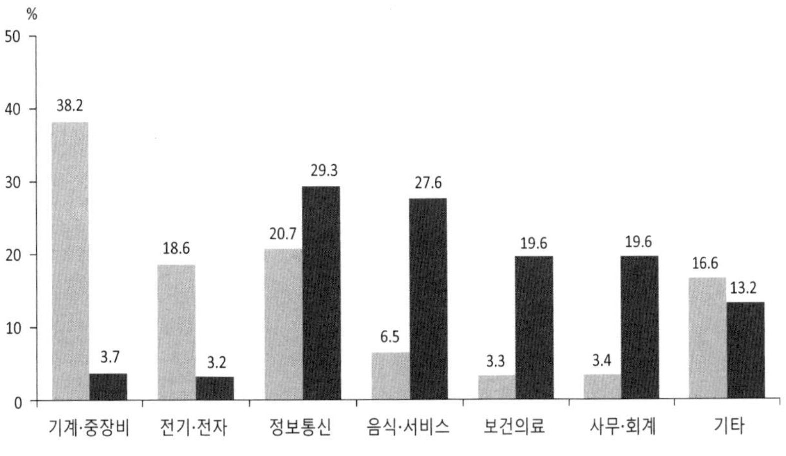

그림 2-26 북한이탈주민의 직업훈련 분야

주: 1) 직업훈련 참여자 3,053명(남성 644명, 여성 2,409명) 기준.
2) 복수 응답.
자료: 북한이탈주민지원재단(2011).

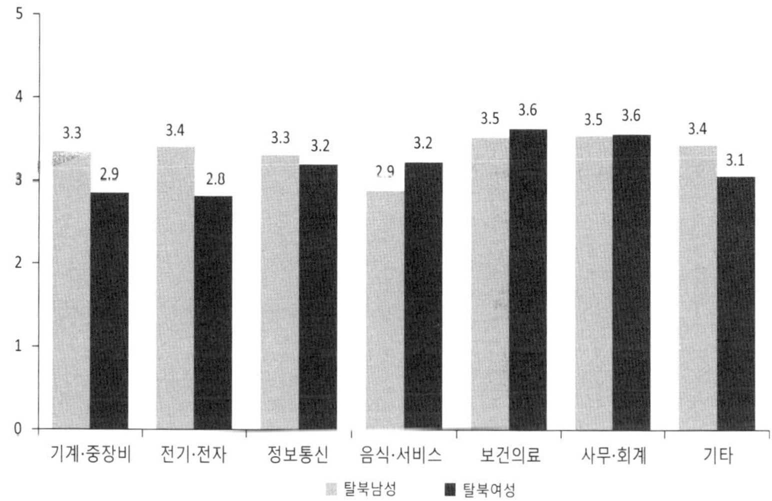

그림 2-27 북한이탈주민의 직업훈련 유용성에 대한 평가

주: 1) 직업훈련 참여자 3,053명(남성 644명, 여성 2,409명) 기준.
2) 복수응답.
3) 5점 척도 점수.
자료: 북한이탈주민지원재단(2011).

민이 가장 많이 참여하는 기계 · 중장비 분야 직업훈련의 유용성은 3.3점이고, 유용성이 가장 낮은 분야는 음식 등 서비스로 2.9점이었다. 여성은 보건의료와 사무 · 회계 분야의 유용성이 3.6점으로 가장 높았다. 반면 가장 많은 여성이 참여하는 정보통신 분야의 유용성은 3.2점으로 음식 등 서비스 분야와 같은 수준이었다. 직업훈련에 대한 이러한 평가는 현재 시행되고 있는 북한이탈주민 대상 직업훈련제도의 실효성이 낮다는 것을 의미한다.

5) 북한이탈주민의 소비와 생활수준

북한이탈주민의 전반적인 소비생활 수준은 생활비 총액이나 소비지출 항목에 대한 북한이탈주민지원재단(2012)의 조사결과를 통해 파악할 수 있다. 북한이탈주민 가구의 한 달 생활비 총액에 대한 조사에 의하면, 응

답자의 86%가 월평균 150만 원 이내의 예산으로 소비생활을 영위하고 있으며, 65%는 한 달 생활비가 100만 원 이하였다(〈그림 2-28〉).

생활비의 지출항목과 관련해서는 아파트 임대료와 관리비 등을 포함한 주거비용의 비중이 절대적으로 높고, 이어서 식료품비 지출이 많다. 휴대전화나 인터넷 사용과 관련된 통신비, 교육비, 의료비 등에 대한 지출도 비교적 높은 비중을 차지한다(〈그림 2-29〉).

구체적인 생활비 내역 및 저축이나 부채와 같은 재무건전성의 주요 영역은 서울시 거주 여성 북한이탈주민에 대한 전반적인 실태조사(장명선 · 이애란, 2009) 및 북한이탈주민의 소비실태에 대한 조사(김병욱 · 김영희, 2011)에서 찾아볼 수 있다. 장명선 · 이애란(2009)의 조사에 의하면, 여성 북한이탈주민의 1/3이 저축을 하고 있고 14%는 부채를 지고 있다. 여성 북한이탈주민은 다양한 보험상품에 가입하고 있는데, 보장성 보험 가입비율이 42%로 가장 높고 저축성 보험 가입비율은 17%였다(김병욱 · 김영희, 2011). 국민연금(10%)이나 건강보험(21%) 가입률이 낮은 것은 응답자의

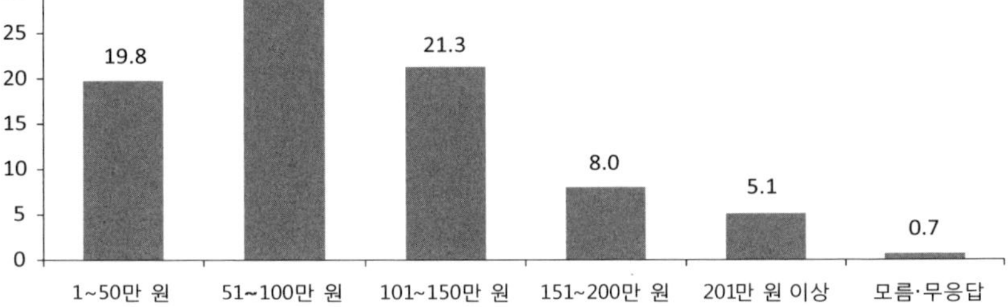

그림 2-28 북한이탈주민 가구의 월평균 생활비 총액

주: 세대주 7,929명 기준.
자료: 북한이탈주민지원재단(2012).

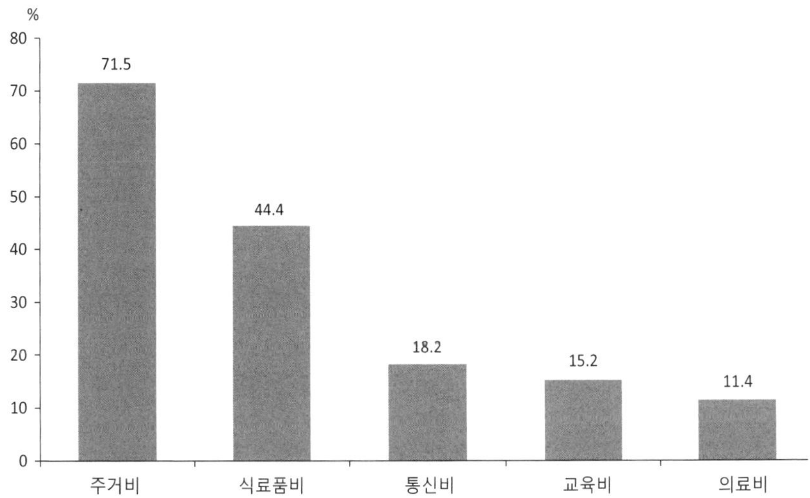

그림 2-29 월 생활비로 가장 많이 지출하는 항목

주: 1) 세대주 7,929명 기준.
2) 복수응답, 상위 5순위.
3) 주거비용에는 아파트 임대료와 관리비 외에 수도세, 전기세 등 포함.
자료: 북한이탈주민지원재단(2012).

60% 이상이 기초수급자라는 데 기인하는 것으로 보인다.

북한이탈주민의 소비실태 및 소비의식에 관한 박용석 · 원혜일(2010)의 연구는 북한이탈주민의 소비자피해 경험과 소비생활계층 귀속의식을 보여준다. 이 연구에서는 총 310명의 북한이탈주민 응답자 중 절반 가까이가 특수 소비자피해를 경험한 것으로 나타나, 문제의 심각성을 알 수 있다(〈그림 2-30〉). 북한이탈주민의 소비생활계층 귀속의식은 소비생활에 대한 주관적 평가라고 할 수 있는데, 북한이탈주민의 53%가 자신을 중위계층으로 분류하였고 절반에 가까운 46%가 하위계층에 속한다고 평가하였다(〈그림 2-31〉). 일반인에 대한 소비행태조사(한국소비자원, 2007) 결과에서 응답자의 70%가 자신을 중위계층으로 평가하며 27%가 하위계층으로 평가한 것과 비교하면, 북한이탈주민의 상대적 박탈감이 그만큼 크다는 것을 알 수 있다.

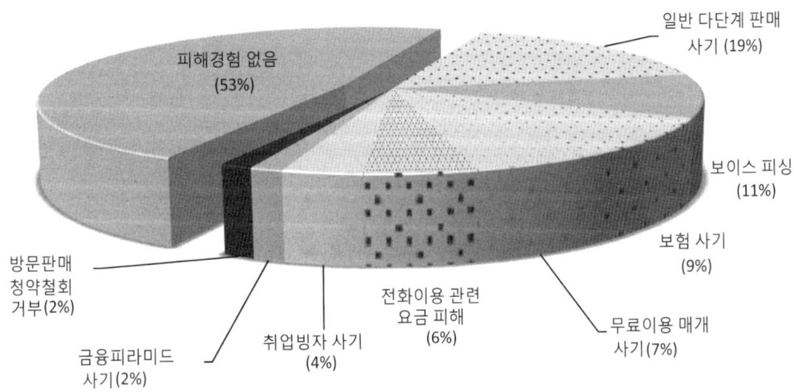

그림 2-30 북한이탈주민의 특수 소비자피해 경험

주: 응답자 310명 대상, 복수 응답.
자료: 박용석 · 원혜일(2010).

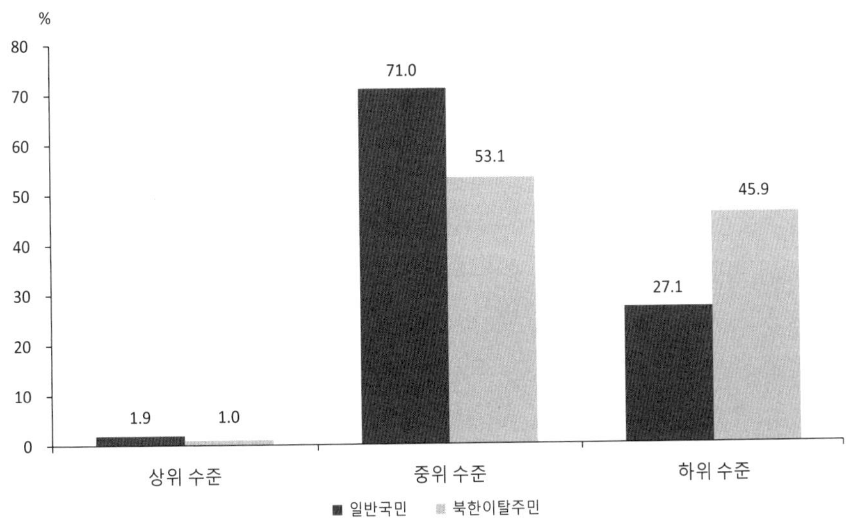

그림 2-31 소비생활계층 귀속의식 비교

자료: 박용석 · 원혜일(2010); 한국소비자원(2007).

3. 북한이탈주민 지원제도

1) 북한이탈주민 지원제도 현황[5]

(1) 정착지원제도의 변천

북한이탈주민 지원정책은 시기별 정치 상황이나 경제 · 사회환경에 따라 많은 변화를 겪어왔다. 〈표 2-4〉에서와 같이 정부의 북한이탈주민 정착지원정책은 안보 차원에서 시작하여 보훈, 체제선전, 사회복지를 거쳐 통일대비 지원으로 패러다임이 변화하였고, 이러한 패러다임 변화는 관련 법의 제정이나 개정을 통해 이루어졌다.

북한이탈주민에 대한 정착지원은 1962년 4월 이전까지는 안보 차원에서 이루어졌고, 별도의 입법조치 없이 월남 귀순자들을 군의 보안기관에서 관리하고 지원하는 형태를 띠었다. 북한이탈주민에 대한 체계적인 지원은 1962년 4월 「국가유공자 및 월남 귀순용사 특별원호법」이 제정되면서 시작되었고, 보훈 차원에서 귀순자에게 국가유공자와 동등한 지위를 부여하고 원호대상자로 우대하였다.

북한이탈주민에 대한 지원정책은 위 법률이 「월남 귀순용사 특별보상법」(1979년 1월)으로 대체되면서 보훈 차원에서 체제선전 차원으로 전환되었다. 같은 법에서는 귀순자를 사선을 넘어 자유민주주의를 택한 귀순용사로 간주하였고 이전보다 더욱 체계화된 지원을 제공하였다. 북한과의 체제경쟁이 심화하면서 귀순자들에 대한 지원이 남한체제의 역량을 드러내는 지표로 인식되었고, 이에 귀순자들을 1~5급으로 분류하여 국가유공자에 준하는 각종 혜택을 부여하였다. 여기에는 15평 이상 주택 제공, 본인과 가족에 대한 의료보호, 양로 및 양육지원, 본인과 배우자 및

5 통일부 홈페이지(북한이탈주민 지원정책)와 『2013 북한이탈주민 정착지원업무 실무편람』, 『2014 통일백서』를 주로 참조하였다.

표 2-4 북한이탈주민 정착지원제도 변천 과정

	안보 차원 지원기	보훈 차원 지원기	체제선전 차원 지원기
시기	1953~1962.4.15.	1962.4.16~1978.12.31.	1979.1.1~1993.12.10.
관련 법률	없음	국가유공자 및 월남 귀순용사 특별원호법	월남 귀순용사 특별보상법
주요 법률내용	없음	귀순자에게 국가유공자와 동등한 지위 부여, 원호대상자로 우대	주택(15평 이상) 무상 제공, 의료보호, 양로 · 양육지원, 취업알선, 교육지원 등
소관 부처	군 및 정보기관	원호처(국방부)	국가보훈처(국방부)
정착금	규정 없음 *1962년 제정법률은 1962년 이전 귀순자는 정착금 대상에서 제외	정착수당금 지급 (1977년 지급 시작) *1급(500만 원)~5급(100만 원) 차등 지원	지급기준: 신분 및 정보가치 (1~5급) 지급액: 1,900만 원~1억 4,500만 원
보로금	규정 없음	없음	지급기준: 휴대장비가치 지급액: 금 10~14,500g
주거지원	규정 없음	국가융자권 주택입주우선권	무상, 15평 이상
교육보호	규정 없음	본인: 대학까지 공납금, 학자금 자녀: 고등학교까지 공과금, 학자금	본인: 대학까지 공납금, 학자금 자녀: 고등학교까지 공과금, 학자금
취업알선	규정 없음	국가, 지자체, 일정규모 이상의 기업체는 전체 고용인 3~8% 고용	본인, 자녀를 16인 이상 고용업체에 3~8% 범위 내 의무고용
특별임용	규정 없음	공무원, 국공기업에 특별임용	특별임용(해고 제한)
적응훈련	규정 없음	없음	없음
생활보호	규정 없음	상이자에게 수당 지급	생계곤란자구수당 (상이자 연금 지급)
대부제도	규정 없음	없음	유공자 법에 의한 대부
의료보호	규정 없음	의료보호	의료보험에 의한 대부
자격인정	규정 없음	없음	없음
해외보호	규정 없음	없음	없음
이혼특례	규정 없음	없음	없음

	사회복지 차원 지원기	통일대비 차원 지원기	현행
시기	1993.12.11～1997.7.10.	1997.7.11～2009	2010년 개정～현재
관련 법률	귀순북한동포보호법	북한이탈주민의 보호 및 정착지원에 관한 법률	북한이탈주민의 보호 및 정착지원에 관한 법률
수요 법률내용	탈북자 신분변화(귀순용사/국가유공자 → 생활보호대상자), 지원 축소	수혜적 지원정책에서 사회적응프로그램과 직업훈련으로 전환, 하나원 설립	북한이탈주민지원재단 설립, 북한이탈주민 예비학교 설립, 취업지원 강화
소관부처	보건복지부	통일부	통일부
정착금	지급기준: 가족수 등 (기본금), 정착 여건 (가산금) 지급액: 월 최지임금의 20～100배 (690만 원～3,450만 원)	지급기준: 가족수 등 *기본금: 월 최저임금의 160배 이내 *가산금(연령/건강/근로능력): 40배 이내 지급액: 좌동	지급기준: 가족수 등 (월 최저임금의 200배 이내) *기본금: 100배 이내 *가산금(연령/건강/근로능력): 50배 이내 *장려금(직업훈련/취업기간): 50배 이내 지급액: 좌동
보로금	지급기준: 정보가치/휴대장비 가치 지급액: 금 10～20,000g	지급기준: 좌동 지급액: 최고 25,000만 원	지급기준: 좌동 지급액: 최고 25,000만 원
주거지원	15평 이상 무상 제공 또는 임대보증금 전액 지원	25.7평 이하 무상제공 또는 임대보증금 지원, 지방거주장려금	25.7평 이하(85㎡) 무상 임대보증금(국민주택), 지방거주장려금
교육보호	본인에 한해 국공립 전액, 사립 50%	본인에 한해 국공립 전액, 사립 50% *고교 25세 미만 *대학 35세 미만	본인에 한해 국공립 전액, 사립 50% *고교 25세 미만 *대학 35세 미만 *보호기간 중 또는 학력 인정 5년 이내
취업알선	본인에 한해 채용알선, 기능직 공무원 희망 시 우선 채용	고용지원금, 취업희망 시 협조 요청	취업 희망 시 협조 요청 (고용지원금 3년으로 연장 가능)
특별임용	특별임용	특별임용	특별임용(해고 제한)
적응훈련	부분적 실시	전체적 실시	전체적 실시
직업훈련	희망자 노동부 협조 요청	국가비용으로 훈련	국가비용으로 훈련

	사회복지 차원 지원기	통일대비 차원 지원기	현행
시기	1993.12.11~1997.7.10.	1997.7.11~2009	2010년 개정~현재
생활보호	생활보호법에 의한 생활보호	생활보호법에 의한 생활보호	생활보호법에 의한 생활보호
대부제도	없음	있음(자영업, 영농후계자)	있음(영농후계자 등)
의료보호	의료보험법	의료보험법	의료보험법
자격인정	없음	의료보험법	의료보험법
해외보호	없음	없음	있음
이혼특례	없음	없음	있음

자료: 김성윤(2009); 장명선 · 이애란(2009); 통일부(2013)에서 재구성.

자녀에 대한 취업알선, 본인과 자녀에 대한 교육지원 등이 포함되었다.

1980년대 이후 냉전체제가 종식되고 북한이탈주민의 수가 증가하면서 북한이탈주민에 대한 지원정책도 체제선전에서 사회복지 차원의 지원으로 패러다임이 변화하였다. 1993년 제정된 「귀순북한동포보호법」에서는 귀순자를 더는 국가유공자로 보지 않고 난민과 같이 생활능력이 없는 생활보호대상자로 인식하였고, 이에 따라 담당부서도 국가보훈처에서 보건복지부로 이관되었다. 귀순자에 대한 지원규모는 축소되었다.

북한이탈주민에 대한 지원정책은 1997년 「북한이탈주민의 보호 및 정착지원에 관한 법률」의 제정으로 패러다임의 전환을 맞았다.[6] 북한이탈주민의 수가 급증하면서 이들의 자립 · 자활이 중요해졌고, 이에 따라 통일에 대비한 중요한 인적자원으로서 이들이 자생력을 갖고 남한사회에 정착할 수 있도록 제도적 기반을 구축하려는 노력이 이루어졌다. 직업훈련과 사회적응 프로그램이 강화되었고, 북한이탈주민의 정착지원시설로 하나원이 설립되었다. 여러 차례에 걸친 법 개정을 통해 교육 및 직업훈

---

6 김대중 정부는 통일정책 차원의 정착지원을 위한 지원제도 구축, 노무현 정부는 자립 · 자활 중심의 인센티브 방식 강화, 이명박 정부는 자립 · 자활 강화와 민간 및 지방정부의 역할 확대를 강조하였다(이승종 · 이달곤 · 정과호, 2008; 윤승현, 2011).

련에 대한 지원과 취업을 위한 인센티브가 강화되었다. 2010년 법 개정에서는 기존의 북한이탈주민후원회를 해산하고 북한이탈주민지원재단을 설립하였으며, 북한이탈주민에 대한 취업지원이 강화되었다.

북한이탈주민 지원정책의 변화와 함께 북한이탈주민의 위상 또한 달라졌다. 일례로 정착금 지급에 있어, 과거에는 북한에서의 신분과 남한에 제공한 정보가치에 비례하여 지원금을 달리하였으나, 현재는 이러한 군사적·정치적 의미에서 벗어나 가족원 수에 비례하여 정착금을 지급하고 있다. 해외 장기체류자 보호나 이혼특례 역시 늘어나는 북한이탈주민을 포용하기 위한 제도다. 자격인정제도는 보건의료 분야나 전문기술 분야에 대해 북한에서 취득한 자격에 상응하는 자격 또는 그 자격의 일부를 인정해줌으로써 경력이 남한에서 단절되지 않고 정상적으로 인정받을 수 있는 계기가 되었다. 북한이탈주민에 대한 학력인정이나 다양한 취업지원제도 역시 북한이탈주민을 중요한 인적자원으로 파악하고 이들이 남한사회의 시장경제시스템에 적응하고 적극 참여할 수 있도록 하는 기제로서 기능한다.

(2) 정착지원체계

북한이탈주민의 정착지원정책은 중앙정부 차원에서는 통일부가 북한이탈주민 대책협의회를 통하여 범정부적인 협의·조정을 하고 보호 및 정착지원 사항을 심의한다. 이 협의회는 통일부 차관을 위원장으로 하여 기획재정부 등 19개 기관 고위공무원으로 구성되어 운영되고 있다. 거주지 차원에서는 지자체가 중심이 된 북한이탈주민지원 지역협의회를 통해 지역에 맞는 정착지원사업을 추진하는데, 이 협의회는 보호담당관, 교육청, LH공사 관계자, 하나센터 등으로 구성된 지역 차원의 정책협의체로 지역 특화 프로그램을 개발하고 보급하는 역할을 담당한다(〈그림 2-32〉).

정부는 1997년 「북한이탈주민의 보호 및 정착지원에 관한 법률」을 입법한 이후 수차례 개정을 통해 북한이탈주민에 대한 다양한 정책지원제

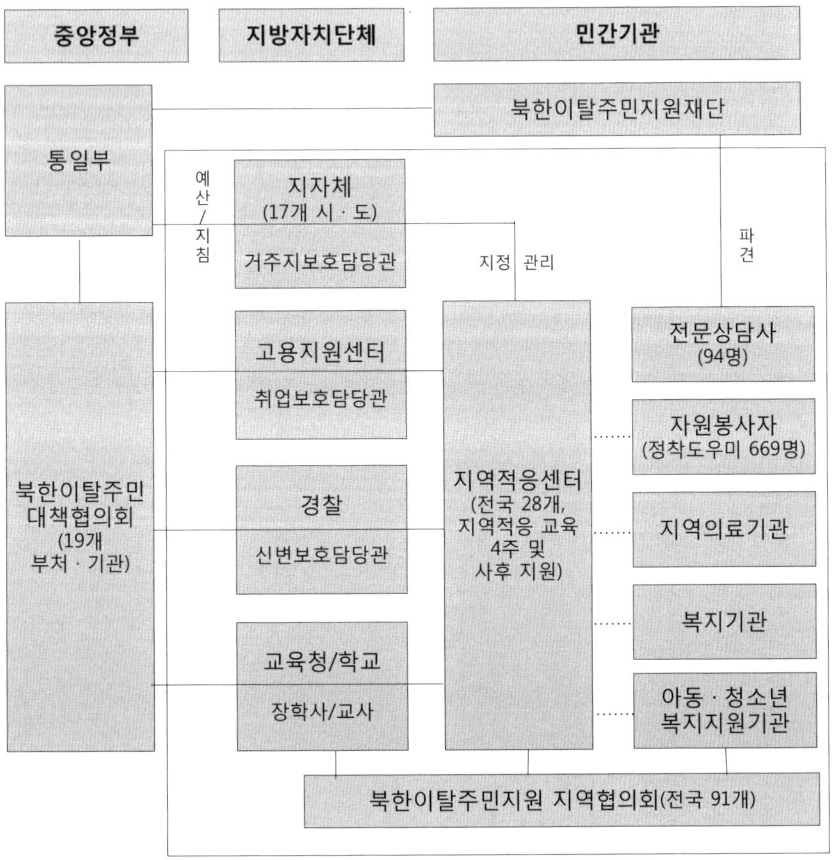

그림 2-32 북한이탈주민 정착지원체계

자료: 통일부(2014b).

도를 시행하고 있다. 하나원을 통한 초기 정착교육, 거주지 정착을 위한 정착금 지원제도, 주거지원제도, 취업지원제도, 남한사회 정착을 위한 사회복지제도와 교육제도 등을 실시하고 있으며, 정착도우미와 보호담당관과 같은 다양한 정책을 통해 북한이탈주민을 지원하고 있다.

북한이탈주민 정착지원사업이 확대되면서 관련 예산도 지속적으로 증가하고 있다. 〈표 2-5〉에 의하면, 북한이탈주민 관련 사업 예산 규모

표 2-5 북한이탈주민 관련 사업 예산 추이 (단위: 백만 원)

	2007 결산	2008 결산	2009 결산	2010 결산	2011 결산	2012 예산	2013 예산(안)
총액	54,772	69,352	68,353	87,493	106,178	123,916	133,984
북한이탈주민 정착 행정지원	3,723	4,311	6,318	13,242	32,924	33,688	34,168
-북한이탈주민대책 운영				9,042	3,430	3,115	2,496
-북한이탈주민 지역적응센터 운영				4,200	4,700	4,700	4,700
-북한이탈주민지원재단 운영					24,794	25,873	26,573
-북한이탈주민 종합 관리시스템 구축						810	399
하나원 운영				2,042	2,108	2,159	2,745
북한이탈주민 교육훈련 및 정착금	51,049	65,041	62,034	72,209	71,146	87,259	97,071
-북한이탈주민 정착금 지급	45,455	58,731		63,020	74,947	75,000	84,000
-북한이탈주민 교육훈련	5,594	6,310		9,189	11,146	12,259	13,071

자료: 박성재 외(2011); 국회예산정책처(2011); 기획재정부(2012)에서 재정리.

는 2007년의 550억 원에서 2013년에는 1,340억 원으로 2.4배 증가하였고, 특히 2010년을 기점으로 큰 폭으로 증가하였다. 이와 같은 예산증가는 북한이탈주민지원재단의 설립 · 운영 및 정착금과 교육훈련 관련 예산의 증가에 기인한다.

(3) 정착지원제도 현황

현행 북한이탈주민 정착지원제도는 〈표 2-6〉에 정리되어 있다. 정착지원제도에는 초기 정착금과 주거지원, 취업지원, 사회복지, 교육지원, 정착도우미와 보호담당관 서비스가 포함된다.

① 정착금 지원제도

정착금지원제도는 북한이탈주민이 남한에 입국하여 사회생활 초기에 기초적인 생계를 해결할 수 있도록 북한이탈주민 모두에게 일정금액을 지

표 2-6 북한이탈주민 정착지원제도 현황

구분	항목	내용
정착금	기본금	1인 세대 기준 700만 원
	장려금	직업훈련, 자격증취득, 취업장려금 등 최대 2,440만 원
	가산금	노령, 장애, 장기치료 등 최대 1,540만 원
주거	주택알선	임대아파트 알선
	주거지원금	1인 세대 1,300만 원, 2~4명 1,700만 원, 5명 이상 2,000만 원
취업	직업훈련	훈련비 전액 지원 및 훈련기간 중 훈련수당 월 20만 원 지원 (고용노동부)
	고용지원금	급여의 50%(50만 원 한도)를 고용주에게 최대 4년간 지원
	취업보호담당관	전국 56개 고용센터에 지정, 취업상담 및 알선
	기타	취업보호, 소자본창업/영농정착 지원, 특별임용 등
교육	특례 편·입학	대학진학 희망자의 경우 특례로 대학입학
	학비 지원	중고 및 국공립대 등록금 면제, 사립대 50% 보조
사회복지	생계급여	국민기초생활보장수급권자(1인 세대 월 45만 원)
	의료보호	의료급여 1종 수급권자로서 본인부담 없이 의료 혜택
	연금특례	보호결정 당시 50세 이상 60세 미만은 국민연금 가입 특례
정착도우미		1세대당 1~2명의 정착도우미 지정, 초기정착 지원
보호담당관		거주지보호담당관(230개 지자체) 취업보호담당관(56개 고용센터) 신변보호담당관(거주지 관할 경찰서)

자료: 법무부(2014); 통일부(2014b).

급하는 제도다. 정착금은 정착기본금 이외에 북한이탈주민 개개인의 자립·자활 노력 및 여건에 따라 정착장려금과 정착가산금으로 구분하여 지급한다. 정착기본금은 북한이탈주민 전원에 지급되며 세대원 수에 따라 늘어난다. 1인 세대의 경우 2007~2012년에는 600만 원의 기본금이 지급되었으나, 초기정착 지원을 위해 2013년부터는 700만 원의 기본금이 지급되고 있다. 정착가산금은 노령, 장애, 장기질병이나 한부모가정 아동에 대해 취약계층 보호 차원에서 지급되며, 동일인에게는 가산금 지급사유를 하나만 인정한다.

정착장려금은 직업훈련장려금, 자격취득장려금, 취업장려금이 있다.

표 2-7 북한이탈주민 정착장려금 지급 추이 (단위: 백만 원, 명)

연도	합계		직업훈련 장려금		자격취득 장려금		우선선정직종		취업장려금	
	금액	인원	금액	인원	금액	인원	금액	인원	금액	인원
2006	235	138	139	90	84	42	6	3	6	3
2008	2,399	1,141	630	506	690	345	188	94	891	196
2010	10,548	3,491	1,500	985	1,712	856	650	325	6,686	1,325
2013	20,265	5,296	1,221	774	1,904	952	532	266	16,608	3,304

자료: 통일부(2009, 2014b).

직업훈련장려금은 거주지 보호기간(5년) 중 동일 분야 3개 과정까지의 이수 합산시간 총 500시간 이상 수료한 북한이탈주민에게 1회에 한하여 일시불로 지급하며, 자격증을 취득하는 경우 1회에 한하여 장려금을 지급한다. 취업 후 1년 이상 동일 직장에 근속하는 경우 연차에 따라 3년까지 장려금을 지원한다. 2005년에 도입된 정착장려금의 지급 추이는 〈표 2-7〉과 같다.

② 주거지원제도

북한이탈주민의 사회편입 시 임대주택을 알선하고, 편입 후 공공주택 신청 시 특별공급 및 우선공급 대상에 선정한다. 하나원 퇴소 후 거주지로 전입한 북한이탈주민에 대해 한국토지주택공사, LH공사, 도시개발공사 또는 각 자치단체에서 건립하는 영구·공공임대아파트를 북한이탈주민에게 먼저 알선하고, 1인 기준 1,300만 원의 임대보증금을 지원한다. 하나원에서 교육 중인 북한이탈주민으로부터 희망거주지역을 신청받아 먼저 본인의 의사를 최대한 반영하되, 주택물량이 부족할 경우 차순위 지역으로 배정한다. 임대주택을 알선한 이후 5년간 입주자격이 주어지고 5년 이후에는 일반으로 전환된다. 임대보증금 지급을 위한 주거지원금을 지급하며, 임대보증금 지급 잔여금은 거주지보호기간(5년)이 지난 후 지급된다. 수도권 집중을 억제하기 위해 서울특별시, 경기도, 인천광역시를

제외한 지역 거주자에 대해 지방거주장려금을 지급한다.

③ 취업지원제도

북한이탈주민의 취업을 지원하기 위하여 직업훈련 기회를 제공하고, 사업장을 알선하며, 지역별 취업박람회를 개최하고, 북한이탈주민을 고용하는 사업주에게 고용지원금을 지급하고 있다. 북한이탈주민이 직업훈련 과정을 쉽게 따라갈 수 있도록 예비반 성격의 기초직업적응훈련과정을 하나원에 도입하여 운영하고 있다. 또한 고용노동부와 직업훈련기관 및 기업이 협력하여 맞춤형 직업훈련-취업연계 프로그램을 진행하고 있다. 북한이탈주민 직업훈련에 참가하는 수강생에게 가상계좌를 발급하여 훈련비 200만 원 내에서 별도의 자비부담 없이 희망훈련을 수강할 수 있게 하고 있으며, 고용노동부 취업성공패키지 프로그램에 참여하는 경우에는 가상계좌로 훈련비 300만 원을 지급하고 자비부담을 면제하고 있다.

취업지원을 위해 고용노동부 산하 전국 56개 고용센터에 북한이탈주민 취업보호담당관을 지정하여, 북한이탈주민의 진로지도와 직업훈련기관 알선 및 사업장 연결 업무 등을 담당토록 하고 있다. 북한이탈주민을 고용하는 사업주에게는 임금의 1/2을 고용지원금으로 지원하며, 동일 사업장에서 근속할 경우 3년까지 고용지원금을 지급하고 있다. 2013년 현재 2,800여 개 기업이 북한이탈주민 고용지원금을 지원받고 있다(〈표 2-8〉).

표 2-8 북한이탈주민 고용지원금 지급 추이 (단위: 개, 명, 백만 원)

	2006	2008	2010	2013
업체 수	378	888	1,419	2,824
인원	497	1,111	1,963	4,206
지급액	1,402	3,495	9,733	15,742

자료: 통일부(2009, 2014b).

④ 교육지원제도

북한이탈주민은 북한이나 제3국에서 이수하였던 학력을 인정받아 교육 관계 법령이 정하는 바에 따라 대학에 진학하거나 사회활동을 할 수 있다. 교육과학기술부는 2008년 2월 초중등교육법 시행령을 개정하여 북한이탈주민을 위한 학력심의위원회의 근거 규정을 마련하고, 이에 따라 북한이탈주민이 고등중학교 이하 학력을 인정받고자 하는 경우 시도교육청 산하 학력심의위원회의 심의를 받고, 전문학교 이상은 교육과학기술부장관의 인정을 받아 학력인정을 받을 수 있게 되었다.

북한이탈주민이 대학에 진학하는 경우, 일반대학이나 교육대학은 거주지보호기간 중인 만 35세 미만인 사람이 입학할 때 학비지원이 가능하다. 산업대학과 전문대학, 기술대학, 사이버대학, 기능대학 및 그 외 평생교육법에 의한 평생교육시설, 학점인정 등에 관한 법률에 의한 교육훈련기관에 입학하는 경우 연령과 관계없이 거주지보호기간인 5년 이내에 학비지원이 가능하다. 북한이탈주민의 약 10%를 차지하는 청소년의 사회적응이나 일반학교 편입 지원을 위해 디딤돌학교 성격의 탈북청소년 특성화학교인 한겨레중고등학교가 운영되고 있고, 민간단체가 운영하는 탈북청소년 보호시설 및 대안학교도 다수 운영되고 있다.

⑤ 사회보장지원제도

「국민기초생활보장법」에 따라 북한이탈주민에게 생계급여와 의료급여를 지원한다. 생계급여는 북한이탈주민의 소득인정액이 최저생계비에 미달하는 경우 지원한다. 북한이탈주민이 하나원을 수료하고 사회에 나온 후 6개월까지는 조건부과를 면제하여 시행하고, 6개월 경과 이후에는 조건부 수급권자로 편성하고 자활사업에 참여하는 것을 조건으로 현금을 지급한다. 세대구성원이 모두 근로능력이 없다고 판단되는 경우에는 세대구성원의 수보다 한 명을 추가하여 현금급여액을 산정한다.

생활이 어려운 북한이탈주민과 그 가족은 「의료급여법」이 정하는 소

득인정액 기준에 따라 1종 의료급여 수급권자로 지정되어 진찰과 치료를 비롯한 의료혜택을 부여한다. 연금특례는 보호결정 당시 만 50세 이상 60세 미만인 자는 10년을 채우지 않더라도 60세 이후 가입기간이 5년이면 노령연금 취득이 가능토록 하였다.

⑥ 거주지보호제도

거주지에 주택을 배정받아 편입한 북한이탈주민은 정착도우미와 보호담당관 및 북한이탈주민지원재단과 각 지역협의회, 지역민간단체로부터 다양한 유형의 지원을 받게 된다. 거주지에 전입하게 되면 지역적응교육을 실시하는데, 거주지에 편입되는 북한이탈주민에 대해 3주간의 체계적인 지역안내교육과 1년간의 사후관리를 통해 신속한 지역사회 적응과 자립·자활기반 조성을 지원한다. 정착도우미제도는 2005년 1월부터 시행하고 있는데, 민간 자원봉사자를 활용하여 북한이탈주민의 지역사회 정착을 지원하는 사업이다. 정착도우미는 북한이탈주민이 거주지에 편입된 이후 1년 동안 지역사회 안내 및 상담 역할을 수행한다.

보호담당관은 취업보호담당관 이외에 거주지보호담당관과 신변보호담당관이 있다. 거주지보호담당관은 지방자치단체별로 지정되어 거주지 편입과정에서부터 주민등록, 생계급여 지급, 의료급여 대상자 지정 등 사회보장제도의 편입과 증명서 발급과 같은 각종 행정지원업무를 담당한다. 신변보호담당관은 북한이탈주민의 거주지 관할 경찰서에서 지정하여 북한이탈주민의 신변을 보호하고 관련 상담업무를 수행한다. 지역협의회는 지역 내 보호담당관과 지역사회복지관, 민간단체 등을 중심으로 구성되어, 북한이탈주민의 정착과정에 필요한 생활실태자료를 파악하고 각종 애로사항 해결을 위해 협조체계를 구축하는 역할을 담당한다.

⑦ 민간지원

하나원 이후 민간 차원의 정착지원서비스는 북한이탈주민지원재단에서

총괄하고 있다. 구체적인 사업으로는 북한이탈주민 생활안정 및 사회적응지원사업, 민간 차원의 취업지원사업, 직업훈련에 필요한 사업, 장학사업, 전문상담사업, 민간단체 협력사업, 정책개발지원 및 조사·연구사업, 실태조사 및 통계구축사업 등 다양한 정착지원사업이 있다.

취업지원사업은 북한이탈주민지원재단, 지역적응센터 등 다양한 기관을 통해 추진되고 있으며, 취업지원실 운영, 사회적 기업 신규 설립, 창업지원 및 영농정착지원 등의 사업이 시행되고 있다. 취업지원실은 2011년 5월부터 북한이탈주민지원재단 내에 설립되어 개인별 취업상담과 동행면접 등을 지원하고 있다. 최근에는 북한이탈주민의 사회적 기업 설립을 지원하는 사업을 하고 있는데, 지원대상 사회적 기업은 전체 직원 중 북한이탈주민을 30% 이상 채용한 기업이다. 지역적응센터는 3주간의 지역적응교육과 1년간 사후지원을 하면서 경제활동이 가능한 교육생을 대상으로 진로상담과 취업연계에 노력하고 있다. 북한이탈주민 전문상담사제도는 북한이탈주민에 대한 심리상담, 의료·교육·복지·취업 지원 등 전문적 서비스를 제공하는 것으로, 24시간 콜센터로 운영되고 있다.

⑧ 협력네트워크

북한이탈주민 지원을 위해 다양한 협력네트워크가 구성되어 있다. 통일부와 한국여성경제인협회는 여성 북한이탈주민 취업지원 관련 업무협약을 체결, 통일부는 취업촉진교육을 통해 준비된 구직자를 추천하고, 한국여성경제인협회는 창업교육 및 창업지원을 제공하고 있다. 통일부와 현대차미소금융재단은 북한이탈주민 창업지원을 위한 업무협약을 체결, 통일부는 자격심사를 통해 창업지원 적격자를 재단에 추천하고 재단은 신용·재정심사 등을 통해 대상자를 선정하고 창업교육, 대출, 사후관리 등을 제공한다. 통일부와 대한변호사협회는 북한이탈주민 법률지원을 위한 업무협약을 체결, 북한이탈주민을 위한 법률상담, 법률교육, 법률구조 등 다양한 법률서비스를 지원하고 있다. 전국지방의료원연합회에서는 북한

이탈주민이 전국 34개 지방의료원에서 진료를 받을 경우 입원비와 수술비 등을 감면받을 수 있도록 하는 협력체계를 구축하고 있다.

2) 북한이탈주민 지원제도 평가

(1) 정책 인지도와 만족도

〈그림 2-33〉에서 보는 바와 같이 북한이탈주민 지원제도에 대한 인지도는 높은 편이다. 북한이탈주민의 70% 내외가 관련 지원제도를 알고 있다고 응답하고 있으며, 남성에 비해 여성의 인지도가 조금 더 높다. 이처럼 인지도가 높은 것은 하나원 교육과정에서 관련 지원제도에 대한 안내가 있기 때문이다. 또한 전문상담사와의 상담이나 북한이탈주민지원재단 홈페이지, 하나센터 교육, 신변보호담당관 등 다양한 경로를 통해서도 지원제도를 인지하게 된다.

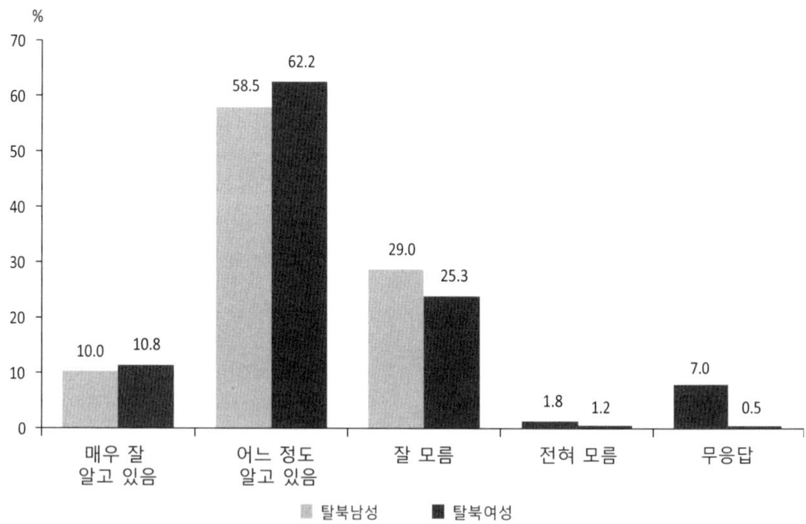

그림 2-33 북한이탈주민 정착지원제도 인지도

주: 조사대상 7,560명(남성 1,908명, 여성 5,652명) 기준.
자료: 북한이탈주민지원재단(2011).

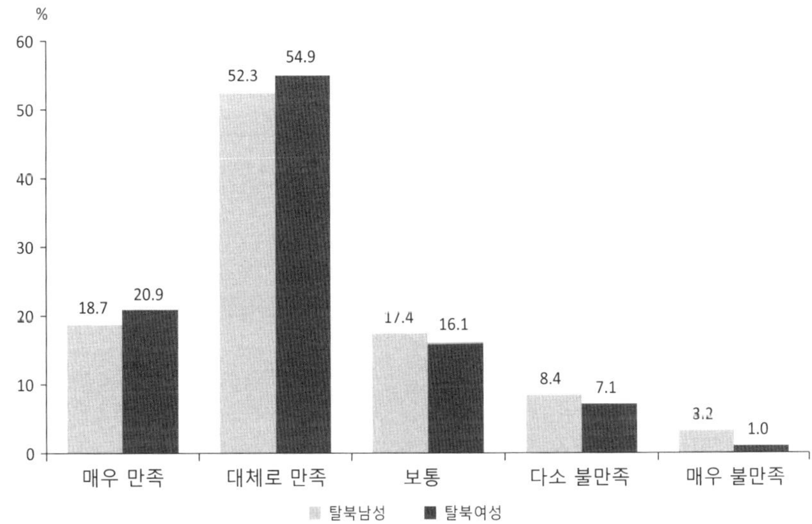

그림 2-34 북한이탈주민 정착지원제도 만족도

주: 조사대상 7,560명(남성 1,908명, 여성 5,652명) 기준.
자료: 북한이탈주민지원재단(2011).

북한이탈주민 정착지원제도에 대한 만족도 또한 높은 편이다(〈그림 2-34〉). 북한이탈주민의 60% 내외가 관련 제도에 만족한다고 응답하고 있으며, 불만족이라는 응답은 10% 미만에 불과하다. 관련 지원제도에 대해 만족하는 가장 큰 이유로는 초기에 정착할 수 있도록 지원한다는 것과 노력하는 만큼 잘살 수 있다는 점이 지적된다(북한이탈주민지원재단, 2011).

(2) 정책지원제도의 평가

북한이탈주민 정착지원을 위해 많은 예산이 투입되고 있으나 그 성과에 대한 평가는 전반적으로 낮다. 이하에서는 기존 연구들을 토대로 북한이탈주민 정착지원제도의 문제점을 정책의 비전과 목표, 정책설계, 정책실행 및 정책평가의 단계별로 살펴보고, 경제적 적응 측면에서 취업지원제도의 문제점을 검토한다.

① 정책의 비전과 목표

현행 북한이탈주민 지원제도의 가장 큰 문제점으로 지적되는 것은 장기적이고 거시적인 시각에서의 지원제도 구축이 미흡하다는 것이다. 정책목표는 북한이탈주민의 자립과 자활에 두고 있으나 현실에서는 지원금 위주의 사업을 진행하고 있다. 또한 북한이탈주민에 대한 정착금 지원사업은 적절한 수요예측 없이 매년 과소 편성되어 국회로부터 지적을 받은 바 있다(국회예산정책처, 2011). 북한이탈주민의 증가 추이를 고려할 때 현재와 같은 지원금 위주의 양적 지원은 정책의 지속가능성이 낮은 것으로 평가된다(허준영, 2011). 정권이 바뀔 때마다 정책방향이 크게 변화하고 지원사업도 단기성 사업 위주로 진행되면서(강장석, 2012), 북한이탈주민 지원에 대한 국민적 공감대 형성도 미흡하다. 따라서 장기적 시각에서 북한이탈주민을 어떻게 남한사회에 정착시킬 것인가에 대한 비전과 구체적인 목표 설정이 필요하다.

② 정책설계

정책목표를 효과적으로 달성하기 위해서는 광범위한 정책대안을 모색하여 정책수단을 계획할 필요가 있다. 그러나 대다수 지원제도가 북한이탈주민의 특수성을 반영하지 못하고 기존의 저소득층 대상 정책의 연장선상에서 마련되어 정책의 효과가 낮다(사회통합위원회, 2011). 또한 북한이탈주민의 인적 구성이 다양해지고 있으나, 현행 지원제도는 이러한 다양성이 간과된 채 공급자 중심으로 이루어지고 있다. 예를 들어 북한이탈주민의 70%가 여성인데, 이들의 특수성을 반영한 정책설계는 미흡하고 일괄적으로 입국 후 3개월의 하나원 교육과 거주지보호기간 5년 동안의 교육훈련과 취업지원에 집중되어 있다. 따라서 북한이탈주민의 다양한 인구학적 특성과 인적자본 특성을 반영한 세분된 정책지원이 필요하며, 입국 이후 정착까지 개인의 생애주기를 고려한 특화된 지원이 필요하다. 특히 북한이탈주민에 대한 각종 지원이 이들의 적극적인 자립의지나 노력을

저해하지 않도록 종합적인 시각에서 관련 제도가 설계되어야 한다.

③ 정책실행

통일부와 관련 정부부처 및 지자체 간의 유기적인 협조체제와 효율적인 업무분담이 미흡하여 정책집행의 효율성이 낮다. 여러 부처가 유사한 지원제도를 시행하면서 예산중복 문제가 발생하고(강장석, 2012), 북한이탈주민에 대한 정보의 공유·관리가 어려워 이중수혜 등 집행과정에서 비효율이 발생하고 있다(박현식, 2006). 지자체 차원의 지원사업은 내용 면에서 정부부처의 지원사업과 중복되는 측면이 강하며, 북한이탈주민지원지역협의회 역시 구성되지 않거나 실질적인 활동이 저조한 지역이 많다(국회예산정책처, 2011). 정부기관 중심의 전달체계도 문제점으로 지적된다. 북한이탈주민 정착지원은 정부 자원의 한계와 전문성을 고려할 때, 현실적으로 민간의 역할이 중요하나 그 역할이 제한되어 있다. 국가 차원에서 관련 정부부처 및 지자체 간의 효율적인 역할분담과 정책조정이 필요하며, 민간이 비교우위를 갖는 부문에 대해서는 이들에게 적극적인 역할을 부여할 필요가 있다.

④ 정책평가

지원제도의 성과평가를 위한 기준이 정립되어 있지 않아 사업수행 시 단편적이고 단기적인 성과 향상에 집중한다는 문제가 있다. 북한이탈주민 지원사업에 대한 국회 평가에서는 고용률과 고용유지율을 지표로 하고 있으나(국회예산정책처, 2009), 이러한 지표의 타당성에는 논란의 여지가 있으며 북한이탈주민지원재단의 2012년 조사 이전에는 신뢰성 있는 통계를 도출할 수 있는 조사 자체가 없었다. 또한 북한이탈주민에 대한 실태조사 자료나 관련 정보의 공유가 제한된 것도 체계적인 성과평가를 어렵게 하는 원인이다(박현식, 2006). 따라서 북한이탈주민 지원제도의 목표와 전략을 명확히 하고 이를 토대로 성과평가의 기준과 방법을 설정해야 한다.

⑤ 취업지원제도의 비효율

북한이탈주민의 경제적 자립이라는 차원에서 이들의 취업 확대를 위한 각종 지원제도가 운영되고 있으나, 취업률과 같은 가시적 성과는 미미한 수준이다. 기존의 직업훈련 프로그램은 북한이탈주민의 직업훈련수요를 제대로 반영하지 못하여 이들의 취업확률이나 고용안정성을 높이는 데 기여하지 못하고 있다(이승종 · 이달곤 · 정과호, 2008; 이찬 · 나승일 · 이수경, 2012). 하나원의 직업훈련과정은 한국사회의 실정을 잘 모르는 상태에서 몇 가지 직업훈련만 놓고 한 가지를 선택하여 실시되는데, 북한의 직업경험을 고려하지 못하는 문제가 있다는 지적이다(박성재, 2012). 북한이탈주민 본인의 선호나 능력 등에 대한 고려 없이 지원금 때문에 직업훈련을 받는 '생계형 직업훈련'이 만연함으로써(박정란 · 강동완 · 김홍광, 2010), 직업훈련이 취업과 연계되지 못하는 경우가 많다.

고용장려금은 정책 수요자의 도덕적 해이를 야기하는 구조라는 점에서 비판받고 있다. 고용주 입장에서는 북한이탈주민을 고용할 경우 임금의 절반을 지원받기 때문에, 자격이 미달되는 북한이탈주민을 고용한 후 지원금이 끝나면 해고를 하고 다른 북한이탈주민을 채용하는 경우가 많다(허준영, 2011). 이에 따라 고용지원금 수혜근로자의 평균 근속기간이 짧고, 결과적으로 고용유지 측면에서 이 제도의 효과가 매우 낮다(유길상 · 박성재 · 김화순, 2007). 북한이탈주민의 취업 시 이로 인한 소득 노출이 기초생계비 수급권의 박탈로 이어질 수 있어, 본인들이 정규직 취업을 기피하는 경우도 많아 관련 제도의 정비도 필요하다.

북한이탈주민에 대한 취업지원서비스의 효과도 낮다(김경호, 2006; 김상철, 2008; 김성윤, 2009; 국회예산정책처, 2009; 강장석, 2012). 북한이탈주민에 대한 만족도 조사에서 취업지원서비스는 의료지원이나 주택지원 등 다른 제도에 비해 만족도가 낮으며, 대부분의 북한이탈주민이 취업지원서비스를 이용하는 대신 생활정보지나 다른 북한이탈주민 또는 일반 남한주민 등 비공식 통로를 통해 취업정보를 얻고 있다(김연희, 2009). 현재의 취업지원

구조가 재정적 지원은 통일부가 담당하고 직업훈련·진로지도·알선 등 실질적 지원은 고용노동부가 담당하는 이중구조로 되어 있고, 고용노동부 고용지원센터에서는 북한이탈주민에 대한 전문성이 부족하고 이들을 위한 맞춤형 콘텐츠가 미흡하다는 문제점도 지적된다(박성재, 2012).

제3장
여성 북한이탈주민 실태조사

1. 설문조사 개요

1) 조사대상

본 연구는 여성 북한이탈주민의 남한사회에서의 경제적 적응 현황과 관련 요인을 분석하는 데 목적이 있으며, 이를 위해 여성 북한이탈주민을 대상으로 설문조사를 하였다. 경제적 적응은 취업을 통한 소득확보와 소비생활의 양 축으로 파악한다. 따라서 설문조사 대상을 주노동력층이면서 가계소비의 적극적 행위자로서 만 25세에서 60세까지의 여성 북한이탈주민으로 한정하고, 편의할당표본추출법을 사용하여 조사대상을 선정하였다. 취업자와 미취업자의 비교분석을 위해 취업자 집단과 미취업자 집단이 각각 절반 정도 차지하도록 표본을 구성하였다.[1] 아울러 취업 가능성이나 근로조건 등의 지역별 차이를 통제하기 위해 서울 거주 여성

1 북한이탈주민지원재단(2013) 조사에서 여성 북한이탈주민의 경제활동참가율은 52%이고 고용률은 47%로 나타났다. 따라서 취업자와 미취업자의 비율이 거의 동일하게 표본을 구성한 것은 전체 여성 북한이탈주민의 구성과도 큰 차이가 없을 것으로 판단된다.

북한이탈주민으로 조사대상을 한정하였다.

2) 조사방법

설문조사는 예비조사와 전문가 자문회의를 거쳐, 2012년 5월과 6월에 걸쳐 실시하였다. 북한이탈주민 집단의 특성상 확률적 표집이 어려워 비확률적 표집방법을 사용하였고, 북한이탈주민과의 초기 접촉이 쉽지 않아 관련 네트워크를 활용한 눈덩이 표집방법을 사용하였다.[2] 눈덩이 표집은 탈북자교회와 탈북민취업센터, 북한문제 전문가 등의 협조하에 이루어졌다.

탈북자교회와 탈북민취업센터는 관계자의 협조를 얻어 설문조사에 참여할 여성 북한이탈주민을 모집하고, 연구진이 직접 방문하여 설문문항을 일일이 설명하고 각 문항에 대해 순차적으로 응답토록 하였다. 설문조사에 참여한 여성 북한이탈주민의 소개를 받아 사회적 기업 취업자 등 집단면접이 가능한 여성 북한이탈주민에 대한 추가조사를 실시하였다. 이와 별도로 북한문제 전문가들로부터 여성 북한이탈주민 중 설문조사원 경험이 있는 조사원들을 소개받아 조사원 교육을 실시하고, 이

표 3-1 설문조사 대상과 방법

구분	내용
조사대상	만 25~60세, 서울 거주 여성 북한이탈주민
조사기간	2012년 5월~2012년 6월
조사방법	면접조사(自記방식 병행)
분석대상	278명(응답자 285명 중 부적격자 제외)

2 눈덩이 표집방법은 모집단을 잘 모르는 경우나 대상자가 눈에 잘 띄지 않아 일상적 표집 절차로는 조사를 쉽게 수행하기 어려운 경우에 적합한 방법이다(홍두승 · 설동훈, 2012).

표 3-2 주요 설문문항

구분	항목
일반적 특성	본인(나이, 건강상태, 혼인상태) 배우자(나이, 출생지) 가족구성(미성년자녀, 가족원 수, 수입이 있는 가족원 수) 북한에서의 장사 경험 탈북과정(북한탈출일, 남한입국일, 탈북 이유)
사회생활과 적응	친한 사람 유무(북한이탈주민, 남한사람, 중국동포, 기타 외국인) 모임 참석 여부(북한이탈주민, 남한사람, 지역주민, 종교모임) 억양 차이와 차별 경험
교육훈련	남한과 북한에서의 교육수준(본인, 배우자) 남한 직업훈련(이수 여부, 훈련기관, 훈련 분야, 기간, 훈련수당, 만족도) 직업훈련 희망 분야 여부와 훈련 이유 취득자격증(개수, 분야) 훈련 후 취업(분야, 취업소요기간)
취업	현재 취업상태(직종, 고용형태) 현 직장(근로시간, 근속기간, 4대 보험, 취업 경로, 북한이탈주민 비율) 현재 미취업 이유 남한에서의 총취업기간(현 직장 제외) 북한에서의 직업 배우자 취업상태(직종, 고용형태)
소득 및 생활 수준	월평균 소득(본인근로소득, 배우자근로소득, 기타 가족수입, 정부지원금, 민간단체지원금, 총가구소득) 경제적 수준(북한, 남한) 남한생활에 대한 만족도 남한입국 직후 대비 현재 생활 여건 월 적정수입
소비지출	지출비용이 가장 큰 소비항목 저축, 부채, 노후대비 기초생활보장수급, 의료급여수급 보험(가입 개수, 납입액) 소유재, 열망재 건강을 위한 소비 월평균 생활비(총액, 저축 · 보험, 빚 상환, 대북송금) 남한에서의 소비생활만족도

구분	항목
소비생활과 적응	소비생활 불편사항 소비생활적응 요인 소비생활 불만족 이유 소비생활에 관한 평소 생각과 행동 현재의 소비생활 상황 일상생활에서 평소의 생각과 행동
지원제도	북한이탈주민 지원제도(인지도, 활용도, 만족도)

들이 보유하고 있는 네트워크를 활용하여 일대일 면접조사를 시행하도록 하였다. 설문조사에 참여한 총 285명의 응답자 중 연령범위가 맞지 않는 7명을 제외하고, 278명의 조사결과가 최종분석에 사용되었다.

3) 조사내용

설문항목은 본 연구의 목적에 맞춰 기존 연구들을 참조하여 구성하였고, 전문가 자문회의의 검토를 거쳐 설문문항의 타당성을 확보하고자 하였다. 조사내용은 여성 북한이탈주민의 일반적 특성과 사회생활, 북한에서의 인적자본과 남한에서의 교육훈련 경험, 취업변수로서 취업상태와 일자리특성, 소득 및 생활 수준, 소비지출과 소비생활적응, 북한이탈주민 지원제도의 인지도와 유용성 등의 내용을 포함한다(〈표 3-2〉).

2. 기초분석: 응답자 특성

1) 일반적 특성

여성 북한이탈주민 응답자의 일반적 특성은 본인의 인구학적 특성과 탈북 관련 사항으로 나누어 살펴볼 수 있다. 응답자의 평균연령은 42.7세다.

20대와 30대 연령층이 34.9%, 40대 연령층이 44.6%, 50세 이상이 20.5%다. 건강상태와 관련해서는 건강하다는 응답(28.4%)에 비해 불편하다는 응답(35.2%)이 많다. 혼인상태는 미혼이 19.1%, 기혼 및 동거가 40.8%, 별거나 이혼이 23.7%이고, 사별도 14.4%에 달한다.

배우자의 평균연령은 44.6세로 응답자 평균연령보다 조금 높으며, 배우자의 출생지는 북한이 50%로 가장 많고, 남한과 중국이 각각 1/4 정도다. 응답자의 절반 정도가 미성년자녀와 함께 거주하고 있고, 60% 정도가 본인 이외에 1~2명의 가족원과 동거하고 있다. 경제적 수입이 있는 가족원은 1명이라는 응답이 절반 정도이고, 2명 이상이라는 응답이 20%를 조금 넘는다.

탈북 이유는 식량부족과 경제적 어려움이 가장 많고(58.3%), 북한체제가 싫어서라는 응답이 25.2%, 가족을 따라서 탈북했다는 응답이 12.6%다. 기타 이유로는 자녀교육이나 자신의 삶을 개척하기 위해서라는 응답 등이 있었다. 탈북 이후 기간은 10년 미만과 10년 이상이 각각 절반 정도이고, 탈북 이후 남한에 입국하기까지 소요기간은 평균 47.8개월로 조사되었다(〈표 3-3〉).

응답자의 연령별로 일반적 특성을 살펴보면 〈표 3-4〉와 같다. 나이가 많을수록 건강상태가 나쁜데, 40대에서도 건강상태가 나쁘다는 응답이 40%를 넘고 50대는 절반 이상이 건강상의 문제를 갖고 있다. 나이가 많을수록 배우자가 있는 기혼여성의 비중이 낮고 이혼·사별·별거 비중이 높다. 배우자의 출생지 또한 응답자 연령별로 다른데, 50세 이상 연령층에서는 대부분이 북한 출신 배우자를 가진 반면, 30대 이하에서는 남한이나 중국 출신 배우자를 가진 비율이 상대적으로 높다. 이러한 응답자 연령별 차이는 통계적으로 모두 유의하다. 반면 탈북 이유는 응답자 연령과는 유의한 관계가 없는 것으로 나타난다. 모든 연령층에서 경제적 이유로 탈북한 경우가 가장 많고, 30대 이하 연령층에서 정치적 이유의 탈북이 가장 적기는 하나 통계적 유의성은 없다.

표 3-3 응답자의 일반적 특성

변수		구분	인원(%)	평균(S.D)
본인	나이	25~39세	97 (34.9)	42.7세 (7.7세)
		40~49세	124 (44.6)	
		50세 이상	57 (20.5)	
	건강상태	매우 양호	24 (8.6)	
		양호	55 (19.8)	
		보통	101 (36.3)	
		약간 나쁨	69 (24.8)	
		매우 나쁨	29 (10.4)	
	혼인상태	미혼	53 (19.1)	
		결혼(유배우)	101 (36.3)	
		동거	18 (4.5)	
		별거	10 (3.6)	
		이혼	56 (20.1)	
		사별	40 (14.4)	
가족	배우자 나이	25~39세	26 (9.4)	44.6세 (7.3세)
		40~49세	59 (21.2)	
		50세 이상	30 (10.8)	
		미상	4 (5.0)	
		해당 없음1)	149 (53.6)	
	배우자 출생지	북한	64 (23.0)	
		남한	30 (10.8)	
		중국	34 (12.2)	
		미상	1 (0.4)	
		해당 없음1)	149 (53.6)	
	미성년자녀	있음	137 (49.3)	
		없음	141 (50.7)	
	동거가족원 수 (본인 포함)	1명	71 (25.5)	
		2명	89 (32.0)	
		3명	75 (27.0)	
		4명 이상	43 (15.5)	
	경제적 수입이 있는 가족원 수	없음	82 (29.5)	
		1명	135 (48.6)	
		2명 이상	61 (21.9)	
탈북 과정	탈북 이유	경제적 어려움	162 (58.3)	
		북한체제가 싫어서	70 (25.2)	
		가족을 따라서	35 (12.6)	
		기타	11 (3.9)	
	탈북 이후 기간	10년 미만	134 (48.2)	9년 7개월
		10년 이상	144 (51.8)	
	외국 체류 기간	남한입국일－북한탈출일 (개월)		47.8개월 (43.1개월)
	합계		278(100)	

주: 1) 미혼 및 이혼이나 사별로 배우자가 없는 경우.

표 3-4 응답자의 연령별 특성 (단위: %)

		연령			χ^2 (p-value)
		25~39세	40~49세	50세 이상	
건강상태	양호 · 보통	86.6	55.6	47.4	33.33 ***
	나쁨	13.4	44.4	52.6	(0.00)
혼인상태	미혼	26.8	16.1	12.3	20.92 ***
	기혼(유배우)	51.5	41.1	31.6	(0.00)
	이혼 · 사별 · 별거	21.6	42.7	56.1	
배우자 출생지 (기혼여성)	북한	46.2	43.6	76.2	7.80 **
	남한	26.9	27.3	4.8	(0.09)
	중국	22.9	29.1	19.0	
미성년자녀	있음	68.0	52.4	10.5	48.39 ***
	없음	32.0	47.6	89.5	(0.00)
탈북 이유	경제적 이유	62.9	55.6	56.1	2.49
	정치적 이유	19.6	28.2	28.1	(0.65)
	가족 · 기타	17.5	16.1	15.8	
N		97	124	57	

주: *** $p < 0.01$, ** $p < 0.05$.

2) 인적자본

응답자의 인적자본은 크게 북한에서의 인적자본과 남한에서 추가로 축적한 인적자본으로 구분할 수 있다(〈표 3-5〉). 북한에서의 인적자본은 북한에서의 교육수준과 직업, 장마당에서의 장사 경험을 포함한다. 북한에서의 학력은 응답자의 약 70%가 고등중학교 졸업이고, 나머지 30%는 전문대 졸업 이상이다. 북한에서의 직업은 응답자의 54.3%가 농장원이나 노동자였고, 예술인 · 전문직 · 사무원 비중이 26.3%이다. 기술자나 직장 관리자, 당간부 비중은 매우 낮다. 응답자의 약 60%가 장마당에서의 장사 경험이 있다.

남한에서의 인적자본은 정규교육과 직업훈련, 억양, 남한거주기간 등으로 파악한다. 응답자의 80%는 남한에서 정규교육을 받은 적이 없으

표 3-5 북한과 남한에서의 인적자본

	변수	구분	인원 (%)	평균 (S.D)
북한 인적자본	북한학력	인민학교 중퇴	1 (0.4)	
		고등중학교 졸업	190 (68.2)	
		전문대 졸업	55 (19.8)	
		대학 졸업	31 (11.2)	
		대학원 졸업	1 (0.4)	
	북한직업	농장원 · 노동자	151 (54.3)	
		기술자 · 직장관리자	19 (6.8)	
		군인 · 당간부	12 (4.3)	
		예술인 · 전문직 · 사무원	73 (26.3)	
		기타	2 (0.7)	
		무직 · 미상	21 (7.6)	
	장사 경험	있음	176 (63.3)	
		없음	102 (36.7)	
남한 인적자본	정규교육	교육 경험 없음	220 (79.1)	
		고등학교 졸업	2 (0.7)	
		전문대 졸업	14 (5.0)	
		대학 졸업	34 (12.2)	
		대학원 졸업	7 (0.3)	
	직업훈련	받음	203 (73.0)	
		받지 않음	75 (27.0)	
	억양 차이	전혀 차이 없음	16 (5.8)	
		조금 차이 남	174 (62.6)	
		심하게 차이 남	88 (31.6)	
	억양으로 인한 차별 경험	차별받은 적 없음	90 (32.4)	
		조금 차별받음	173 (62.2)	
		심하게 차별받음	15 (5.4)	
	남한거주기간	5년 미만	119 (42.8)	69.1개월 (36.5개월)
		5년 이상	159 (57.2)	
N			278 (100)	

표 3-6 응답자의 연령과 인적자본 (단위: %)

		연령			χ^2 (p-value)
		25~39세	40~49세	50세 이상	
북한학력	전문대졸 미만	79.4	69.4	49.1	15.30 ***
	전문대졸 이상	20.6	30.6	50.9	(0.00)
북한직업	전문기술직[1]	32.0	35.5	67.3	19.79 ***
	기타[2]	68.0	64.5	32.7	(0.00)
장사 경험	있음	55.7	67.7	66.7	3.76
	없음	44.3	32.3	33.3	(0.15)
남한학력	있음	29.9	16.9	14.0	7.56 **
	없음	70.1	83.1	86.0	(0.02)
직업훈련	받음	70.1	70.2	84.2	4.56
	받지 않음	29.9	29.8	15.8	(1.02)
억양 차이	없음 · 약함	77.3	60.5	70.2	7.24 **
	차이 심함	22.7	39.5	29.8	(0.03)
N		97	124	57	

주: 1) 기술자 · 직장관리자, 군인 · 당간부, 예술인 · 전문직 · 사무원.
2) 무직 포함.
3) *** $p < 0.01$, ** $p < 0.05$.

며, 정규교육을 이수한 20%는 주로 대학졸업자다. 응답자의 70% 이상이 남한에서 직업훈련을 받은 적이 있어, 직업훈련 참여비율은 상당히 높다. 억양 차이는 언어적 자신감이나 의사소통능력을 일정 부분 반영한다는 점에서 인적자본 변수로 포함하였다. 응답자의 30% 이상이 억양 차이가 심하다고 인식하고 있으며, 억양 차이 때문에 차별을 받은 적이 있다는 응답이 70% 가까이 된다. 남한거주기간은 남한사회의 전반적인 시스템에 대한 적응도를 반영한다고 할 수 있는데, 응답자의 평균 남한거주기간은 5년 9개월이다.

여성 북한이탈주민의 인적자본을 연령별로 비교해보면 〈표 3-6〉과 같다. 응답자의 연령에 따라 북한학력과 직업, 남한학력과 억양 차이에 유의한 차이가 나타난다. 고학력자의 비중은 50세 이상 연령층에 비해 40대 이하 연령층에서 월등히 높은 반면, 전문기술직 비중은 50세 이상 연

령층이 다른 연령층에 비해 월등히 높다. 장마당 장사 경험은 40대 이상 연령층에서 상대적으로 높게 나타나지만 통계적 유의성은 없다.

남한학력은 여성 북한이탈주민의 연령에 따라 유의한 차이를 보인다. 30대 이하 연령층에서는 30%가 남한에서 정규교육을 이수하였으나 40대 이상 연령층의 정규교육 이수비율은 이보다 훨씬 낮다. 직업훈련 이수비율은 50세 이상 연령층이 다른 연령층에 비해 높으나 통계적 유의성은 없다. 억양 차이는 30대 이하 연령층에서 가장 작고, 40대 연령층이 억양 차이가 가장 큰 것으로 인지하고 있다. 50대 이상 연령층에 비해 40대 연령층에서 억양 차이가 크다고 인지하는 것은 기대수준의 차이일 수도 있고 남한거주기간이나 다른 변인들과의 연관관계에 기인할 수도 있다.

여성 북한이탈주민의 북한학력과 다른 인적자본 변수들과의 관계를 살펴보면, 북한학력은 북한에서의 직업과는 유의한 상관관계가 있으나 다른 인적자본 변수들과는 유의한 관계가 없는 것으로 나타난다(〈표 3-7〉). 전문대졸 이상 고학력자는 70%가량이 전문기술직 직업을 가졌던 것에 비해, 전문대졸 미만 학력소지자는 27%만이 전문기술직에 종사하였고 대부분 농장원이나 노동자로 일하였다. 북한에서의 장사 경험은 북한학력에 따른 차이가 없다. 북한학력은 남한에서의 인적자본 축적에는 유의한 영향을 미치지 못한다. 남한에서의 정규교육 이수비율이나 직업훈련 참여율, 억양 차이 모두 북한에서의 학력에 따른 차이를 보이지 않는다.

〈표 3-8〉은 응답자 특성과 탈북 이유 간의 연관성을 보여준다. 여성 북한이탈주민의 탈북 이유는 북한에서의 직업 및 경제수준에 따라 유의한 차이를 보인다. 북한에서의 직업이 전문기술직이었던 여성에 비해 농장원이나 노동자였던 여성이 경제적 이유의 탈북이 많으며, 경제수준이 높았던 계층에 비해 경제수준이 낮았던 계층에서 경제적 이유의 탈북이 많다. 경제수준이 중상위층 이상이었던 여성은 가족을 따라 탈북하거나 자녀교육이나 자아실현과 같은 이유로 탈북한 경우가 상대적으로 많다.

표 3-7 응답자의 북한학력과 인적자본 (단위: %)

		북한학력		χ^2 (p-value)
		전문대졸 미만	전문대졸 이상	
북한직업	전문기술직	27.0	69.8	43.39 ***
	기타	73.0	30.2	(0.00)
장사 경험	있음	63.2	63.2	0.00
	없음	36.8	36.8	(1.00)
남한학력	있음	19.9	23.0	0.35
	없음	80.1	77.0	(0.63)
직업훈련	받음	72.3	74.7	0.18
	받지 않음	27.7	25.3	(0.77)
억양 차이	없음 · 약함	67.0	71.3	0.50
	차이 심함	33.0	28.7	(0.58)
N		191	87	

주: *** $p < 0.01$.

표 3-8 응답자 특성과 탈북 이유 (단위: %)

		탈북 이유			χ^2 (p-value)
		경제적	정치적	가족 · 기타	
북한학력	전문대졸 미만	59.2	24.6	16.2	0.20
	전문대졸 이상	56.3	26.4	17.2	(0.91)
북한직업	전문기술직	43.4	33.0	23.6	15.15 ***
	기타	66.9	22.5	10.6	(0.00)
장사 경험	있음	61.4	24.4	14.2	2.48
	없음	53.0	26.5	20.6	(0.28)
경제수준 (북한)	상위층 · 중상위층	34.6	38.5	26.9	31.35 ***
	중위층	60.4	24.0	15.6	(0.00)
	중하위층 · 하위층[1]	73.8	16.5	9.7	
N		162	70	46	

주: 1) 극빈자층 포함.
2) *** $p < 0.01$.

즉, 북한에서 경제적 어려움을 상대적으로 더 겪은 계층에서 경제적 이유로 인한 탈북이 많다. 북한에서의 학력은 탈북 이유와 연관성이 낮고, 장사 경험이 있는 여성이 그렇지 않은 여성보다 경제적 이유의 탈북이 많

으나 통계적 유의성은 없다.

3) 사회적 자본

사회적 자본은 친근감이나 상호 인지적 관계가 제도화한 것으로서(Bourdieu, 1986), 친구와의 모임이나 사회의 호혜적 지원 등이 포함된다(Potocky-Tripodi, 2004). 본 연구에서는 북한이탈주민과 연결되어 있는 인적 네트워크로서 친구의 수와 특성, 여성 북한이탈주민의 사회적 모임에 대한 참여도, 민간단체 및 종교단체의 지원 여부 등을 통해 사회적 자본을 측정한다.

〈표 3-9〉에 의하면, 응답자의 55%가 남한 출신 친구가 있고 평균 친구 수는 2.7명이다. 북한 출신 친구가 있는 비율은 거의 80%에 달하며 평균 친구 수도 4.1명으로 많아, 일반 남한주민보다 북한 출신 친구와의 교류가 더 많음을 알 수 있다. 중국동포와의 네트워크는 상대적으로 약하다. 지인들과의 모임이나 활동에 대한 참여도에서는 남한친구모임에 참석한다는 경우가 응답자의 44.6%이고, 북한 출신 친구와의 모임에 참석하는 경우가 66.3%이다. 종교단체모임은 북한 출신 친구와의 모임만큼이나 참여도가 높은데, 이는 북한이탈주민에 대한 종교단체의 적극적인 지원과도 관계가 있다. 지역주민모임에 대한 참여도는 매우 낮다.

여성 북한이탈주민이 갖고 있는 사회적 자본이 이들의 경제적 적응에 영향을 미칠 수 있다고 한다면, 사회적 자본이 어떤 요인들에 의해 형성되는지 살펴볼 필요가 있다. 〈표 3-10〉은 남한친구모임을 대상으로 응답자 개인의 특성에 따라 사회적 자본의 형성이 어떻게 달라지는지 비교하고 있다. 결론부터 말하면, 혼인을 통한 남한 인맥과 남한에서 축적한 인적자본이 남한친구와의 교류를 통한 사회적 자본 형성에 기여한다. 배우자가 없거나 북한 혹은 중국 출신 배우자를 가진 여성 북한이탈주민은 40% 정도만이 남한친구모임에 참여하는 반면, 남한 출신 배우자가 있는

표 3-9 응답자의 사회적 자본

	변수	구분	인원(%)	평균 (S.D)
인적 네트워크	남한 출신 친구	있음	153 (55.0)	2.7명
		없음	125 (45.0)	(5.6명)
	북한 출신 친구	있음	218 (78.4)	4.1명
		없음	60 (21.6)	(6.9명)
	중국동포 친구	있음	41 (14.7)	0.4명
		없음	237 (85.3)	(1.4명)
사회적 교류	남한친구모임	있음	123 (44.6)	
		없음	153 (55.4)	
	북한친구모임	있음	183 (66.3)	
		없음	93 (33.7)	
	지역주민모임	있음	49 (17.7)	
		없음	227 (82.3)	
	종교모임	있음	178 (64.5)	
		없음	98 (35.5)	
사회적 지원	민간단체 지원	받은 적 있음	68 (24.5)	
		받은 적 없음	210 (75.5)	
	종교단체 지원	받은 적 있음	106 (38.1)	
		받은 적 없음	172 (61.9)	
N			278 (100)	

주: 1) 항목별 합은 무응답이 있어 전체 합과 다를 수 있음.
2) 평균 친구 수는 응답자 전체 평균임.

여성 북한이탈주민은 75%가 남한친구모임에 참여한다. 북한에서 전문기술직에 있었던 집단 역시 다른 직업군에 비해 참여도가 높다. 남한에서 정규교육을 이수한 여성 북한이탈주민이 그렇지 않은 여성에 비해 2배 가까이 남한친구모임 참여도가 높으며, 북한학력이 높은 계층이 학력이 낮은 계층보다 참여도가 높다. 남한거주기간이 길고 억양 차이가 크지 않은 경우 남한친구모임 참여비율이 높으며, 나이나 건강상태, 북한에서의 직업이나 장사 경험 등은 남한친구모임 참여도에 영향을 미치지 않는다.

〈표 3-11〉에서 북한친구모임 참여도를 비교해보면, 남한친구모임과는 달리 여성 북한이탈주민의 나이와 북한에서의 직업이 모임 참여도에

표 3-10 응답자 특성과 사회적 자본: 남한친구모임 (단위: %)

			남한친구모임		χ^2 (p-value)
			참여	불참	
일반적 특성	나이	25~39세	47.4	52.6	0.52
		40~49세	42.6	57.4	(0.77)
		50세 이상	43.9	56.1	
	건강상태	양호 · 보통	47.5	52.5	1.76
		나쁨	39.2	60.8	(0.21)
	혼인상태	미혼	43.4	56.6	11.82***
		유배우(북한 · 중국)	40.7	59.3	(0.01)
		유배우(남한 출신)	75.0	25.0	
		별거 · 이혼 · 사별	40.4	59.6	
	미성년자녀	있음	43.4	56.6	0.15
		없음	45.7	54.3	(0.70)
	탈북 이유	경제적 이유	44.4	55.6	0.01
		비경제적 이유	44.8	55.2	(0.94)
인적 자본	북한학력	전문대졸 미만	41.1	58.9	3.05 *
		전문대졸 이상	52.3	47.7	(0.08)
	북한직업	전문기술직	52.4	47.6	3.41 **
		기타	40.7	59.3	(0.06)
	장사 경험	있음	46.3	53.7	0.57
		없음	41.6	58.4	(0.45)
	남한학력	있음	70.7	29.3	20.29 ***
		없음	37.6	62.4	(0.00)
	억양 차이	없음 · 약함	51.3	48.7	11.08 ***
		차이 심함	29.9	70.1	(0.00)
	남한거주기간	5년 미만	36.1	63.9	6.02 **
		5년 이상	51.0	49.0	(0.01)
전체			44.6	55.4	

주: *** $p < 0.01$, ** $p < 0.05$, * $p < 0.1$.

영향을 미친다. 40대 이하 연령층에 비해 50세 이상 연령층의 북한친구모임 참여도가 유의하게 높으며, 북한에서 전문기술직 직업을 가졌던 계층이 농장원이나 노동자 출신보다 모임 참여도가 높다. 남한에서 정규교육을 이수한 여성이 그렇지 않은 여성보다 남한친구모임뿐 아니라 북한

표 3-11 응답자 특성과 사회적 자본: 북한친구모임 (단위: %)

			북한친구모임		χ^2 (p-value)
			참여	불참	
일반적 특성	나이	25~39세	58.8	41.2	7.79**
		40~49세	65.6	34.4	(0.02)
		50세 이상	80.7	19.3	
	건강상태	양호 · 보통	70.1	29.9	0.96
		나쁨	64.3	35.7	(0.32)
	혼인상태	미혼	62.3	37.7	1.63
		유배우(북한 · 중국)	68.1	31.9	(0.65)
		유배우(남한 출신)	75.0	25.0	
		별거 · 이혼 · 사별	64.4	35.6	
	미성년자녀	있음	63.2	36.8	1.13
		없음	69.3	30.7	(0.29)
	탈북 이유	경제적 이유	63.8	36.2	1.11
		비경제적 이유	69.8	30.2	(0.29)
인적 자본	북한학력	전문대졸 미만	63.7	36.3	1.87
		전문대졸 이상	72.1	27.9	(0.17)
	북한직업	전문기술직	75.2	24.8	4.47**
		기타	62.7	37.3	(0.03)
	장사 경험	있음	68.6	31.4	1.10
		없음	62.4	37.6	(0.29)
	남한학력	있음	77.6	22.4	4.18**
		없음	63.3	36.7	(0.04)
	억양 차이	없음 · 약함	68.2	31.8	1.02
		차이 심함	62.1	37.9	(0.31)
	남한거주기간	5년 미만	64.7	35.3	0.24
		5년 이상	67.5	32.5	(0.62)
전체			66.3	33.7	

주: ** $p < 0.05$.

친구모임에 대한 참여도 또한 높다. 남한거주기간이 길수록 남한친구모임에 대한 참여도는 유의하게 높으나, 북한친구모임에 대한 참여도는 남한거주기간에 따른 차이가 유의하지 않다.

여성 북한이탈주민의 인구학적 특성이나 인적자본 등에 따라 사회적

표 3-12 응답자 특성과 사회적 자본: 종교모임 (단위: %)

			종교모임		χ^2
			참여	불참	(p-value)
일반적 특성	나이	25~39세	58.8	41.2	3.48
		40~49세	63.9	36.1	(0.18)
		50세 이상	73.7	26.3	
	건강상태	양호 · 보통	62.0	38.0	0.43
		나쁨	66.0	34.0	(0.60)
	혼인상태	미혼	47.2	52.8	10.13 **
		유배우(북한 중국)	70.3	29.7	(0.02)
		유배우(남한 출신)	53.6	46.4	
		별거 · 이혼 · 사별	68.3	31.7	
	미성년자녀	있음	64.0	36.0	0.00
		없음	64.3	35.7	(0.96)
	탈북 이유	경제적 이유	66.9	33.1	0.25
		비경제적 이유	60.3	39.7	(0.26)
인적 자본	북한학력	전문대졸 미만	65.3	34.7	0.34
		전문대졸 이상	61.6	38.4	(0.56)
	북한직업	전문기술직	67.6	32.4	1.28
		기타	60.7	39.3	(0.26)
	장사 경험	있음	65.7	34.3	1.09
		없음	59.4	40.6	(0.30)
	남한학력	있음	63.8	36.2	0.00
		없음	64.2	35.8	(0.95)
	억양 차이	없음 · 약함	64.0	36.0	0.10
		차이 심함	62.0	38.0	(0.75)
	남한거주기간	5년 미만	55.5	44.5	0.99
		5년 이상	69.4	30.6	(0.32)
전체			63.4	36.6	

주: ** $p < 0.05$.

자본의 형성이 다르다는 것은 중요한 시사점을 제공한다. 여성 북한이탈주민의 경제적 적응에 있어 사회적 자본이 영향을 미치며 사회적 자본의 유형별로 그 영향이 다를 수 있기 때문이다. 남한 출신과의 네트워크에 적극적인 집단과 북한 출신과의 네트워크에 적극적인 집단의 특성이 다

른 것에 비해, 종교모임에 대한 참여도는 혼인상태를 제외하고는 여성 북한이탈주민의 특성에 따른 차이가 나타나지 않는다. 미혼이나 남한 출신 배우자를 가진 여성은 50% 내외가 종교모임에 참여하는 반면, 북한 출신이나 중국 출신 배우자를 가진 여성은 70% 내외가 종교모임에 참석하고 있다(〈표 3-12〉).

4) 지원제도의 활용도와 유용성

〈그림 3-1〉은 주요 북한이탈주민 지원제도의 활용도와 유용성을 비교하고 있다. 주요 지원제도 중 직업훈련장려금제도와 자격취득장려금, 취업장려금, 고용지원센터를 통한 구직등록 및 취업알선 지원은 취업과 직접 연계된 지원제도이고, 생계급여와 의료급여, 정착도우미 및 보호담당관제도는 복지 차원의 지원제도다. 여성 북한이탈주민의 제도 활용도는 생계급여와 의료급여, 보호담당관 등 복지지원제도는 높은 반면, 취업지원

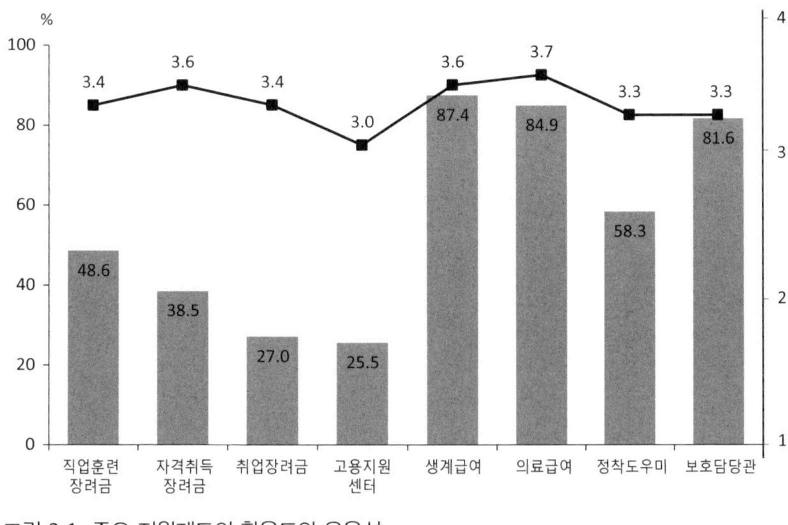

그림 3-1 주요 지원제도의 활용도와 유용성

주: 유용성은 각 제도의 활용 경험이 있는 응답자 대상이며, 4점 척도 점수임.

표 3-13 응답자 특성과 취업지원제도 활용도 (단위: %)

		직업훈련 장려금		자격취득 장려금		취업지원 장려금		고용지원 센터	
		활용	미활용	활용	미활용	활용	미활용	활용	미활용
나이	25~39세	42.3	57.7	32.0	68.0	24.7	75.3	21.6	78.4
	40~49세	51.6	48.4	39.5	60.5	29.0	71.0	28.2	71.8
	50세 이상	52.6	47.4	47.5	52.6	26.3	73.7	26.3	73.7
	χ^2 (p-value)	2.37 (0.30)		3.70** (0.01)		0.52 (0.77)		1.26 (0.53)	
건강 상태	양호 · 보통	47.8	52.2	34.4	65.6	28.3	71.7	26.7	73.3
	나쁨	50.0	50.0	45.9	54.1	24.5	75.5	23.5	76.5
	χ^2 (p-value)	0.13 (0.72)		3.52* (0.06)		0.48 (0.49)		0.34 (0.56)	
북한 학력	전문대졸 미만	49.7	50.3	39.8	60.2	28.8	71.2	23.0	77.0
	전문대졸 이상	46.0	54.0	35.6	64.4	23.0	77.0	31.0	69.0
	χ^2 (p-value)	0.34 (0.56)		0.43 (0.51)		10.2 (0.31)		2.01 (0.15)	
남한 학력	있음	48.3	51.7	39.7	60.3	17.2	82.8	22.4	77.6
	없음	48.6	51.4	38.2	61.8	29.5	70.5	26.4	73.6
	χ^2 (p-value)	0.02 (0.96)		0.04 (0.84)		3.35* (0.06)		0.38 (0.54)	

주: ** $p < 0.05$, * $p < 0.1$.

제도는 활용도가 크게 낮다. 취업지원제도 중에서는 직업훈련장려금의 활용도가 그나마 높은 편이고,[3] 자격취득장려금과 취업장려금 및 고용지원센터 활용도는 매우 낮은 수준이다. 지원제도의 유용성에 대해서는 생계급여와 의료급여, 자격취득장려금 지원제도에 대한 평가가 높으며, 고용지원센터의 유용성이 가장 낮은 것으로 평가된다. 고용지원센터의 경

3 앞서 〈표 3-5〉에서는 응답자의 73%가 직업훈련을 받은 것으로 나타났으나, 직업훈련장려금 수령자는 응답자의 50% 정도다. 이러한 차이는 직업훈련 이수자와 직업훈련장려금 수령기준 충족자(거주지 보호기간 5년 중 동일 분야 3개 과정까지의 이수 합산시간 총 500시간 이상) 간의 괴리에 기인하는 것으로 판단된다.

표 3-14 응답자 특성과 복지지원제도 활용도 (단위: %)

		생계급여		의료급여		정착도우미		보호담당관	
		활용	미활용	활용	미활용	활용	미활용	활용	미활용
나이	25~39세	85.6	14.4	84.5	15.5	58.8	41.2	84.5	15.5
	40~49세	89.5	10.5	86.3	13.7	56.5	43.5	83.1	16.9
	50세 이상	86.0	14.0	82.5	17.5	61.4	38.6	73.7	26.3
	χ^2 (p-value)	0.91 (0.64)		0.60 (0.79)		0.41 (0.82)		3.12 (0.21)	
건강상태	양호 · 보통	84.4	75.6	82.8	17.2	54.4	45.6	80.6	19.4
	나쁨	92.9	7.1	88.8	11.2	65.3	34.7	83.7	16.3
	χ^2 (p-value)	4.08** (0.04)		1.78 (0.18)		3.08* (0.08)		0.41 (0.52)	
북한학력	전문대졸 미만	88.0	12.0	85.9	14.1	58.6	41.4	80.1	19.9
	전문대졸 이상	86.2	13.8	82.8	17.2	57.5	42.5	85.1	14.9
	χ^2 (p-value)	0.16 (0.68)		0.45 (0.50)		0.03 (0.86)		0.98 (0.32)	
남한학력	있음	79.3	20.7	81.0	19.0	43.1	56.9	82.8	17.2
	없음	89.5	10.5	85.9	14.1	62.3	37.7	81.4	18.6
	χ^2 (p-value)	4.37** (0.04)		0.85 (0.36)		6.94** (0.01)		0.06 (0.81)	

주: ** $p < 0.05$, * $p < 0.1$.

우 활용도가 가장 낮고 효과 역시 가장 낮은 것으로 지적되고 있어, 현행 시스템으로는 여성 북한이탈주민의 취업지원이라는 기능을 제대로 수행하지 못하고 있는 것으로 판단된다.

〈표 3-13〉에서 응답자 특성별로 취업지원제도의 활용도를 비교해보면, 대체로 20~30대 연령층에 비해 40~50대 연령층에서 취업지원제도 활용도가 높다. 북한학력이나 남한학력에 따른 활용도 차이는 나타나지 않는다. 직업훈련장려금은 젊은 연령층에 비해 40~50대 연령층에서 활용도가 높으나 통계적 유의성은 없으며, 자격취득장려금은 나이가 많은 계층일수록 활용도가 유의하게 높다. 자격취득장려금의 경우 건강상태가 나쁜 집단에서 장려금 수령비율이 오히려 높은데, 이는 나이가 많은 집단

에서 장려금 수령비율이 높기 때문이다. 취업지원장려금은 남한에서 정규교육을 이수하지 않은 집단이 정규교육을 이수한 집단에 비해 수령비율이 높다.

〈표 3-14〉에서 응답자 특성별로 복지지원제도의 활용도를 비교해보면, 여성 북한이탈주민의 건강상태와 남한학력이 복지지원제도 활용도에 유의한 영향을 미치는 것을 알 수 있다. 건강상태가 나쁜 집단은 그렇지 않은 집단에 비해 생계급여와 정착도우미 활용도가 유의하게 높으며, 의료급여 활용도 또한 높기는 하나 유의한 차이는 없다. 이와 마찬가지로 남한에서 정규교육을 받은 집단은 그렇지 않은 집단에 비해 생계급여와 정착도우미 활용도가 유의하게 높으며 통계적으로 유의하지는 않으나 의료급여 수령비율도 높다. 즉, 남한에서 정규교육을 이수하고 건강상태가 양호한 집단은 복지지원제도에 대한 의존도가 상대적으로 낮다.

제4장

여성 북한이탈주민의 취업과 소득

1. 여성 북한이탈주민의 취업[1]

1) 경제적 적응과 취업

이주민의 경제적 적응의 핵심은 취업을 통한 경제적 자립에 있다(Parkins, 1984; Kuhlman, 1991; Borjas, 1994; Potocky-Tripodi, 2003). 이주민은 취업을 통해 정착국의 경제시스템에 편입되어 소득을 획득함으로써 경제적 자립기반을 확보하며, 노동력의 제공과 납세 등을 통해 경제발전에 기여한다. 이주민이 취업을 통해 경제적 자립을 확보하지 못하고 공적부조에만 의존할 경우, 진정한 의미의 사회구성원으로 편입되지 못하고 사회적 비용부담만 증대된다. 슬랙과 젠슨은 이주민이 정착국에서 일반인과 동일한 수준의 경제적 지위를 가지는 것을 경제적 적응으로 보고, 불완전취업(underemployed)—실업, 실망실업, 비자발적 시간제근로, 근로빈곤—지표를 사용하여 이주민의 경제적 적응수준을 판단하였다(Slack and Jensen, 2007).

1 이 부분과 제6장의 내용 일부는 정진화 · 손상희 · 이주관(2013), 「여성 북한이탈주민의 교육훈련과 취업」, 『통일정책연구』 22(1) 논문에 포함되었다.

취업은 또한 소득확보라는 측면과는 별도로 개인의 행복이나 복지에 영향을 미치는 중요한 요인이다. 직업을 갖는다는 것 자체가 개인의 자아실현 욕구를 충족시키고 행복을 느낄 수 있는 원천이 되기 때문이다. 관련 연구에 의하면, 실업자가 취업자에 비해 삶의 만족도가 낮으며(Clark and Oswald, 1994; Oswald, 1997), 소득수준 등 경제적 요인이 동일하더라도 실업자의 삶의 질이 취업자에 비해 낮다(Gerlach and Stephan, 1996; Winkelmann and Winkelmann, 1998). 클락과 빈켈만은 만족도 자체는 개인이 속한 집단 내에서의 상대적 수준에 영향을 받으며, 실업자가 다수인 집단에서는 실업을 했다고 해서 만족도가 크게 낮아지지 않는다고 분석하였다(Clark, 2009; Winkelmann, 2009).

북한이탈주민에 대한 강일규 외(2010)의 연구에서는 이들이 정착 초기의 경제적 필요 때문에 임시직이나 일용직 취업을 택하는 빈도가 높고 직장에 대해 만족하지 못하면서 취업과 실업이 반복되는 것으로 보고 있다. 취업과 실업이 반복되거나 취업을 유지하더라도 고용의 질이 낮을 경우, 남한사회에서의 성공적인 안착이 어렵고 남한생활 전반에 대한 만족도 또한 낮아질 것이라고 지적한다.

북한이탈주민의 취업에 관한 선행연구들에서는 이들의 취업이 어려운 이유로 인적자본의 취약성(윤덕룡, 2003; 이금순 외, 2003; 강일규 외, 2004; 이기영, 2006; 박성재 외, 2011), 취업에 대한 소극적 태도나 정부지원금 수령 등의 목적으로 인한 자발적 미취업(박상인 · 김태종, 2008; 장명선 · 이애란, 2009), 노동시장에서의 차별(강창구, 2010; 박성재 외, 2011), 정부지원제도의 비효율(김창권, 2007; 박성재, 2012), 여성의 경우 가사부담이나 육아 인프라의 미비(장명선 · 이애란, 2010) 등을 지적한다. 북한이탈주민의 취업 결정요인에 대한 주요 선행연구 결과는 〈표 4-1〉에 정리되어 있으며, 이하에서는 북한이탈주민의 취업에 영향을 미치는 요인을 개인의 일반적 특성, 인적자본, 사회적 자본을 중심으로 살펴본다.

표 4-1 북한이탈주민의 취업 결정요인: 주요 선행연구 비교

연구	모형	자료	취업 촉진요인	취업 저해요인
이기영 (2006)	로짓분석	설문조사 (N＝224) 여성 48%	북한학력 남한거주기간 취업보호담당관	연령 건강(나쁨)
김창권 (2007)	로짓분석	설문조사 (N＝123) 여성 36%	남성 배우자 있음 남한거주기간	직업훈련
백경민 (2007)	로짓분석	설문조사 (N＝1,210) 여성 61%	남성 북한학력 남한사람 친밀도	연령 재학중
박상인 · 김태종 (2008)	프로빗 분석	설문조사 (N＝439) 여성 57%	기혼 남한거주기간 구직강도 가구소득 취업 경험	가족동거 기독교 북한핵심계층
김화순 (2009)	로짓분석	설문조사 (N＝272) 여성 69%	남성 건강 남한취업기간	연령 대학 재학중
고지영 외 (2010)	다항 로짓분석	설문조사 (N＝400) 여성 75%	건강 남한거주기간 배우자 있음 경제적 자립 노력	직업훈련 거주지 실업률
유시은 (2009)	패널분석 (RE모형)	2001/2004/2007 패널조사 (N＝315)	남성 연령 당원 이직 경험	남한정규교육 우울 제3국 외상
	패널분석 (FE모형)	2001/2004/2007 패널조사 (N＝125)	자격증 이직 경험 남한언어 이해	직업교육
박성재 · 김화순 (2012)	로짓분석	고용보험DB (N＝413) 여성 68%	남성 북한학력 장마당 경험 남한거주기간 고용장려금	기초생계비수급 직업훈련

(1) 일반적 특성과 취업

북한이탈주민의 취업에는 성별이나 나이와 같은 인구학적 특성이 영향을 미친다. 북한이탈주민 역시 일반인과 마찬가지로 남성이 여성에 비해 취업률이 높으며(김창권, 2007; 백경민, 2007; 김화순, 2009; 박성재 외, 2011; 북한이탈주민지원재단, 2013), 나이가 많고 건강이 나쁠수록 취업확률이 낮다(이기영, 2006; 백경민, 2007; 윤인진, 2007; 김화순, 2009; 고지영 외, 2010). 혼인상태와 관련해서 보면, 일반적으로 영 · 유아자녀가 있는 기혼여성은 육아부담으로 인해 미혼여성에 비해 취업확률이 낮다(빅수미, 2002; 김우영, 2003). 또한 박정란(2009a)이 지적하듯, 미혼여성을 선호하는 노동시장의 구조상 기혼여성이 적합한 일자리를 찾는 것이 어려운 측면이 있다. 북한이탈주민 대상 연구에서는 미혼에 비해 기혼 북한이탈주민이 취업상태에 있을 확률이 더 높은 것으로 분석되었으나(김창권, 2007; 박상인 · 김태종, 2008; 고지영 외, 2010), 이들 연구에서는 성별에 따른 차이를 고려하지 않았기 때문에 여성만을 대상으로 할 경우 다른 결과가 나올 수 있다.

(2) 인적자본과 취업

북한이탈주민의 인적자본은 탈북 전 북한에서 축적한 인적자본과 남한 입국 후 새로이 축적한 인적자본으로 구분된다. 북한에서 축적한 인적자본의 효과는 엇갈린다. 일부 연구에서는 북한에서의 학력이 취업에 유의한 영향을 미치는 것으로 분석되었으나(이기영, 2006; 백경민, 2007; 박성재 · 김화순, 2012), 다른 연구들에서는 북한에서의 학력이나 경력과 같은 인적자본 변수들이 북한이탈주민의 취업에 유의한 영향을 미치지 못하는 것으로 분석되었다(김창권, 2007; 김화순, 2009; 유시은, 2009; 고지영 외, 2010). 남북한 교육시스템이나 노동시장구조의 차이 등으로 북한에서의 인적자본이 남한사회에서 연속성을 갖기 어렵다는 점에서, 이찬 외(2007)에서는 북한이탈주민의 취업 확대방안으로 수리능력이나 의사소통능력과 같은 기초직업능력 개발을 강조하였다.

남한에서 새로이 축적한 인적자본의 취업효과 역시 결과가 혼재되어 있다. 남한학력의 경우 다수의 연구에서 취업에 유의한 영향을 미치지 못하는 것으로 분석되었다(김창권, 2007; 김화순, 2009; 박성재 외, 2011). 그러나 백경민(2007)의 연구에서는 남한에서의 대학학력이 취업확률에는 유의한 영향을 미치지 못하나 정규직 취업에는 유의한 영향을 미치는 것으로 분석되었다. 이기영(2006)과 고지영 외(2010)에서는 남한학력이 아예 분석에서 빠져 있다. 또한 직업훈련의 중요성이 강조되면서 관련 연구도 증가하고 있으나 직업훈련의 취업촉진효과를 확인한 연구는 찾아보기 어렵다. 남한에서의 직업훈련은 취업에 유의한 영향을 미치지 못한다는 연구결과가 다수이며, 일부 연구에서는 직업훈련이 취업에 오히려 부정적인 영향을 미치는 것으로 나타나기도 한다(강일규 · 고혜원, 2003; 이금순 외, 2003; 선한승 외, 2005; 김창권, 2007; 김화순, 2009; 고지영 외, 2010; 박성재 외, 2011). 이처럼 직업훈련의 취업효과가 낮은 것은 현행 직업훈련의 직종이나 내용 등 훈련과정 자체의 문제와 함께 북한이탈주민이 취업 목적보다 금전적 지원을 목적으로 직업훈련에 참가하는 경우가 많기 때문인 것으로 분석된다(강일규 · 고혜원, 2003; 선한승 외, 2005; 강혜영 외, 2009).

(3) 사회적 자본과 취업

이주민의 취업과 소득을 결정하는 데에는 사회적 자본의 역할도 크다. 이민자들의 직업의 질에 대한 연구에서 니와 샌더스는 인종 간 결속력이 여러 국적의 이민자집단에 서로 다른 크기의 사회적 자본을 제공하며, 사회적 자본이 클수록 임금이 높은 직업을 갖는다는 결론을 내렸다(Nee and Sanders, 2001). 우크는 사회경제적 지위가 낮은데도 좋은 직장을 구하는 경우에는 다른 인종집단과의 결속이 강하고, 사회경제적 지위가 높으면서 고소득 직종을 가진 경우는 같은 인종 간 결속이 강하며, 교육수준이 높을수록 다른 집단에 속하는 인적 네트워크가 발달한다고 밝힌 바 있다(Ooak, 2001). 포토키-트리포디는 이민자집단의 취업과 소득에 영향을 미

치는 사회적 자본으로 백인 친구 수, 직장의 인적 구성, 사회적 보조변수를 사용하였는데, 사회적 자본이 소득에는 유의한 영향을 미치지 않았으나 취업확률에는 유의한 영향을 미치는 것으로 나타났다(Potocky-Tripodi, 2004).

강일규 외(2010)에 따르면, 북한에서 높은 학력과 자격을 요구하는 직업을 가졌던 사람들은 남한사회에서도 그에 상응하는 전문적인 직업군을 원하는데, 주변인물들이 이들의 진로에 대해 조언할 수 있는 정보나 전문성이 부족한 경우 북한에서의 경력에 부합하는 직업을 갖는 데 실패하는 경향이 높다. 또한 강창구(2010)는 북한이탈주민이 남한사람과의 관계에서 갖게 되는 미묘한 감정과 자격지심 문제를 지적하며, 친구모임과 같은 사회적 자본 이외에 북한이탈주민에게 호의적인 사회적 분위기가 이들의 남한사회 적응에 중요하다는 것을 강조하였다. 염유식 · 김여진(2011)은 질적 연구를 통해 북한이탈주민이 취업과 남한사회 적응을 위해 사회적 연결망을 확장하려는 노력을 많이 하며 특히 남한사람과의 네트워크 형성에 적극적인 것으로 분석하였다. 백경민(2007)의 연구에서는 남한사람과의 친밀도가 높을수록 북한이탈주민의 취업확률이 높아지고 정규직 가능성 또한 높아지는 것으로 나타났다.

북한이탈주민의 정착을 위한 지원제도 또한 사회적 자본으로서 기능할 수 있는데, 이러한 지원제도의 취업촉진효과 역시 일관되게 나타나지 않는다. 박성재 · 김화순(2012)의 연구에서는 고용지원금은 취업에 유의한 양의 영향을 미치는 반면 채용장려금은 유의한 영향을 미치지 못하는 것으로 분석되었다. 이기영(2006)의 연구에서는 취업보호관의 도움을 받은 경험이 취업에 긍정적인 영향을 미치는 것으로 나타났다.

2) 취업 현황

여성 북한이탈주민의 취업 결정요인 분석에 앞서 이들의 일반적인 취업

현황을 살펴보기로 한다. 실증분석에 포함된 여성 북한이탈주민 277명 중 취업자는 143명(51.6%)이고 미취업자가 134명(48.4%)이다. 〈표 4-2〉에서 이들 취업자의 일자리특성을 살펴보면, 직종별로는 전문가 · 관리자가 10.5%이고 사무직 비중은 24.5%로 나타났다. 서비스 · 판매직의 취업자가 가장 많았는데 여성 북한이탈주민 취업자의 약 40%가 서비스 · 판매직 종사자인 것으로 파악되었다. 기계조작 및 조립에 종사하는 비중은 10% 정도로 가장 낮았고 단순노무직의 비중도 16.8%를 차지하였다. 고용형태별로는 상용직 비중이 44.8%인 데 비해, 일용 · 임시직이 48.2%로 상용직 비중보다 높아 고용안정성이 매우 낮다. 자영업 비중은 7%로 상대적으로 비중이 작았다. 일용 · 임시직 비중이 높다 보니 취업자의 절반 정도만 4대 보험에 가입되어 있어, 취업의 질이 상당히 낮다는 것을 알 수 있다. 여성 북한이탈주민의 이러한 직종별 · 고용형태별 특성 분포는 북한이탈주민지원재단(2011)의 조사결과와 큰 차이가 없다.

직장 내 북한이탈주민 비율은 일반직장인지 북한이탈주민을 집중적으로 고용하고 있는 사회적 기업인지 등을 가늠할 수 있는 지표다. 취업자의 59%는 직장 내에 본인 이외의 북한이탈주민이 전혀 없는 일반기업 취업자인 반면, 북한이탈주민 비율이 10% 미만인 경우는 22%였으며 10~50%인 경우는 5%였다. 북한이탈주민이 근로자의 과반수를 차지하는 직장에서 근무하는 경우도 13.3%로 나타났다. 취업경로는 탈북인 친구를 통한 취업과 신문 등의 대중매체를 통한 취업이 각각 30%를 차지하며, 공공기관을 통한 취업은 14%에 불과하다. 일자리특성과 관련하여 취업자의 28%는 주말근무를 하고 있다. 근로시간은 주말근로를 제외한 평균 주중근로시간은 40시간이고, 주말근로를 포함하면 주당 평균 43시간을 근무하고 있다. 현 직장 근속기간은 평균 27개월이다.

여성 북한이탈주민의 취업상태가 개인의 일반적 특성이나 보유하고 있는 인적자본 혹은 사회적 자본에 따라 차이가 있는지 교차분석한 결과는 〈표 4-3〉과 같다. 여성 북한이탈주민의 취업 여부는 이들의 나이나 혼

표 4-2 여성 북한이탈주민의 취업 현황: 일자리특성

변수	구분	인원(%)	평균 (S.D)
직종	전문가 · 관리자	15 (10.5)	
	사무직	35 (24.5)	
	서비스 · 판매직	55 (38.5)	
	기계조작 · 조립원	14 (9.8)	
	단순노무직[1)]	24 (16.8)	
고용형태	상용직	64 (44.8)	
	임시직	50 (35.0)	
	일용직	19 (13.2)	
	자영업	10 (7.0)	
4대 보험	가입	73 (51.0)	
	미가입	70 (49.0)	
직장 내 북한이탈주민 비율	전혀 없음	84 (58.7)	
	10% 미만	31 (21.7)	
	10~50%	7 (4.9)	
	51% 이상	19 (13.3)	
	무응답	2 (1.4)	
취업경로	가족	8 (5.6)	
	북한친구	43 (30.1)	
	남한친구	13 (9.1)	
	공공기관	20 (14.0)	
	사설알선기관	7 (4.9)	
	대중매체	42 (29.4)	
	종교단체	3 (2.1)	
	기타	6 (4.2)	
	무응답	1 (0.7)	
주말근로	근무함	40 (28.0)	
	근무하지 않음	103 (72.0)	
근로시간	주중 근로시간		40시간(10시간)
	총근로시간 (주말 포함)		43시간(12시간)
근속기간	현 직장 근속기간		27개월(29개월)
N		143 (100)	

주: 1) 농업종사자 1명 포함.

인상태와 같은 인구학적 특성에 따라서는 유의한 차이를 보이지 않는다. 건강상태에 따른 취업 여부는 유의한 차이가 발견되었는데, 건강이 좋은 경우 취업상태에 있는 비율이 상대적으로 높았다. 미성년자녀가 있는 경우에는 그렇지 않은 경우에 비해 취업률이 상대적으로 낮기는 하나, 그 차이가 통계적으로 유의하지는 않았다. 그러나 이러한 결과는 여성 북한이탈주민의 취업에 영향을 미치는 다른 관련 요인들을 통제하지 않은 결과로서, 엄밀한 의미의 인과관계를 나타내는 것은 아니다. 탈북 이유에 따른 취업률 차이 역시 유의하지 않아, 경제적 이유로 탈북한 집단이든 비경제적 이유로 탈북한 집단이든 절반 정도가 취업상태에 있었다.

인적자본과 관련해서 보면, 북한에서의 학력은 여성 북한이탈주민의 취업상태와 유의한 상관관계가 없으나, 직업 경험에 있어 북한에서 전문직 경험이 있는 집단은 비전문직 종사자였던 집단에 비해 취업상태에 있는 비율이 유의하게 높았다. 반면 북한에서의 장사 경험은 남한에서의 취업상태에 영향을 주지는 못했다. 남한에서의 학력은 여성 북한이탈주민의 취업상태와 매우 높은 연계성을 가지는 것으로 나타났다. 남한에서 정규교육을 이수한 여성 북한이탈주민은 70% 이상이 취업을 하고 있는 것과 대조적으로, 남한에서 정규교육을 받지 않은 집단은 취업자의 비율이 50%에도 미치지 못하는 것으로 파악되었다. 남한학력과 달리 남한에서의 직업훈련 경험은 여성 북한이탈주민의 취업상태에 유의한 영향을 미치지 못하는데, 수치상으로만 보면 직업훈련을 받은 집단의 취업률이 직업훈련을 받지 않은 집단의 취업률보다 오히려 낮다. 남한에서의 거주기간이 5년 이상인 집단이 5년 미만인 집단에 비해 취업비율이 유의하게 높으며, 언어구사력에 있어 남한 일반인들과 억양 차이가 심한 집단에 비해 억양 차이가 없거나 약한 집단의 취업비율이 유의하게 높다.

사회적 자본과 관련해서는, 남한친구가 있는 집단이 남한친구가 없는 집단에 비해 취업비율이 훨씬 높다. 반면, 북한 출신 친구의 존재는 여성 북한이탈주민의 취업상태에 거의 영향을 미치지 못하는 것으로 나타난다.

표 4-3 여성 북한이탈주민의 특성별 취업상태 비교 (단위: %)

			취업상태		χ^2 (p-value)
			취업	미취업	
일반적 특성	나이	25~39세	51.5	48.5	0.54
		40~49세	53.2	46.8	(0.77)
		50세 이상	47.4	52.6	
	건강상태	양호 · 보통	56.1	43.9	4.46 **
		나쁨	42.9	57.1	(0.04)
	혼인상태	미혼	47.2	52.8	
		유배우(북한 · 중국)	56.0	44.0	4.2
		유배우(남한 출신)	54.3	35.7	(0.20)
		별거 · 이혼 · 사별	46.2	53.8	
	미성년자녀	있음	48.9	51.1	0.69
		없음	53.9	46.1	(0.41)
	탈북 이유	경제적 이유	51.2	48.8	0.01
		비경제적 이유	51.7	48.3	(0.94)
인적 자본	북한학력	전문대졸 미만	48.7	51.3	1.85
		전문대졸 이상	57.5	42.5	(0.17)
	북한직업	전문기술직	58.5	41.5	4.07 **
		기타	45.8	54.2	(0.04)
	장사 경험	있음	52.3	47.7	0.13
		없음	50.0	50.0	(0.72)
	남한학력	있음	72.4	27.6	12.91 ***
		없음	45.9	54.1	(0.00)
	직업훈련	받음	49.3	50.7	1.43
		받지 않음	57.3	42.7	(0.23)
	남한거주기간	5년 미만	45.4	54.6	3.06 *
		5년 이상	56.0	44.0	(0.08)
	억양 차이	없음 · 약함	55.3	44.7	3.51 *
		차이 심함	43.2	56.8	(0.06)
사회적 자본	남한친구	있음	59.3	40.7	8.13 ***
		없음	42.2	57.8	(0.00)
	북한친구	있음	51.8	48.2	0.06
		없음	50.0	50.0	(0.80)
전체			51.4	48.6	

주: *** $p < 0.01$, ** $p < 0.05$, * $p < 0.1$.

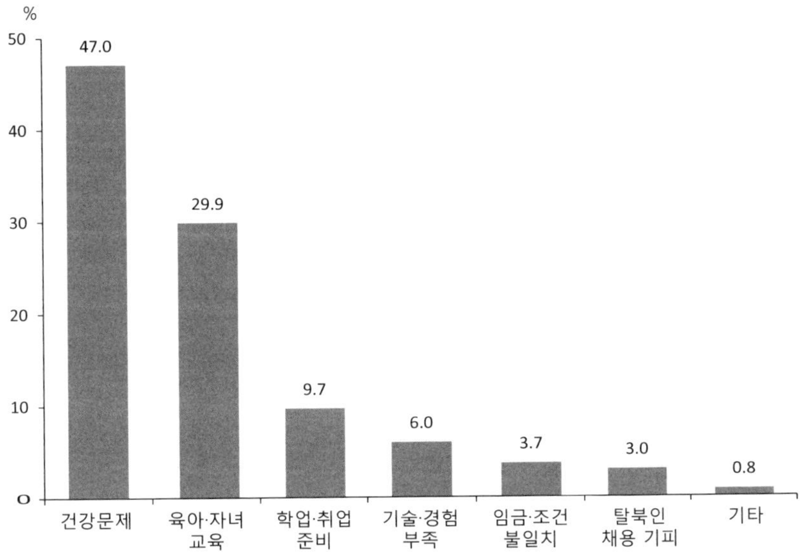

그림 4-1 여성 북한이탈주민의 미취업 사유

주: 미취업자 134명 대상.

여성 북한이탈주민의 미취업 사유는 〈그림 4-1〉과 같다. 여성 북한이탈주민이 취업하지 않고 있는 가장 큰 이유는 건강문제로, 미취업자의 47%가 건강문제 때문에 취업하지 않고 있다. 이는 〈표 4-3〉에서 개인의 건강상태가 여성 북한이탈주민의 취업상태와 높은 연관관계를 보인 것과 합치한다. 미취업자의 30%는 육아와 자녀교육 문제를 그 이유로 들고 있다. 기타 이유로는 본인의 학업과 취업준비, 기술이나 경험 부족, 임금이나 근로조건 미흡, 북한이탈주민의 채용 기피 등이 지적된다.

앞서 〈표 4-3〉에서 여성 북한이탈주민의 혼인상태는 이들의 취업상태와는 유의한 관계가 없는 것으로 나타난 바 있다. 즉, 미혼여성이나 별거 · 이혼 · 사별 등으로 배우자가 없는 여성에 비해 배우자가 있는 여성 북한이탈주민의 취업비율이 더 높기는 하나, 통계적으로 유의한 차이는 없다. 그렇다면 취업의 질은 어떨까? 〈표 4-4〉는 여성 북한이탈주민의 혼인상태별 취업 현황을 직종과 고용형태를 중심으로 비교하고 있다.

표 4-4 여성 북한이탈주민의 취업 현황: 혼인상태별 비교 (단위: %)

		고용형태		χ^2 (p-value)
		상용직	임시 · 일용/자영업	
혼인상태	미혼	68.0	32.0	7.93 **
	유배우(북한 · 중국)	41.2	58.8	(0.05)
	유배우(남한 출신)	50.0	50.0	
	별거 · 이혼 · 사별	34.7	65.3	
N		64	79	

		직종			χ^2 (p-value)
		전문 · 사무직	서비스 · 판매	생산직[1)]	
혼인상태	미혼	40.0	28.0	32.0	4.70
	유배우(북한 · 중국)	37.2	41.2	21.6	(0.58)
	유배우(남한 출신)	44.4	38.9	16.7	
	별거 · 이혼 · 사별	26.5	40.8	32.7	
N		50	55	38	

주: 1) 기계조작 · 조립원 및 단순노무직.
2) ** $p < 0.05$.

미혼여성의 경우 상용직 비율이 68%로, 기혼여성에 비해 고용안정성이 매우 높다. 기혼여성 중에서는 배우자가 남한 출신인 경우 상용직 비율이 50%로 비교적 높은 반면, 북한이나 중국 출신 배우자가 있는 기혼여성이나 별거 · 이혼 · 사별 등으로 배우자가 없는 기혼여성은 상용직 비율이 낮다. 직종은 혼인상태와 유의한 관계를 보이지 않는다. 미혼여성과 남한 출신 배우자가 있는 기혼여성이 전문 · 사무직 비율이 상대적으로 높기는 하나 통계적으로 유의한 차이는 아니다.

여성 북한이탈주민의 직종을 배우자의 직종과 비교해보면 〈표 4-5〉와 같다. 여성 북한이탈주민 본인과 배우자의 직종 간에 어느 정도 연계성이 나타나기는 하나 통계적 유의성은 없다. 예를 들어 본인이 전문 · 사무직이면 배우자도 전문 · 사무직인 경우가 18.5%에 달하나 본인이 서비스 · 판매직이면 배우자가 전문 · 사무직인 경우가 3.6%에 불과하다. 또한 본인이 서비스 · 판매직이면 배우자도 같은 직종에 종사하는 경우가 상대적

표 4-5 여성 북한이탈주민의 직업과 배우자 직업과의 연관성 (단위: %)

		본인 직업				χ^2 (p-value)
		전문 · 사무직	서비스 · 판매	생산직	미취업	
배우자 직업	전문 · 사무직	18.5	3.6	14.3	8.2	7.73
	서비스 · 판매	14.8	21.4	7.1	16.3	(0.56)
	생산직	55.6	50.0	64.3	49.0	
	미취업	11.1	25.0	14.3	26.5	
N		27	28	14	49	118

주: 배우자가 있는 기혼여성 대상.

으로 많으며, 본인이 생산직이면 배우자도 생산직인 경우가 상대적으로 많다. 반면 여성 북한이탈주민은 서비스·판매직 비중이 가장 높은 것과 달리, 배우자의 직업은 주로 생산직에 집중되어 있다.

3) 취업 결정요인

(1) 분석방법 및 기초통계

여성 북한이탈주민의 취업 결정요인 분석은 식 (1)을 기반으로 한다. 즉, 여성 북한이탈주민의 취업(Y)은 나이나 건강상태와 같은 개인의 일반적 특성(X), 북한 및 남한에서 축적한 인적자본(HC), 그리고 남한생활에서 보유하고 있는 사회적 자본(SC)에 의해 영향을 받는다. ε는 오차항이다. 취업변수는 현재 취업상태를 나타내는 더미변수로 측정되므로 식 (1)의 추정에는 로짓회귀분석을 사용한다.

$$Y = \alpha + X'\beta + HC'\gamma + SC'\delta + \varepsilon \quad (1)$$

여성 북한이탈주민의 취업상태는 두 가지 변수를 통해 측정한다. 하나는 취업 여부를 나타내는 더미변수이고, 또 하나는 취업의 질적 측면을

반영하여 취업을 전문·관리직 및 사무직 취업과 서비스·판매직 및 단순노무직이나 기계조작·조립원 취업으로 구분한 더미변수다. 취업 여부는 이항로짓모형(binary logit model)을 사용하여 분석하고, 직종별 취업 여부는 다항로짓모형(multinomial logit model)을 사용하여 분석한다.

여성 북한이탈주민의 취업에 영향을 미치는 개인의 일반적 특성은 나이와 건강상태, 혼인상태, 미성년자녀 유무, 탈북 이유를 포함한다. 나이의 경우 연령변화에 따른 취업효과의 증감을 포착하기 위해 회귀식에는 나이제곱항이 포함된다. 혼인상태의 취업효과는 배우자가 북한이나 중국 출신인지 남한 출신인지에 따라 다를 수 있어, 미혼을 기준으로 북한이나 중국 출신 배우자, 남한 출신 배우자, 별거·이혼·사별 등으로 배우자가 없는 기혼여성의 경우를 구분하여 더미변수로 구성한다. 탈북 이유는 경제적인 이유로 탈북한 경우와 정치적 이유나 가족동반 등 비경제적 이유로 탈북한 경우를 구분하여 더미변수로 포함한다.

인적자본과 관련해서는 북한에서 축적한 인적자본으로서 북한학력, 북한직업, 장마당에서의 장사 경험을 포함하고, 남한에서 새로이 축적한 인적자본으로 남한학력과 직업훈련, 억양 차이, 남한거주기간을 포함한다. 북한학력은 전문대졸 미만과 이상으로 구분하고, 북한직업은 농민·노동자를 제외한 당간부, 사무원, 예술전문직 등을 전문직으로 보고 남한에서의 취업에 미치는 영향을 분석한다. 장마당에서의 장사 경험은 시장시스템에 대한 적응력이나 적극성 등을 반영하는 변수로 포함한다. 남한학력은 남한에서 정규교육을 이수한 경우와 그렇지 않은 경우로 구분하는데, 남한학력 소지자의 대부분은 대학졸업자이며 일부 고등학교 졸업자를 포함한다. 직업훈련은 남한에서 직업훈련을 이수한 집단과 이수하지 않은 집단으로 구분한다. 억양 차이는 노동시장이나 일반 사회생활에서의 의사소통능력이나 자신감을 반영하는 한편, 언어적 이질감으로 인한 차별 가능성을 반영하는 지표로 사용한다. 남한거주기간은 남한의 경제사회시스템에 대한 적응 정도 내지 일반적 숙련(general skill)의 대리변수

로 사용하며, 취업상태와 비선형적 관계를 가질 수 있어 회귀식에는 제곱항과 함께 포함된다. 여성 북한이탈주민이 개인적 차원에서 보유하고 있는 사회적 자본은 남한 출신 친구 및 북한 출신 친구의 유무를 통해 측정한다.

〈표 4-6〉은 상기한 각 변수들의 측정방법과 함께 기초통계를 제시하고 있다. 설문조사에 응답한 278명의 여성 북한이탈주민 중 남한거주기간 무응답자 1명을 제외하고 총 277명의 자료가 취업 결정요인 분석에 사용되었다. 이 중 취업자는 143명인데, 전문직이나 사무직 취업자가 50명이고 서비스·판매직이나 단순노무직 등의 취업자가 93명이다. 여성 북한이탈주민의 일반적 특성을 살펴보면, 평균연령은 42.7세이고, 1/3 정도가 건강상태가 나쁜 것으로 응답하고 있다. 배우자가 있는 기혼여성이 42.6%로 가장 많기는 하나 별거·이혼·사별도 38.3%에 달하며 미혼은 19.1%이다. 배우자가 있는 기혼여성의 77%는 배우자가 북한이나 중국 출신이고 나머지 23%는 배우자가 남한 출신이다. 응답자의 1/2은 미성년자녀와 동거하고 있으며, 응답자의 약 60%가 경제적 이유로 탈북한 것으로 나타난다.

북한에서 축적한 인적자본을 살펴보면, 응답자의 30% 정도가 북한에서 전문대 이상 고등교육을 받았다. 북한에서의 직업은 40% 가까이가 전문직이나 사무직 종사자였고, 60% 이상 장마당에서의 장사 경험이 있다. 남한에서의 인적자본과 관련해서는 남한에서 고등학교 이상 정규교육을 이수한 여성이 21%인데, 이들 대부분이 전문대 이상 고등교육 이수자다. 직업훈련 참여율은 매우 높아, 응답자의 70% 이상이 직업훈련을 이수한 적이 있다. 언어능력과 관련하여 응답자의 31%가 일반인과 비교하여 억양 차이가 심한 것으로 인지하고 있다. 남한거주기간은 평균 69개월이다. 사회적 자본과 관련하여 응답자의 80% 정도가 북한 출신 친구를 갖고 있고, 55%는 남한친구가 있다.

표 4-6 여성 북한이탈주민의 취업 결정요인: 기초통계

변수		측정방법	인원(%)	평균(S.D)
종속변수 I	취업상태	1 = 취업	143(51.6)	
		0 = 미취업	134(48.4)	
종속변수 II	전문 · 사무직	1 = 전문 · 관리직, 사무직	50(18.1)	
		0 = 기타(미취업 포함)	227(81.9)	
	생산 · 서비스직	1 = 단순노무직, 서비스 · 판매, 기계조작 · 조립	93(33.6)	
		0 = 기타(미취업 포함)	184(66.4)	
일반적 특성	나이	만 나이(세)		42.7(7.7)
	건강상태(나쁨)	1 = 나쁨	97(35.0)	
		0 = 양호 · 보통	180(65.0)	
	북한(중국)배우자	1 = 북한(중국)배우자 0 = 기타	91(32.8)	
	남한배우자	1 = 남한배우자, 0 = 기타	27(9.8)	
	별거 · 이혼 · 사별	1 = 별거 · 이혼 · 사별 0 = 기타	106(38.3)	
	미성년자녀	1 = 있음	137(49.5)	
		0 = 없음	140(50.5)	
	탈북 이유(경제적)	1 = 경제적 이유	162(58.5)	
		0 = 정치적, 가족동반, 기타	115(41.5)	
인적 자본	북한학력(전문대)	1 = 전문대졸 이상	87(31.4)	
		0 = 전문대졸 미만	190(68.6)	
	북한직업(전문직)	1 = 당간부, 군인, 예술, 전문직, 사무원	106(38.3)	
		0 = 농민, 노동자, 무직	171(61.7)	
	장사 경험	1 = 있음	175(63.2)	
		0 = 없음	102(36.8)	
	남한학력	1 = 정규교육 이수	58(20.9)	
		0 = 정규교육 미이수	219(79.1)	
	직업훈련	1 = 받음	202(72.9)	
		0 = 받지 않음	75(27.1)	
	억양 차이(심함)	1 = 심하게 차이남	87(31.4)	
		0 = 차이 없거나 약함	190(68.6)	
	남한거주기간	조사기준일 – 남한입국일(개월)		69.1(36.5)

변수		측정방법	인원(%)	평균(S.D)
사회적 자본	남한친구	1 = 있음	153(55.2)	
		0 = 없음	124(44.8)	
	북한친구	1 = 있음	218(78.7)	
		0 = 없음	59(21.3)	
N			277(100)	

(2) 분석결과

〈표 4-7〉에는 여성 북한이탈주민의 취업 여부에 대한 회귀분석결과가 제시되어 있다. 모형 (1)은 개인의 일반적 특성과 인적자본의 취업효과 분석이고, 모형 (2)는 여기에 사회적 자본을 추가한 분석모형이다. 모형 (1)의 분석결과부터 살펴보자. 여성 북한이탈주민의 일반적 특성 중에서는 나이와 건강상태, 미성년자녀의 유무가 이들의 취업 여부에 유의한 영향을 미치며, 혼인상태나 탈북 이유는 취업 여부에 유의한 영향을 미치지 않는다. 여성 북한이탈주민의 나이는 취업확률과 유의한 2차 함수의 관계를 보이는데, 대략 40대 초까지는 나이가 많아질수록 취업확률이 높아지다가 그 이상으로 나이가 많아지면 취업확률도 낮아지는 양상을 보인다.[2] 건강상태가 보통이거나 양호한 집단에 비해 건강상태가 나쁜 집단의 취업확률이 유의하게 낮으며, 미성년자녀가 있는 경우 그렇지 않은 경우에 비해 취업확률이 낮다.[3]

인적자본과 관련해서는 북한에서의 학력이나 직업, 장마당 장사 경험 등은 모두 취업확률에 유의한 영향을 미치지 못하여, 북한에서 축적한 인적자본이 남한 노동시장에서 기능하지 못하고 있음을 알 수 있다. 반면

---

2 취업함수를 나이에 대해 미분하여 취업확률이 가장 높아지는 연령($-\hat{\beta}_1/2\hat{\beta}_2$)을 구하면 42.6세가 도출된다.

3 정진화 · 손상희 · 이주관(2013)에서는 여성 북한이탈주민의 취업 결정요인을 40대 중반 이전의 여성과 40대 중반 이후의 여성으로 나누어 비교분석하였는데, 건강상태는 40대 중반 이후 여성의 경우 유의한 영향을 미쳤고, 미취학자녀는 40대 중반 이전 여성에게 유의한 영향을 미치는 것으로 나타났다.

표 4-7 여성 북한이탈주민의 취업 결정요인: 취업 여부 (N = 277)

	(1)		(2)	
	coeff.	dy/dx	coeff.	dy/dx
일반적 특성				
나이	0.510 ***	0.107 ***	0.483 ***	0.101 ***
	(0.178)		(0.178)	
나이제곱항[1)]	-0.598 ***	-0.126 ***	-0.566 ***	-0.119 ***
	(0.203)		(0.204)	
건강상태(나쁨)	-0.753 **	-0.159 **	-0.764 **	-0.160 **
	(0.309)		(0.311)	
북한(중국)배우자	0.403	0.085	0.440	0.092
	(0.419)		(0.423)	
남한배우자	0.721	0.152	0.676	0.142
	(0.595)		(0.598)	
별거 · 이혼 · 사별	-0.026	-0.005	0.017	0.004
	(0.417)		(0.420)	
미성년자녀	-0.699 **	-0.147 **	-0.689 **	-0.144 **
	(0.328)		(0.330)	
탈북 이유(경제적)	0.000	0.000	0.007	-0.002
	(0.281)		(0.282)	
인적자본				
북한학력(전문대)	0.096	0.020	0.055	0.012
	(0.318)		(0.322)	
북한직업(전문직)	0.476	0.100	0.482	0.101
	(0.329)		(0.329)	
장사 경험	0.310	0.065	0.331	0.069
	(0.302)		(0.304)	
남한학력	0.996 ***	0.210 ***	0.941 ***	0.197 ***
	(0.366)		(0.369)	
직업훈련	-0.611 **	-0.129 **	-0.634 **	-0.133 **
	(0.311)		(0.318)	
억양 차이(심함)	-0.172	-0.036	-0.143	-0.030
	(0.297)		(0.307)	
남한거주기간	0.036 **	0.008 ***	0.035 **	0.007 ***
	(0.014)		(0.014)	
남한거주기간 제곱항[2)]	-0.020 **	-0.004 **	-0.020 **	-0.004 **
	(0.009)		(0.009)	

	(1)		(2)	
	coeff.	dy/dx	coeff.	dy/dx
사회적 자본				
남한친구			0.347 (0.303)	0.073
북한친구			-0.088 (0.367)	-0.018
상수항	-11.386 *** (3.808)		-10.922 *** (3.831)	
Log Likelihood	-154.19		-167.86	
χ^2	46.64***		47.99***	
Pseudo R^2	0.12		0.13	

주: 1) 나이제곱/100.
2) 남한거주기간제곱/100.
3) ( ) 안은 표준오차.
4) *** $p < 0.01$, ** $p < 0.05$, * $p < 0.1$.

남한에서의 정규교육은 여성 북한이탈주민의 취업확률을 높이는 중요한 변수로 부각되는데, 남한에서 고등학교 이상 정규교육을 이수할 경우 그렇지 않은 집단에 비해 취업확률이 20%나 증가하는 것으로 나타난다. 이와 대조적으로 남한에서의 직업훈련은 여성 북한이탈주민의 취업확률을 높이지 못하는 것으로 나타나는데, 이는 대부분의 선행연구들과 일치하는 결과다.[4] 직업훈련의 취업효과가 유의하지 않거나 마이너스의 방향성을 가지는 데에는 훈련 이수자의 특성으로 인한 선택편의(selectivity bias)의 영향도 있을 수 있다(정진화 · 손상희 · 이주관, 2013).[5] 남한거주기간이 증가할

4 이기영(2006), 백경민(2007), 김화순(2009), 박성재 · 김화순(2012) 등의 연구는 북한이탈주민의 직업훈련 경험이 이들의 취업상태와 유의한 관계가 없음을 보였으며, 김창권(2007)의 연구에서는 직업훈련의 취업효과가 마이너스로 유의하게 나타났다.

5 취업역량이 높은 집단은 직업훈련을 받지 않고 취업하고, 역량이 부족한 집단이 직업훈련을 받는데 훈련 이수 후에도 여전히 역량이 낮아 취업을 못하거나 취업 목적이 아니라 직업훈련 시 제공되는 지원금 수령 목적으로 직업훈련을 받고 취업하지 않는 경우, 직업훈련 이수 경험과 취업확률 간에 마이너스 관계가 나타날 수 있다.

수록 취업확률이 증가하되 한계효과는 음의 값을 가지며, 대략 7년까지는 거주기간이 길수록 취업확률이 높아지는 것으로 추정된다. 억양 차이가 심하면 그렇지 않은 여성에 비해 취업확률이 낮기는 하나 그 차이는 유의하지 않다.

모형 (2)의 분석결과는 모형 (1)의 분석결과와 실질적인 차이가 없다. 사회적 자본으로서 남한친구나 북한 출신 친구의 유무는 여성 북한이탈주민의 취업확률과 유의한 영향관계를 나타내지 않으며, 이들 변수를 포함해도 다른 설명변수들의 영향력은 변하지 않는다. 이는 여성 북한이탈주민이 어떤 집단과 사회적 네트워크를 형성하는가에 따라 취업 등 경제적 적응도가 달라질 것이라는 가설과는 상치된다. 통상 이주민이 정착국에서 어떤 형태의 사회적 네트워크를 갖는가가 이들의 경제적 적응에 중요하며(Potocky-Tripodi, 2003), 주류사회와 연계되지 못할 경우 취업이나 소득 등 자원배분에서 불리할 수 있다(Granovetter, 1973; Burt, 1997). 〈표 4-7〉의 분석결과에서도 남한친구는 여성 북한이탈주민의 취업확률과 양(+)의 연계성을 갖고 북한 출신 친구는 취업확률과 음(-)의 연계성을 가지기는 하나, 모두 통계적 유의성은 없다.

결론적으로, 여성 북한이탈주민의 취업확률을 높이는 데에는 남한에서의 정규교육기회 확대가 효과적이며, 미성년자녀의 양육부담을 경감시킬 수 있는 인프라 구축과 건강문제에 대한 적절한 지원이 필요하다. 또한 현행 직업훈련의 효과가 낮은 만큼, 직업훈련투자가 취업으로 연계될 수 있도록 직업훈련의 내실화와 관련 제도의 정비가 필요하다.

〈표 4-8〉은 여성 북한이탈주민의 취업상태를 취업 여부로 구분하는 대신, 취업의 질을 반영하여 취업자를 전문직이나 사무직 취업과 단순노무직이나 서비스직 취업으로 구분하고 미취업자를 준거집단으로 하여 취업 결정요인을 분석한 결과다. 이항로짓분석과 동일하게 모형 (1)은 개인의 일반적 특성과 인적자본 변수들만을 설명변수로 포함한 분석이고, 모형 (2)는 여기에 사회적 자본을 추가한 분석모형이다. 사회적 자본을

표 4-8 여성 북한이탈주민의 취업 결정요인: 직종별 비교 (N = 277)

	전문 · 사무직		생산 · 서비스직	
	(1)	(2)	(1)	(2)
일반적 특성				
나이	0.616**	0.572**	0.461**	0.445**
	(0.281)	(0.284)	(0.193)	(0.195)
나이제곱항[1)]	-0.746**	-0.696**	-0.535**	-0.515**
	(0.329)	(0.332)	(0.220)	(0.222)
건강상태(나쁨)	-1.735***	-1.717***	-0.413	-0.429
	(0.523)	(0.524)	(0.333)	(0.334)
북한(중국)배우자	0.334	0.349	0.404	0.444
	(0.603)	(0.612)	(0.462)	(0.466)
남한배우자	0.489	0.444	0.866	0.847
	(0.793)	(0.802)	(0.655)	(0.659)
별거 · 이혼 · 사별	-0.304	-0.259	0.100	0.133
	(0.627)	(0.633)	(0.455)	(0.459)
미성년자녀	-0.366	-0.362	-0.822**	-0.811**
	(0.480)	(0.483)	(0.358)	(0.360)
탈북 이유(경제적)	-0.431	-0.361	0.175	0.171
	(0.411)	(0.417)	(0.310)	(0.310)
인적자본				
북한학력(전문대)	0.646	0.616	-0.136	-0.166
	(0.462)	(0.466)	(0.352)	(0.356)
북한직업(전문직)	0.698	0.703	0.426	0.427
	(0.479)	(0.482)	(0.359)	(0.360)
장사 경험	0.989**	1.014**	0.107	0.114
	(0.474)	(0.477)	(0.326)	(0.327)
남한학력	1.829***	1.748***	0.414	0.388
	(0.460)	(0.467)	(0.425)	(0.429)
직업훈련	0.282	0.220	-0.868***	-0.865***
	(0.506)	(0.515)	(0.327)	(0.333)
억양 차이(심함)	0.035	0.213	-0.213	-0.225
	(0.456)	(0.479)	(0.324)	(0.334)
남한거주기간	0.038*	0.037*	0.034**	0.033**
	(0.020)	(0.021)	(0.0156)	(0.016)
남한거주기간 제곱항[2)]	-0.022*	-0.023*	-0.019*	-0.019*
	(0.013)	(0.013)	(0.010)	(0.010)

	전문 · 사무직		생산 · 서비스직	
	(1)	(2)	(1)	(2)
사회적 자본				
남한친구		0.716		0.199
		(0.459)		(0.330)
북한친구		0.192		-0.165
		(0.576)		(0.389)
상수항	-15.640 ***	-15.237 **	-10.531 ***	-10.190 **
	(5.976)	(6.034)	(4.155)	(4.194)
Log Likelihood			-224.37	222.17
χ^2			87.88***	91.33***
Pseudo R^2			0.15	0.16

주: 1) 나이제곱/100
2) 남한거주기간제곱/100.
3) ( ) 안은 표준오차.
4) *** $p < 0.01$, ** $p < 0.05$, * $p < 0.1$.

포함하더라도 개인의 일반적 특성이나 인적자본 변수들의 설명력에는 큰 변화가 없다. 연령이나 남한거주기간처럼 전문·사무직이든 생산·서비스직이든 직종과 무관하게 취업확률에 영향을 미치는 변수들이 있는 반면, 취업직종에 따라 영향력이 확연히 달라지는 변수들도 있다.

여성 북한이탈주민의 일반적 특성 중에서 나이는 직종에 관계없이 취업확률과 유의한 2차 함수 관계를 갖는다. 즉, 다른 변수들의 영향력을 통제할 경우, 40대 초까지는 취업확률이 높아지다가 그 이후가 되면 취업확률이 낮아지는 양상을 보인다. 건강상태는 전문·사무직 취업에는 유의한 영향을 미치나 생산·서비스직 취업에 대한 영향은 유의하지 않으며, 미성년자녀는 생산·서비스직 취업확률은 유의하게 낮추나 전문·사무직 취업에는 유의한 영향을 미치지 않는다. 이러한 차이에 대해서는 생산·서비스직 취업자의 경우 경제적 필요에 의한 취업이 대부분으로 건강상태가 좋지 않더라도 취업을 할 가능성이 높고, 같은 이유로 미성년자

녀의 양육을 전문기관에 맡기는 대신 직접 담당하는 경우가 많아 취업이 어렵기 때문이라는 해석이 가능하다.

인적자본의 효과는 취업직종에 따라 확연히 다르게 나타난다. 남한에서의 정규교육은 전문·사무직 취업에 결정적인 역할을 하는 반면, 생산·서비스직 취업에는 유의한 영향을 미치지 못한다. 즉, 남한에서의 정규교육은 양질의 일자리를 갖는 데 있어 매우 효과적인 투자다. 이와 대조적으로 남한에서의 직업훈련은 전문·사무직 취업에 유의한 영향을 미치지 못하며, 생산·서비스직 취업과는 오히려 마이너스의 유의한 효과를 나타낸다. 이는 생산·서비스직의 경우 대체로 직업훈련 없이 취업이 가능하기 때문에, 직업훈련을 받고 생산·서비스직으로 취업하는 것이 아니라 생산·서비스직 취업을 하지 않는 여성이 직업훈련을 받는 구조에 기인하는 것으로 보인다. 또한 직업훈련 이수자의 경우 일자리에 대한 기대수준이 높아져서 생산·서비스직 취업보다는 미취업상태에서의 구직활동을 선호할 수 있다. 북한에서의 학력이나 직업은 여전히 취업에 도움이 되지 않으나, 장마당 장사 경험은 전문·사무직 취업확률을 유의하게 높인다. 억양 차이나 남한거주기간의 효과는 직종 간에 차이가 없다. 사회적 자본의 경우 남한 출신 친구와 탈북인 친구와의 네트워크 모두 생산·서비스직이나 전문·사무직 취업에 유의한 영향을 미치지 못하였다.

2. 여성 북한이탈주민의 소득

1) 경제적 적응과 소득

소득은 취업과 함께 난민이나 이민자의 경제적 적응수준을 나타내는 가장 대표적인 지표다. 경제적 적응의 핵심이 공적부조 없이 스스로 생활할

수 있는 경제적 자립이라고 할 때, 소득수준은 이주민 개인 혹은 가구 전체의 경제적 자립능력을 가늠할 수 있는 가장 객관적인 지표이기 때문이다. 소득수준은 취업의 질, 소비수준, 빈곤상태에 빠질 확률, 사회문제화 가능성 등을 예견할 수 있는 지표이기도 하다.

이러한 소득지표의 중요성에도 불구하고 북한이탈주민의 소득수준과 그 결정요인에 대한 심도 있는 연구는 매우 미흡하다. 이는 북한이탈주민의 소득수준에 대한 정보 자체가 극히 제한적이라는 데에도 원인이 있는데, 기존의 소규모 설문조사나 면접조사 자료로는 신뢰성 있는 소득수준을 파악하기 어려웠기 때문이다. 최근 들어 북한이탈주민지원재단에서 전수조사에 근접한 규모로 실태조사를 실시하고 있으나, 아직까지는 현황 파악에 치우쳐 있는 수준이다.

북한이탈주민의 소득에 대한 주요 선행연구는 〈표 4-9〉에 정리되어 있다. 유시은 외(2008)와 유시은(2009)은 분산분석을 통해 북한이탈주민의 평균소득과 관련이 있는 요인을 찾고자 하였다. 남성이 여성보다, 건강한 집단이 질병이 있는 집단보다, 그리고 북한에서 대학을 나온 집단이 저학력 집단보다 평균소득이 높은 경향을 보였으나 남한에서의 정규교육이나 직업훈련 여부에 따른 소득 차이는 나타나지 않았다. 김화순(2009)은 회귀분석을 통해 북한이탈주민의 소득 결정요인을 분석하였는데, 남성이 상대적으로 소득이 높고 남한거주기간이나 취업기간이 길수록 소득이 높았으며 남한에서 대학 재학중이면 소득이 낮았다. 고지영 외(2010)에서는 여성이 남성에 비해 소득이 낮고, 북한친구가 많거나 임시·일용직인 경우 소득이 낮았으며, 배우자가 있거나 근속기간이 길수록 근로소득이 높았다.

그러나 북한이탈주민의 소득 결정요인에 대한 선행연구 자체가 극히 제한적인데다가 엄밀한 분석이 이루어진 것이 아니어서 이러한 결과를 일반화하기는 어렵다. 예를 들어 유시은 외(2008)와 유시은(2009)의 연구는 성별이나 건강상태 등이 다른 집단 간 소득 차이를 규명한 것으로 설

표 4-9 북한이탈주민/이주민의 소득 결정요인: 선행연구 비교

연구	모형	자료	소득 증대요인	소득 감소요인
유시은 외 (2008)	분산분석	설문조사 (N=106) 여성 42%	남성 건강 북한학력	-
김화순 (2009)	OLS	설문조사 (N=272) 여성 69%	남성 거주기간 남한 취업기간	대학 재학
		직업훈련 DB와 고용보험 자료 (N=414) 여성 49%	남성	직종(기능 · 조립원, 단순직) 업종(건설업, 개인서비스업)
고지영 외 (2010)	OLS	설문조사 (N=400) 여성 75%	배우자 있음 근속기간	여성 북한친구 수 임시 · 일용직
Schmidt (1997)	OLS	서독 인구조사	연령 교육수준 배우자 있음 거주기간	생산직 (사무직 대비)
Potocky-Tripodi (2004)	OLS	Children of Immigrants Longitudinal Study (N=823)	교육수준 영어능력 시민권	여성
Connor (2010)	OLS	이민자 - 2003 New Immigrant Survey (N=1,739)	연령 거주기간 총교육연수 영어구사능력 지역특성(소득)	여성 미국 교육연수
		난민 - 2000 U.S. Census (N=272)	거주기간 총교육연수 영어구사능력 (본인평가) 지역특성(실업률)	여성 영어구사능력 (조사자 평가)
Zhang and Wu (2011)	OLS	1991/1996/2001/2006 Hong Kong Census	연령 학력 전문직 · 서비스직 영어구사력 중국어구사력 배우자 있음	

명변수들과 소득 간의 인과관계를 규명한 것은 아니다. 김화순(2009)의 연구에서와 같이 남한에서 대학 재학중인 북한이탈주민의 소득이 상대적으로 낮은 것은 미취업 혹은 불완전취업으로 인한 불가피성이 있다. 고지영 외(2010)에서는 북한에서의 학력만 분석에 포함되었고 남한학력은 아예 배제되었다.

반면 이주민의 소득에 대한 외국의 선행연구들에서는 이주민의 교육수준이나 정착국의 언어능력과 같은 인적자본이 소득을 결정하는 핵심 요인으로 확인된다(Schmidt, 1997; Potocky-Tripodi, 2004; Connor, 2010; Zhang and Wu, 2011). 이하에서는 북한이탈주민을 포함하여 이주민의 소득에 영향을 미치는 변수들을 인적자본과 사회적 자본을 중심으로 살펴보기로 한다.

(1) 인적자본과 소득

인적자본이론에서 정규교육과 직업훈련은 생산성과 소득을 결정하는 가장 중요한 인적자본 변수다(Becker, 1993; Mincer, 1994). 이주민의 경우도 예외는 아니어서 대부분의 선행연구들에서는 이주민의 교육수준이 높을수록 정착국에서의 소득수준 또한 높은 것으로 나타난다(Schmidt, 1997; Potocky-Tripodi, 2004; Connor, 2010; Zhang and Wu, 2011). 반면 앞서 살펴본 국내 연구들에서는 남한에서의 교육수준이나 직업훈련이 북한이탈주민의 소득수준 증가와 연계되지 못하는 것으로 나타났다(유시은 외, 2008; 김화순, 2009; 고지영 외, 2010). 이에 대한 해석은 여러 가지가 가능하다. 전술한 바와 같이 분석방법이나 자료 등의 제약에 기인하는 부분이 클 것으로 보이나, 북한이탈주민의 일자리가 현실적으로 저임금·단순직에 집중되어 있어 교육훈련과 같은 인적자본투자의 효과가 제한적이기 때문일 수도 있다. 특히 직업훈련의 경우 제도상의 문제 등으로 취업과의 연계성이 낮은 만큼 소득과의 연계성 또한 낮을 가능성이 크다.

북한이탈주민의 인적자본은 북한에서의 학력처럼 탈북 전에 축적한 인적자본과 남한에 입국하여 새로이 축적한 인적자본으로 구분할 수 있

다. 북한에서의 인적자본이 남한에서의 소득수준에 어떤 영향을 미치는가 하는 것은 북한 인적자본이 남한 노동시장에서도 유용한지 그리고 남한의 제도나 문화가 북한 인적자본을 차별 없이 수용하는가에 달려 있다. 북한 인적자본의 소득효과에 대해서는 역시 결과가 혼재되어 있다.

남한에서의 인적자본에는 언어능력과 남한생활을 통해 습득한 일반적 숙련도 포함된다. 이민자의 모국어가 정착국의 언어와 다를 때, 이민자의 현지 언어능력은 소득을 결정하는 중요한 요인으로 확인되고 있다(Park, 1999; Potocky-Tripodi, 2004; Connor, 2010; Zhang and Wu, 2011). 북한이탈주민의 경우 같은 모국어를 사용하기는 하나 억양이나 단어 구사 등의 이질성이 의사소통에 장애가 된다는 점에서(박성재 외, 2011), 억양 차이와 같은 언어능력의 영향이 있을 수 있다. 정착국 거주기간은 이민자의 일반적 숙련을 나타내는 대리변수로서, 거주기간이 어느 정도 지나면 현지 적응력이 높아지면서 이민자의 소득도 증가한다(Chiswick, 1978; Long, 1980; Schmidt, 1997; Connor, 2010).

(2) 사회적 자본과 소득

이주민이 정착국에서 갖게 되는 사회적 자본 역시 이들의 소득을 증대시키는 주요 요인으로 작용할 수 있다. 이민자들이 새로운 정착지에서 직장을 구하거나 필요한 기술이 무엇인가를 알아보는 과정에서 기존의 이민자 공동체와 같은 인적 네트워크가 필요한 정보와 지원을 제공함으로써 경제적 정착을 촉진할 수 있기 때문이다(Waldinger, 1997).

이민자 연구에서 사회적 자본은 동거하는 가족원 수(Sanders and Nee, 1996), 거주지역 내에 형성된 공동체의 수(Hao and Kawano, 2001), 종교모임 횟수(Hao and Johnson, 2000) 등 다양한 변수로 측정되었다. 포토키-트리포디는 미국 이민자를 대상으로 한 연구에서 백인친구의 수와 직장 내 인종구성의 동질성 등으로 사회적 자본을 측정하였다(Potocky-Tripodi, 2004). 그러나 이러한 사회적 자본은 이민자의 근로소득에 유의한 영향을 미치

지 못하였다. 코너는 거주지의 소득수준이 높을수록 이민자의 근로소득이 유의하게 높은 것을 이웃효과(neighbourhood effect)로 명명하였는데(Connor, 2010), 이러한 거주지 특성 또한 사회적 자본의 개념으로 이해할 수 있다. 국내 연구로는 고지영 외(2010)에서 북한친구 수와 남한친구 수, 사회단체 참여도 등으로 사회적 자본을 측정하였고, 이 가운데 북한친구 수가 북한이탈주민의 근로소득에 부정적 영향을 미쳤다.

북한이탈주민의 사회적 자본을 나타내는 대리변수로는 남한 출신 친구나 북한 출신 친구의 수를 사용할 수 있다. 이때 친구의 개념은 연령층에 관계없이 북한이탈주민이 마음을 터놓고 이야기할 수 있는 지인을 의미한다. 북한이탈주민과의 네트워크는 북한이탈주민이 필요로 하는 현실적 정보를 제공받을 수 있다는 점에서 긍정적 효과를 가질 수 있는 반면, 이러한 공동체에 매몰될 경우 남한사회에 대한 적응력이 오히려 떨어지는 부정적 효과를 가질 수 있다. 남한 출신 친구와의 네트워크는 남한사회에서의 경제적 적응과 사회적 통합에 도움이 될 것으로 예상할 수 있다.

사회적 자본이라고 할 수는 없으나 북한이탈주민 가구의 구성과 역할 또한 가구소득을 결정하는 데 중요하다. 즉, 가구주와 같은 주 소득원의 소득수준이 원하는 생활수준의 가계경제를 영위하기 어려울 경우, 가구주의 배우자나 성인자녀, 함께 사는 친척과 같은 가구구성원들이 자신의 자원이나 노동을 투입하여 가구소득을 보전하기도 한다(Tienda and Angel, 1982).

2) 근로소득 및 가구소득 현황

〈표 4-10〉은 여성 북한이탈주민의 근로소득 및 가구소득 분포를 보여준다. 소득수준은 2011년 한 해 동안의 평균 소득수준을 의미한다. 여성 북한이탈주민 취업자의 월평균 근로소득은 100~150만 원 수준과 50~100

표 4-10 여성 북한이탈주민의 근로소득과 가구소득

구분		인원(%)	평균 (S.D)
본인 근로소득	없음	122 (44.0)	62만 원 (66만 원)
	50만 원 미만	11 (4.0)	
	50~100만 원 미만	56 (20.2)	
	100~150만 원 미만	63 (22.7)	
	150~200만 원 미만	25 (9.0)	
	200~250만 원 미만	5 (1.8)	
	250~300만 원 미만	2 (0.7)	
	300만 원 이상	0 (0.0)	
가구소득	없음	0 (0.0)	135만 원 (86만 원)
	50만 원 미만	42 (15.2)	
	50~100만 원 미만	74 (26.7)	
	100~150만 원 미만	63 (22.7)	
	150~200만 원 미만	34 (12.3)	
	200~250만 원 미만	24 (8.7)	
	250~300만 원 미만	16 (5.8)	
	300만 원 이상	24 (8.7)	
N		277 (100)	

만 원 수준이 대부분이다. 여성 북한이탈주민의 44%는 2011년 한 해 동안 근로소득이 전혀 없었던 것으로 응답하였다.[6] 구간별 중간값을 이용하여 평균 근로소득을 구해보면, 여성 북한이탈주민 전체의 평균 근로소득은 62만 원이다. 취업을 하지 않아 근로소득이 전혀 없는 경우를 제외하면, 여성 북한이탈주민 취업자의 월평균 근로소득은 111만 원으로 북한이탈주민지원재단(2011)의 조사결과와 거의 동일하다.[7]

---

6 여성 북한이탈주민 응답자 중 미취업자 비율(48.6%)과 근로소득이 없는 비율(44.0%)에 차이가 있는 것은 취업 여부는 조사일(2012년 5~6월) 기준이고 소득수준은 2011년 연평균 기준이기 때문이다.

7 북한이탈주민지원재단(2011)에서 조사한 여성 북한이탈주민 취업자 2,300여 명의 월평균 근로소득은 108만 원으로, 남성 북한이탈주민 취업자 1,079명의 월평균 근로소득 149만 원의 73% 수준이다.

본인 근로소득 이외에 배우자나 다른 가족원의 근로소득과 각종 지원금 등을 합한 총가구소득은 평균 135만 원으로 집계되었다. 전체의 절반 정도가 가구소득 100만 원 미만 가구이며, 가구소득 50만 원 미만으로 1인 가구 최저생계비보다 소득이 낮은 가구도 15%에 이른다.[8] 여성 북한이탈주민의 35%는 월평균 가구소득이 100~200만 원 수준이며, 23%는 월평균 가구소득이 200만 원 이상으로 비교적 높다.

〈표 4-11〉은 여성 북한이탈주민의 근로소득에 대한 집단 간 차이를 보여주고 있는데, 근로소득 통계는 취업자만을 대상으로 한 수치다. 일반적 특성 중에는 건강과 혼인상태에 따라 근로소득에 유의한 차이가 있는 것으로 나타났다. 특히 건강상태가 양호하거나 보통인 집단의 평균 근로소득은 122만 원 수준인 데 비해 건강이 나쁜 그룹은 92만 원에 그쳤다. 이는 건강하지 못한 경우 취업하거나 직장생활을 유지하는 것이 어렵기 때문이다. 혼인상태에 있어서는 남한 출신 배우자를 가진 여성 북한이탈주민의 근로소득이 평균 136만 원으로 미혼여성이나 북한 혹은 중국 출신 배우자를 가진 여성 북한이탈주민에 비해 월등히 높아, 배우자에 따른 소득 차이가 뚜렷하다.

인적자본의 차이도 평균 근로소득의 차이로 이어진다. 북한에서 전문기술직에 종사했던 집단이 비전문직에 종사했던 집단보다 월평균 근로소득이 약 17만 원 많다. 반면 북한에서의 장사 경험은 여성 북한이탈주민의 근로소득과 유의한 관계를 보이지 않았다. 남한학력 차이는 근로소득 격차를 가장 크게 확대하는 요인으로 분석된다. 남한에서 정규교육을 이수한 집단의 평균 근로소득은 142만 원인 데 비하여 정규교육을 이수하지 않은 집단의 근로소득 평균은 101만 원에 불과하다. 이는 남한학력이 취업확률을 높이는 동시에 취업자의 임금수준도 높이기 때문이다. 직

8 2011년 기준 1인 가구 최저생계비는 약 53만 원, 2인 가구 최저생계비는 약 91만 원이다. 보건복지부(http://team.mw.go.kr/blss/_data/htmlView.jsp?menu_cd=B_02_06_01_01_10).

표 4-11 여성 북한이탈주민의 특성별 근로소득 비교: ANOVA 분석 (단위: 만 원)

			평균소득 (S.D)	F값 (p-value)
일반적 특성	나이	25~39세	115.0 (50.5)	1.54
		40~49세	117.4 (44.1)	(0.22)
		50세 이상	98.2 (57.5)	
	건강상태	양호 · 보통	121.8 (49.9)	11.95 ***
		나쁨	91.7 (40.8)	(0.00)
	혼인상태	미혼	109.0 (34.5)	3.67 **
		유배우(북한 · 중국)	98.1 (46.0)	(0.01)
		유배우(남한 출신)	136.1 (75.8)	
		별거 · 이혼 · 사별	121.9 (42.6)	
	탈북 이유	경제적 이유	109.7 (48.6)	0.88
		비경제적 이유	117.5 (50.3)	(0.34)
인적 자본	북한학력	전문대졸 미만	112.4 (50.3)	0.04
		전문대졸 이상	114.0 (47.7)	(0.85)
	북한직업	전문기술직	121.8 (52.7)	3.75 *
		기타	104.8 (47.3)	(0.06)
	장사 경험	있음	112.0 (52.9)	0.10
		없음	114.7 (42.4)	(0.75)
	남한학력	있음	141.7 (58.1)	23.40 ***
		없음	101.0 (39.6)	(0.00)
	직업훈련	받음	110.3 (50.4)	0.99
		받지 않음	119.2 (46.6)	(0.32)
	억양 차이	없음 · 약함	119.3 (52.5)	6.82 **
		차이 심함	95.4 (33.7)	(0.01)
	남한거주기간	5년 미만	100.5 (38.3)	5.74 **
		5년 이상	120.5 (53.6)	(0.02)
사회적 자본	남한친구	있음	119.2 (53.8)	3.97 **
		없음	102.4 (38.7)	(0.05)
	북한친구	있음	113.3 (52.2)	0.03
		없음	111.7 (37.0)	(0.87)
일자리 특성	직종	전문 · 사무직	131.0 (53.1)	11.06 ***
		생산 · 서비스직	103.2 (44.4)	(0.00)
	고용형태	상용직	128.9 (49.8)	13.21 ***
		임시 · 일용/자영업	100.0 (45.1)	(0.00)

			평균소득 (S.D)	F값 (p-value)
일자리 특성	취업경로	공공기관	123.8 (60.8)	1.85
		북한친구	101.7 (41.3)	(0.16)
		기타	116.8 (49.6)	
	직상 내 북한 이탈주민	있음	113.2 (46.3)	0.07
		없음	113.7 (51.7)	(0.99)
전체			112.9 (49.3)	

주 : 1) 취업자 대상.
2) *** $p < 0.01$, ** $p < 0.05$, * $p < 0.1$.

업훈련은 근로소득과 유의한 관계가 없는 것으로 나타났는데, 이는 직업훈련이 취업확률을 높이지 못한다는 앞의 분석결과와 같은 맥락에서 해석할 수 있다. 억양 차이가 심한 집단의 근로소득이 그렇지 않은 집단의 근로소득에 비해 낮았고, 남한에서의 거주기간이 5년 이상인 집단의 평균 근로소득이 거주기간 5년 미만 집단에 비해 높았다.

사회적 자본 측면에서 살펴보면, 남한친구가 있는 집단의 평균 근로소득이 남한친구가 없는 집단의 평균 근로소득에 비해 유의하게 높았다. 남한친구와 달리 북한 출신 친구의 유무는 평균 근로소득과 유의한 연관성을 보이지 않았다.

여성 북한이탈주민의 근로소득은 일자리특성과 밀접히 연계된다. 직종별로는 전문직이나 사무직 취업자의 평균 근로소득이 생산직이나 서비스직 취업자에 비해 유의하게 높았으며, 고용형태에 있어서는 상용직 취업자의 평균 근로소득이 임시·일용직이나 자영업자에 비해 유의하게 높았다. 취업경로에 있어서는 공공기관을 통한 취업의 경우 근로소득이 북한 출신 친구를 통해 취업한 경우의 취업자에 비해 높으나 통계적으로 유의한 차이는 아니다. 직장 내 북한이탈주민 유무에 따른 근로소득 차이는 유의하지 않았다.

〈표 4-12〉에는 여성 북한이탈주민의 특성별 가구소득 차이가 비교되어 있다. 일반적 특성 중에서는 탈북 이유를 제외한 모든 변수가 가구소

득과 유의한 연계성을 보이고 있다. 연령별로는 40세 미만 여성 북한이탈주민의 평균 가구소득이 50세 이상 여성 북한이탈주민의 평균 가구소득의 1.5배에 달하며, 건강상태가 양호한 여성 북한이탈주민의 평균 가구소득이 그렇지 않은 집단에 비해 월등히 높았다. 혼인상태별로는 미혼이나 별거·이혼·사별로 배우자가 없는 집단에 비해 배우자가 있는 여성 북한이탈주민의 가구소득이 현저히 높았으며, 특히 북한이나 중국 출신 배우자 가구보다 남한 출신 배우자를 가진 여성 북한이탈주민 가구의 평균소득이 더 높았다.

여성 북한이탈주민의 인적자본과 가구소득과의 연계성을 찾아보면, 북한에서의 학력이나 직업, 장사 경험 유무에 따른 가구소득 차이는 유의하지 않았다. 반면 남한학력과 거주기간 등 남한에서 축적한 인적자본의 영향은 크다. 남한에서 정규교육을 이수한 여성 북한이탈주민의 가구소득 평균은 188만 원으로 그렇지 않은 여성 북한이탈주민의 가구소득 평균 121만 원에 비해 월등히 높았으며, 남한거주기간이 5년 이상인 집단의 평균 가구소득이 거주기간 5년 미만 집단의 가구소득보다 월등히 높았다. 여성 북한이탈주민의 억양 차이 또한 가구소득과 유의한 연계성을 나타내었다. 이와 달리 여성 북한이탈주민의 직업훈련 경험은 가구소득과 유의한 관계가 없는 것으로 나타났다. 사회적 자본 중에서 남한 출신 친구가 있는 경우는 없는 경우에 비해 평균 가구소득이 높은 반면, 북한 출신 친구의 존재는 평균 가구소득과 연관성이 없었다.

여성 북한이탈주민의 가구소득 또한 이들의 일자리특성과 밀접히 연관되는데, 이는 일자리에 따라 근로소득이 큰 차이를 보이기 때문이다. 전문직이나 사무직 여성 북한이탈주민의 가구소득이 생산직이나 서비스직 종사자의 가구소득보다 높고 상용직 종사자의 가구소득이 임시·일용직이나 자영업자의 가구소득보다 높은 것은 앞서 근로소득의 경우와 동일하다. 취업경로 면에서는 공공기관을 통한 취업자의 가구소득이 북한 출신 친구를 통해 취업한 경우에 비해 월등히 높아, 북한이탈주민에 대한

표 4-12 여성 북한이탈주민의 특성별 가구소득 비교: ANOVA 분석 (단위: 만 원)

			평균소득 (S.D)	F값 (p-value)
일반적 특성	나이	25~39세	151.6 (93.0)	7.20 ***
		40~49세	138.6 (81.1)	(0.00)
		50세 이상	99.6 (68.7)	
	건강상태	양호 · 보통	149.0 (87.5)	14.44 ***
		나쁨	109.3 (74.0)	(0.00)
	혼인상태	미혼	83.5 (49.7)	53.63 ***
		유배우(북한 · 중국)	177.5 (86.4)	(0.00)
		유배우(남한 출신)	238.9 (71.8)	
		별거 · 이혼 · 사별	98.1 (55.3)	
	탈북 이유	경제적 이유	134.0 (81.4)	(0.72)
		비경제적 이유	136.7 (90.3)	(0.79)
인적 자본	북한학력	전문대졸 미만	134.5 (85.8)	0.03
		전문대졸 이상	136.5 (83.7)	(0.86)
	북한직업	전문기술직	138.1 (86.6)	0.21
		기타	133.2 (84.3)	(0.65)
	장사 경험	있음	137.1 (80.9)	0.27
		없음	131.6 (92.0)	(0.60)
	남한학력	있음	187.9 (87.9)	31.41 ***
		없음	121.1 (78.7)	(0.00)
	직업훈련	받음	134.2 (80.4)	0.09
		받지 않음	137.7 (86.9)	(0.76)
	억양 차이	없음 · 약함	145.0 (85.8)	8.40 ***
		차이 심함	113.5 (79.8)	(0.00)
	남한거주기간	5년 미만	111.8 (73.8)	16.60 ***
		5년 이상	152.7 (88.9)	(0.00)
사회적 자본	남한친구	있음	152.1 (90.5)	14.34 ***
		없음	114.1 (72.8)	(0.00)
	북한친구	있음	137.5 (85.0)	0.81
		없음	126.3 (85.4)	(0.37)

			평균소득 (S.D)	F값 (p-value)
일자리 특성	직종	전문 · 사무직	193.5 (78.7)	7.02 ***
		생산 · 서비스직	158.4 (73.1)	(0.01)
	고용형태	상용직	183.2 (80.4)	3.07 *
		임시 · 일용/자영업	160.7 (72.5)	(0.08)
	취업경로	공공기관	160.0 (68.5)	2.56 *
		북한친구	115.5 (69.6)	(0.08)
		기타	184.2 (80.4)	
	직장 내 북한 이탈주민	있음	175.4 (73.4)	0.17
		없음	170.0 (78.6)	(0.68)
전체			135.1 (85.1)	

주 : *** $p < 0.01$, ** $p < 0.05$, * $p < 0.1$.

공식적인 정보제공 경로가 강화되어야 함을 시사한다.

3) 소득 결정요인

(1) 분석방법과 기초통계

여성 북한이탈주민의 근로소득 및 가구소득 결정요인 분석에는 식 (2)와 같은 소득함수를 사용한다. 즉, 여성 북한이탈주민의 소득(Y)은 나이나 건강상태와 같은 개인의 일반적 특성(X), 북한 및 남한에서 축적한 인적 자본(HC), 남한생활에서 보유하고 있는 사회적 자본(SC), 그리고 일자리 특성(Z)에 의해 영향을 받는다. ε은 오차항이다.

$$Y = \alpha + X'\beta + HC'\gamma + SC'\delta + Z'\zeta + \varepsilon \tag{2}$$

식 (2)의 소득함수 추정에는 순위로짓분석(ordered logit)과 토빗분석이 일반회귀분석(OLS)과 함께 사용되었다. 여성 북한이탈주민의 근로소득과 가구소득이 모두 8개의 구간으로 조사되었기 때문에 통상적인 회귀

분석(OLS)으로는 효과적인 추정을 할 수 없기 때문이다. 따라서 소득순위만을 기초로 순위로짓분석을 시행하는 한편, 각 소득구간을 구간평균을 사용하여 화폐단위로 전환하고 로그값을 취하여 토빗분석을 시행하였다.

여성 북한이탈주민의 근로소득과 가구소득에 영향을 미치는 일반적 특성에는 여성 북한이탈주민의 나이와 건강상태, 혼인상태가 포함된다. 소득함수에서 나이는 일반적 숙련의 대리변수로 사용되며, 한계수확체감을 반영하여 2차 함수의 형태로 사용된다. 건강상태는 보통 이상인 경우와 건강이 나쁜 경우로 나누어 더미변수로 포함된다. 혼인상태는 미혼집단을 준거집단으로 하여, 북한이나 중국 출신 배우자가 있는 기혼여성, 남한 출신 배우자가 있는 기혼여성, 별거·이혼·사별로 인해 배우자가 없는 기혼여성을 각각 더미변수로 구분한다. 쿨만(Kuhlman, 1991)에서와 같이 이주와 직접 관련된 요소 또한 경제적 적응에 영향을 미칠 수 있다는 점에서 탈북 이유를 경제적 이유와 비경제적 이유로 나누어 비교한다.

인적자본 중에서 북한에서 축적한 인적자본은 북한에서의 학력과 직업, 장사 경험으로 측정한다. 남한에서 축적한 인적자본은 남한에서의 정규교육 이수 여부와 직업훈련 유무, 억양 차이를 더미변수로 포함하고, 남한거주기간을 제곱항과 함께 포함한다. 억양 차이는 의사소통능력이나 언어적 자신감과 연계되어 생산성 차이로 이어지고 다시 소득 차이로 이어질 수 있다. 언어적 이질감이 노동시장에서의 차별로 연결될 경우 취업확률을 낮추거나 상대적으로 임금수준을 낮추는 역할을 할 수 있다. 박정란·강동완·김흥광(2010)의 연구에서는 북한이탈주민이 느끼는 차별이 언어에서부터 시작된다는 인터뷰 내용이 많았다. 사회적 자본은 취업의 경우와 마찬가지로 남한 출신 친구 및 북한 출신 친구의 유무를 더미변수로 포함한다.

여성 북한이탈주민의 근로소득은 일자리특성에 따라서도 커다란 차이가 있다. 따라서 여성 북한이탈주민 취업자의 고용형태를 상용직과 임시·일용직으로 구분하여 고용형태별 차이를 분석한다. 아울러 근로시간

을 소득함수에 포함하며, 근속기간을 기업특수적 숙련(firm-specific skill)의 대리변수로 소득함수에 포함한다.

소득함수 추정에 사용된 변수들의 기초통계는 〈표 4-13〉과 같다. 근로소득과 가구소득은 구간평균의 로그값으로 변환하여 정규분포화한 것이다. 여성 북한이탈주민의 일반적 특성과 인적자본 및 사회적 자본 변수들의 측정방법과 평균값은 앞서 취업 결정요인 분석에서와 같다(〈표 4-6〉). 일자리특성에서는 여성 북한이탈주민 취업자의 45%가 상용직이었고 55%가 임시·일용직이거나 자영업이었다. 주말근로를 제외한 평균 근로시간은 주당 40시간이었고, 현 직장에서의 근속기간은 평균 27.4개월이었다.

(2) 분석결과: 개인 근로소득

여성 북한이탈주민의 근로소득 결정요인 분석결과는 〈표 4-14〉와 같다. 모형 (1)은 여성 북한이탈주민의 일반적 특성과 인적자본만을 포함하는 모형이며, 모형 (2)~모형 (4)는 여기에 사회적 자본과 일자리특성을 추가한 모형이다. 모형 (1)은 여성 북한이탈주민 전체를 대상으로 하며, 모형 (2)~모형 (4)는 여성 북한이탈주민 취업자만을 대상으로 일자리특성을 포함한 것이다. 모형 (1)~모형 (2)는 근로소득을 화폐단위로 변환하여 토빗분석을 한 결과이고, 모형 (3)은 OLS 분석결과다. 모형 (4)는 근로소득의 구간값 순위에 맞춰 순위로짓모형을 사용한 분석결과다.

여성 북한이탈주민 전체에 대한 모형 (1)의 분석결과에 의하면, 일반적 특성 중에서는 나이와 건강상태가 근로소득에 유의한 영향을 미쳤다. 여성 북한이탈주민의 나이는 근로소득을 높이는 효과가 있으나 한계효과는 마이너스라서 일정연령 이후에는 나이가 많을수록 근로소득이 낮아지는 형태를 보인다. 건강상태가 나쁘면 근로소득 또한 낮다. 혼인상태나 탈북 이유는 근로소득과 유의한 관계를 나타내지 않았다. 북한에서의 인적자본으로는 전문직 취업 경험이 근로소득에 유의한 영향을 미친 반

표 4-13 여성 북한이탈주민의 소득 결정요인: 기초통계

변수		측정방법	인원(%)	평균(S.D)
종속변수	근로소득	본인 근로소득 (구간평균의 로그값)		2.6 (2.3)
	가구소득	총가구소득 (구간평균의 로그값)		4.6 (0.7)
일반적 특성	나이	만 나이(세)		42.7 (7.7)
	건강상태(나쁨)	1 = 나쁨 0 = 양호 · 보통	97 (35.0) 180 (65.0)	
	북한(중국)배우자	1 = 북한(중국)배우자 0 = 기타	91 (32.8)	
	남한배우자	1 = 남한배우자, 0 = 기타	27 (9.8)	
	별거 · 이혼 · 사별	1 = 별거 · 이혼 · 사별 0 = 기타	106 (38.3)	
	미성년자녀	1 = 있음 0 = 없음	137 (49.5) 140 (50.5)	
	탈북 이유(경제적)	1 = 경제적 이유 0 = 정치적, 가족동반, 기타	162 (58.5) 115 (41.5)	
인적 자본	북한학력(전문대)	1 = 전문대졸 이상 0 = 전문대졸 미만	87 (31.4) 190 (68.6)	
	북한직업(전문직)	1 = 당간부, 군인, 예술, 전문직, 사무원 0 = 농민, 노동자, 무직	106 (38.3) 171 (61.7)	
	장사 경험	1 = 있음 0 = 없음	175 (63.2) 102 (36.8)	
	남한학력	1 = 정규교육 이수 0 = 정규교육 미이수	58 (79.1) 219 (20.9)	
	직업훈련	1 = 받음 0 = 받지 않음	202 (72.9) 75 (27.1)	
	억양 차이(심함)	1 = 심하게 차이남 0 = 차이 없거나 약함	87 (31.4) 190 (68.6)	
	남한거주기간	조사기준일 – 남한입국일(개월)		69.1 (36.5)

변수		측정방법	인원(%)	평균(S.D)
사회적 자본	남한친구	1 = 있음	153(55.2)	
		0 = 없음	124(44.8)	
	북한친구	1 = 있음	218(78.7)	
		0 = 없음	59(21.3)	
일자리 특성	고용형태	1 = 상용직	64(44.8)	
		0 = 임시 · 일용/자영업	79(55.2)	
	근로시간	주중 평균근로시간 (주말 제외)		40.1(10.2)
	근속기간	현 직장 근속기간(개월)		27.4(28.8)
N			277(100)	

주: 일자리특성은 취업자 대상임.

면, 북한학력의 효과는 유의하지 않았다. 남한에서의 인적자본은 대부분 근로소득에 유의한 영향을 미쳤다. 남한에서의 정규교육은 여성 북한이탈주민의 근로소득을 높이는 매우 중요한 요인이며, 남한거주기간 역시 남한사회 전반에 대한 적응력을 높임으로써 근로소득을 높이는 효과를 나타내었다. 그러나 남한에서의 직업훈련 경험은 근로소득과 오히려 마이너스의 상관관계를 보이는데, 이는 직업훈련이 취업확률과 마이너스 관계를 보이는 것과 같은 맥락에서 해석할 수 있다.

모형 (1)과 모형 (2)의 분석결과를 비교해보면, 여성 북한이탈주민의 나이나 건강상태, 인적자본이 근로소득에 미치는 영향이 상당부분 일자리특성을 매개로 이루어지고 있는 것으로 나타난다. 사회적 자본과 일자리특성을 추가한 모형 (2)에서는 모형 (1)에서 유의했던 인적자본과 일반적 특성 변수들의 통계적 유의성이 사라지고 고용형태와 근로시간만 통계적 유의성이 있다. 고용형태가 상용직인 근로자는 일용 · 임시직이나 자영업자에 비해 근로소득이 평균 20%가 높아, 일자리의 질이 근로소득을 결정하는 중요한 변수라는 것을 확인시켜준다. 이와 대조적으로 사회적 자본으로서의 인적 네트워크는 근로소득에는 유의한 영향을 미치지

표 4-14 여성 북한이탈주민의 근로소득 결정요인: 토빗분석, OLS, 순위로짓분석

	Tobit (1)	Tobit (2)	OLS (3)	순위로짓 (4)
일반적 특성				
나이	0.710 **	0.038	0.038	0.424 *
	(0.291)	(0.067)	(0.055)	(0.250)
나이제곱항[1]	-0.838 **	-0.057	-0.057	-0.485 *
	(0.332)	(0.077)	(0.062)	(0.287)
건강상태(나쁨)	-1.186 **	-0.164	-0.165	-1.126 **
	(0.523)	(0.112)	(0.123)	(0.440)
북한(중국)배우자	-0.145	-0.197	-0.196 *	-0.618
	(0.673)	(0.141)	(0.116)	(0.520)
남한배우자	0.425	-0.082	-0.082	0.456
	(0.916)	(0.175)	(0.153)	(0.692)
별거 · 이혼 · 사별	-0.150	0.164	0.163	0.706
	(0.671)	(0.144)	(0.107)	(0.532)
탈북 이유(경제적)	0.421	-0.098	-0.097	-0.170
	(0.478)	(0.096)	(0.098)	(0.359)
인적자본				
북한학력(전문대)	0.423	0.020	0.020	-0.341
	(0.534)	(0.104)	(0.107)	(0.405)
북한직업(전문직)	1.220 **	0.131	0.130	0.606
	(0.552)	(0.108)	(0.096)	(0.415)
장사 경험	0.574	0.121	0.119	0.504
	(0.510)	(0.105)	(0.136)	(0.398)
남한학력	2.177 ***	0.168	0.168 *	1.357 ***
	(0.575)	(0.112)	(0.096)	(0.446)
직업훈련	-0.885 *	-0.145	-0.144	-0.640
	(0.516)	(0.107)	(0.093)	(0.402)
억양 차이(심함)	-0.479	-0.0608	-0.059	-0.344
	(0.510)	(0.109)	(0.136)	(0.417)
남한거주기간	0.074 ***	0.003	0.003	0.0263
	(0.0239)	(0.005)	(0.004)	(0.021)
남한거주기간	-0.043 ***	-0.000	-0.000	-0.009
제곱항[2]	(0.015)	(0.003)	(0.002)	(0.012)
사회적 자본				
남한친구		-0.0287	-0.027	0.157
		(0.103)	(0.111)	(0.385)

	Tobit (1)	Tobit (2)	OLS (3)	순위로짓 (4)
북한친구		0.023	0.023	0.109
		(0.125)	(0.085)	(0.466)
일자리특성				
고용형태(상용직)		0.198 **	0.198 **	0.734 **
		(0.0968)	(0.095)	(0.369)
근로시간		0.010 **	0.010 **	0.0387 **
		(0.005)	(0.004)	(0.018)
근속기간		0.006	0.006	0.024
		(0.004)	(0.004)	(0.017)
근속기간 제곱항[3]		-0.003	-0.003	-0.004
		(0.004)	(0.004)	(0.015)
N	277	143	143	143
Log Likelihood	-503.29	-109.00	-	-154.89
χ^2	55.38***	59.76***	-	84.16***
R^2/Pseudo R^2	0.05	0.22	0.34	0.21

주: 1) 나이제곱/100.
2) 남한거주기간제곱/100.
3) 근속기간제곱/100.
4) ( ) 안은 표준오차.
5) *** $p < 0.01$, ** $p < 0.05$, * $p < 0.1$.

못하였다. 모형 (1)과 모형 (2)의 결과 차이는 사회적 자본과 일자리특성의 포함 여부에 따른 차이인 동시에 분석대상의 차이, 즉 모형 (1)은 여성 북한이탈주민 전체를 대상으로 하였고, 모형 (2)는 취업자만을 대상으로 했다는 차이이기도 하다. 이런 맥락에서 보면, 여성 북한이탈주민의 나이와 건강상태, 남한학력과 남한거주기간 등의 변수들이 취업 여부나 상용직 취업에 결정적인 영향을 미치는 만큼, 고용형태가 같은 취업자 간의 근로소득 차이에 미치는 영향은 이에 비해 작다고 할 수 있다.

모형 (3)과 모형 (4)의 분석결과에서도 고용형태와 근로시간은 여성 북한이탈주민의 근로소득을 결정하는 중요한 변수로 확인되었다. 특히 이들 변수를 통제하고도 남한학력의 소득증대효과가 유의하게 나타나서,

남한에서의 정규교육이 여성 북한이탈주민의 근로소득을 높이는 효과적인 방안이 될 수 있음을 시사한다. 모형 (4)에서는 여성 북한이탈주민의 나이와 건강상태 또한 고용형태 등을 통제하고도 근로소득에 유의한 영향을 미쳤다.

이상의 분석결과를 종합하면, 여성 북한이탈주민의 근로소득은 상용직 여부와 근로시간에 따라 차이가 크고, 이러한 일자리특성 변수들은 나이와 건강상태 및 남한학력과 같은 인적자본 변수들에 의해 결정되는 부분이 크다. 순위로짓분석(모형 4) 결과에 의하면, 여성 북한이탈주민의 나이와 건강상태 및 남한학력은 일자리특성에 영향을 미침으로써 근로소득에 영향을 미칠 뿐 아니라, 이러한 간접효과와 별도로 근로소득에 직접적인 영향을 미친다. 특히 남한학력의 소득증대효과는 상용직 취업의 효과보다도 크다는 점에서, 여성 북한이탈주민의 취업과 근로소득 확보를 통해 경제적 적응을 촉진할 수 있는 중요한 정책변수로 부각된다.

(3) 분석결과: 가구소득

〈표 4-15〉는 여성 북한이탈주민 가구의 총소득을 종속변수로 하여 소득결정요인을 분석한 결과다. 〈표 4-14〉에서와 같이 모형 (1)은 여성 북한이탈주민 개인의 인구학적 특성과 인적자본 특성을 포함한 기본모형이고, 모형 (2)~모형 (4)는 기본모형에 사회적 자본 변수를 포함한 모형이다. 가구소득 분석이므로 여성 북한이탈주민 취업자만을 대상으로 한 일자리특성 변수는 제외하였다. 근로소득의 경우와 마찬가지로 모형 (1)~모형 (2)는 가구소득을 화폐단위로 변환하여 토빗분석을 한 결과이고, 모형 (3)은 OLS 분석결과이며, 모형 (4)는 가구소득의 구간값 순위에 맞춰 순위로짓모형을 사용한 분석결과다.

모형 (1)~모형 (4)의 분석결과는 큰 차이가 없다. 사회적 자본 변수로 포함된 인적 네트워크가 가구소득에 별다른 영향을 미치지 못하기 때문이다. 여성 북한이탈주민의 일반적 특성으로 나이와 건강상태가 가구소

표 4-15 여성 북한이탈주민의 가구소득 결정요인: 토빗분석, OLS, 순위로짓분석 (N = 277)

	Tobit (1)	Tobit (2)	OLS (3)	순위로짓 (4)
일반적 특성				
나이	0.188 ***	0.188 ***	0.188 ***	0.558 ***
	(0.042)	(0.043)	(0.046)	(0.149)
나이제곱항[1]	-0.222 ***	-0.222 ***	-0.222 ***	-0.658 ***
	(0.048)	(0.048)	(0.053)	(0.171)
건강상태(나쁨)	-0.340 ***	-0.339 ***	-0.339 ***	-1.166 ***
	(0.077)	(0.077)	(0.082)	(0.270)
북한(중국)배우자	0.728 ***	0.726 ***	0.726 ***	2.481 ***
	(0.100)	(0.100)	(0.106)	(0.363)
남한배우자	0.927 ***	0.926 ***	0.926 ***	3.442 ***
	(0.141)	(0.141)	(0.116)	(0.501)
별거 · 이혼 · 사별	0.138	0.137	0.137	0.463
	(0.099)	(0.100)	(0.108)	(0.332)
탈북 이유(경제적)	-0.049	-0.049	-0.049	-0.200
	(0.072)	(0.072)	(0.073)	(0.238)
인적자본				
북한학력(전문대)	0.033	0.034	0.034	0.029
	(0.081)	(0.081)	(0.089)	(0.276)
북한직업(전문직)	0.050	0.050	0.050	0.152
	(0.084)	(0.084)	(0.083)	(0.274)
장사 경험	0.268 ***	0.269 ***	0.269 ***	0.727 ***
	(0.075)	(0.076)	(0.075)	(0.257)
남한학력	0.302 ***	0.302 ***	0.302 ***	1.089 ***
	(0.090)	(0.091)	(0.085)	(0.306)
직업훈련	-0.167 **	-0.169 **	-0.169 **	-0.435 *
	(0.078)	(0.079)	(0.081)	(0.264)
억양 차이(심함)	-0.131 *	-0.128 *	-0.128 *	-0.443 *
	(0.075)	(0.077)	(0.082)	(0.259)
남한거주기간	0.012 ***	0.012 ***	0.012 ***	0.029 **
	(0.003)	(0.003)	(0.004)	(0.012)
남한거주기간 제곱항[2]	-0.006 ***	-0.006 ***	-0.006 ***	-0.012
	(0.002)	(0.002)	(0.002)	(0.008)

	Tobit (1)	Tobit (2)	OLS (3)	순위로짓 (4)
사회적 자본				
남한친구		-0.001	-0.001	0.142
		(0.077)	(0.080)	(0.258)
북한친구		0.017	0.017	-0.066
		(0.091)	(0.092)	(0.305)
Log Likelihood	-228.37	-228.35	-	-408.97
χ^2	178.83***	178.86***	-	191.16***
R^2/Pseudo R^2	0.28	0.28	0.48	0.19

주: 1) 나이제곱/100.
2) 남한거주기간제곱/100.
3) ( ) 안은 표준오차.
4) *** $p < 0.01$, ** $p < 0.05$, * $p < 0.1$.

득에 유의한 영향을 미치는 것은 근로소득의 경우와 같다. 여성 북한이탈주민의 혼인상태는 근로소득과는 연관성이 낮았으나 가구소득과는 밀접한 연관성을 가진다. 미혼여성이나 별거·이혼·사별 등의 이유로 배우자가 없는 여성 북한이탈주민에 비해 배우자가 있는 여성 북한이탈주민의 가구소득이 유의하게 높은 가운데, 북한이나 중국 출신 배우자 가구보다 남한 출신 배우자 가구의 총소득이 더 높다. 모형 (2)와 (3)의 추정계수를 기준으로 하면, 미혼여성 가구에 비해 북한이나 중국 출신 배우자가 있는 기혼여성 가구의 소득이 70% 높고, 남한 출신 배우자가 있는 기혼여성 가구의 소득이 93% 더 높다. 북한에서의 학력이나 직업이 가구소득에 영향을 미치지 못하는 것과 달리, 장마당에서의 장사 경험이 있는 여성 북한이탈주민의 가구소득이 유의하게 높다. 남한학력과 직업훈련 경험, 남한거주기간과 같은 인적자본 변수들의 소득효과는 근로소득의 경우와 동일하며, 여성 북한이탈주민의 억양 차이가 심할수록 가구소득이 낮은 경향을 보인다. 남한에서 정규교육을 이수한 경우 그렇지 않은 경우에 비해 가구소득이 약 30% 높으며, 억양 차이가 심한 경우 그렇지 않은 경우에 비해 가구소득이 약 13% 낮다.

3. 여성 북한이탈주민의 생활만족도

1) 경제적 적응과 생활만족도

앞절에서는 여성 북한이탈주민의 경제적 적응을 취업과 소득 측면에서 분석하였다. 여성 북한이탈주민의 경제적 자립은 이들의 풍요로운 삶을 가능케 하고 당당한 사회구성원으로서 남한사회에 정착하는 데 필요한 전제조건이다. 경제적 자립은 삶의 질을 결정하는 중요한 요인이다. 그러나 경제적 자립이 반드시 행복한 삶을 보장하는 것은 아니다. 무엇이 사회구성원의 삶을 행복하게 만드는가에 대한 연구들에 의하면, 취업이나 소득과 같은 경제적 요인 이외에 삶을 구성하는 다양한 요인, 예컨대 자유와 평등, 환경과 안전, 가족이나 결혼, 여가시간, 친구, 건강과 같은 비경제적 요인들도 삶을 행복하게 하는 중요한 요인으로 부각된다(Campbell, Converse and Rodgers, 1976; Glenn and Weaver, 1981; Clark and Oswald, 1994; Ferrer-i-Carbonell, 2005; Clark, 2009; Winkelmann, 2009). 이러한 측면에서 이 절에서는 여성 북한이탈주민이 남한생활에 대해 어느 정도 만족하며 어떤 요인들이 이러한 만족도에 영향을 미치는가를 분석한다.

삶의 질은 그 중요도와는 별도로 명확히 개념화하거나 측정하기는 어렵다. 이 때문에 경제협력개발기구(OECD), 세계보건기구(WHO), 이코노미스트誌(*The Economist*) 등 국제기구나 언론 등에서는 삶의 질을 하나의 지표로 측정하는 대신 삶의 질을 반영할 수 있는 다양한 지표를 제시하고 있다. 삶의 질을 나타내는 지표들을 객관적 지표와 주관적 지표로 구분해보면, 객관적 지표로는 취업과 소득이 대표적이며, 주관적 지표로는 삶의 여러 영역에 대해 개인이 느끼는 만족도가 주로 사용된다. 생활만족도는 개인의 삶을 각자의 기준으로 주관적으로 평가하는 것으로서(Diener, 1984), 생활 전반에 대한 만족도 수준이나 특정 영역별 만족도 수준을 개인이 점수나 척도로 평가한 값으로 측정한다.

생활만족도의 결정요인에 대한 주요 연구결과는 〈표 4-16〉과 같다. 취업이나 소득과 같은 경제적 요인은 생활만족도를 결정하는 중요한 요인이다. 이는 최소한의 경제수준이 유지되지 않으면 생활 자체가 어려워지기 때문이다. 디너 외(Diener et al., 1993) 및 클락과 오스왈드(Clark and Oswald, 1994)의 연구에서는 소득이 증가할수록 생활만족도가 높은 것으로 파악되었으며, 바, 포이라즐리와 그레이엄의 연구에서는 여성 이민자 및 난민의 생활만족도가 취업여성에게서 유의하게 높은 것으로 확인되었다(Var, Poyrazli and Grahame, 2013). 페러이 카보넬의 통일 독일 사례연구에서는 가난했던 동독주민의 생활만족도가 서독주민보다 낮고 경제적 적응수준이 높아지더라도 준거집단의 개인소득이 높을 때 만족도가 감소하여, 상대적 소득수준이 삶의 질을 결정하는 데 중요한 역할을 하는 것으로 나타났다(Ferrer-i-Carbonell, 2005). 이는 북한이탈주민 역시 개별적으로 경제상태가 개선되더라도 남한주민과의 경제적 격차가 심화될 경우 남한생활에 대한 전반적인 만족도가 감소할 수 있음을 시사한다.

경제적 요인 이외에 사회적 자본도 생활에 대한 만족도에 영향을 미치는 것으로 분석된다. 빈켈만은 독일 사례에서 사회적 교류와 신뢰관계가 삶의 만족도에 큰 영향을 미친다는 것을 밝혔다(Winkelmann, 2009). 이민자의 생활만족도와 관련해서는 이스라엘에 정착한 이민자들의 생활만족도에 사회적 연결망의 질이 영향을 미쳤으며(Litwin, 2005), 유럽의 경우도 정부나 민간의 사회적 지지가 풍부할수록 국민들의 생활만족도가 높은 것으로 나타났다(Böhnke, 2008).

인적자본은 취업확률이나 소득을 높임으로써 삶의 질을 높이는 동시에 비경제적 측면에서도 삶의 질에 긍정적인 역할을 할 수 있다. 로스와 윌젠은 교육이 결혼과 취업의 확률을 높이고 이를 통해 가구소득과 사회적 관계망을 넓혀 생활만족도를 높여주는 것으로 보았으며(Ross and Willigen, 1997), 빈켈만 또한 독일 사례에서 교육이 삶의 질(well-being)을 높이는 것을 확인하였다(Winkelmann, 2009). 세계 49개국 자료를 바탕으로 한 헬리

표 4-16 삶의 질과 생활만족도 결정요인: 선행연구 비교

연구	모형	자료	대상	종속변수	생활만족도 증가요인	생활만족도 감소요인
Glenn and Weaver (1981)	OLS	1972~1978 미국 Survey (N=5,968)	일반 국민	심리적 복지	가족생활, 결혼만족도, 재정상태, 취업, 건강, 여가활동	-
Ross and Willigen (1997)	OLS 구조 방정식	1990, 1995 미국 ASOC 조사 (N=2,592)	일반 국민	삶의 질 (distress)	교육, 결혼, 취업, 직장생활, 경제상황, 나이, 백인	여성
Helliwell (2003)	패널분석 (FE모형)	1980/1990/1995 World Value Survey 49개국 (N=87,806)	일반 국민	주관적 복지	결혼, 나이, 사회적 자본	건강(나쁨), 실업
Litwin (2005)	OLS	1997 이스라엘 (N=3,500)	유대인/ 아랍인/ 이민자	생활 만족도	건강, 사회적 연결망	-
Ferrer-i-Carbonell (2005)	순위 프로빗	1992~1997 독일 사회경제패널 (N=30,569)	일반 국민	생활 만족도	가구소득, 교육년수, 가족원 수, 혼인, 건강, 취업	연령, 준거 집단의 평균 개인 소득
Böhnke (2008)	패널분석 (RE모형)	2003 유럽 EQLS 조사 EU 15개국	일반 국민	생활 만족도	복지재정, GDP, 정부 신뢰도, 정치적 권리, 자유, 치안, 사회적 신뢰	실업률, 빈곤율, 유아사망률
Winkelmann (2009)	OLS	1984~2004 독일 GSOEP (N=5,536)	일반 국민	주관적 복지	사회적 자본, 결혼, 교육, 문화행사 참여	실업
Var, Poyrazli and Grahame (2013)	상관분석	펜실베이니아 주 여성이민자 (N=100)	이민자	생활 만족도	나이, 근로시간, 거주기간, 결혼 상태	-
전우택 외 (2006)	t 검정	2001/2004 설문조사 (N=200)	북한이탈 주민	생활 만족도	취업	연령, 노동당원
설진배 · 송은희 (2013)	ANOVA OLS	2011 설문조사 (N=132)	북한이탈 주민	생활 만족도	취업, 가구소득 증가 자존감, 나이	북한학력

웰의 연구에서도 국가 간 차이는 있으나 인적자본투자와 사회적 자본이 주관적인 삶의 질을 결정하는 요인으로 분석되었다(Helliwell, 2003).

개인의 인구학적 특성과의 연계성을 찾아보면, 성별과 관련해서는 여성이 남성에 비해 생활만족도가 높게 나타나는 경우(Winkelmann, 2009)와 여성이 남성보다 생활만족도가 낮다는 결과가 상존한다(Ross and Willigen, 1997). 나이와 관련해서는 나이가 많아질수록 만족도가 높거나(Ross and Willigen, 1997; Var, Poyrazli and Grahame, 2013) 나이와 삶의 만족도 간에 U자 형태의 관계가 나타나기도 한다(Helliwell, 2003). 대부분의 연구에서 배우자가 있는 경우 이혼이나 사별한 경우에 비해 삶의 만족도가 유의하게 높았다(Helliwell, 2003; Glenn and Weaver 1981; Winkelmann, 2009; Var, Poyrazli and Grahame, 2013). 또한 건강을 유지하는 것도 생활만족도를 높이는 중요한 요인이다(Glenn and Weaver, 1981; Litwin, 2005).

북한이탈주민의 생활만족도에 대해서는 북한이탈주민지원재단(2011, 2012)과 서울시 여성가족재단(2009)의 실태조사가 있다. 이들 조사에서는 여성 북한이탈주민이 남한생활에 대해 대체로 만족하는 것으로 조사되었다(5점 기준 3.9~4.1점). 전우택 외(2006)의 연구에서는 취업자의 생활만족도가 미취업자에 비해 높았으며, 연령이나 노동당원 출신은 만족도와 마이너스 관계를 보였다. 설진배 · 송은희(2013)의 연구에서는 취업 이외에 가구소득과 자존감이 만족도를 높였으며 연령이 높을수록 만족도가 높은 반면, 북한학력이 높을수록 만족도가 상대적으로 낮았다.

2) 생활만족도 현황

여성 북한이탈주민의 남한생활 전반에 대한 만족도는 높은 편이다(〈표 4-17〉). 응답자의 70% 이상이 남한생활에 전반적으로 만족하고 있고, 만족도 점수는 4점 척도 기준으로 2.8점으로 만족에 가깝다. 응답자의 90% 가까이가 남한입국 직후와 비교하여 현재 생활 여건이 나아졌다고 인식

하고 있어, 경제적 여건의 개선이 생활만족도를 높이는 데 기여한 것으로 보인다.

남한에서의 사회경제적 지위와 탈북 전 북한에서의 사회경제적 지위에 대한 비교에서는 사회경제적 지위가 상승했다는 응답(22.7%)보다 사회경제적 지위가 하락했다는 응답(56.7%)이 월등히 많다. 이는 남한에서의 생활수준이 북한에서의 생활수준에 비해서는 훨씬 높아진 것이나 남한사회 내에서 일반국민과 비교하면 상대적으로 낮기 때문이다. 〈그림 4-2〉에서 알 수 있듯, 여성 북한이탈주민의 절반 이상이 남한사회에서 하위층에 속한다고 인식하고 있으며 극빈층이라는 응답도 10%가 넘는다. 남한에서 중위층 이상의 생활을 한다고 생각하는 여성 북한이탈주민은 약 15%에 불과하다. 이와 달리, 북한에서의 사회경제적 지위는 상위층이거나 중상위층이었다는 응답이 약 28%이고, 이들을 포함하여 중위층 이상이었다는 응답이 약 45%이며, 하위층 혹은 극빈층이었다는 응답

표 4-17 여성 북한이탈주민의 생활만족도와 생활 여건

변수	구분	인원(%)	평균(S.D)
남한생활 만족도[1]	매우 불만족	4 (1.4)	2.8 (0.6)
	불만족	70 (25.3)	
	만족	174 (62.8)	
	매우 만족	29 (10.5)	
입국 직후 대비 현재 생활 여건[2]	매우 좋아짐	54 (19.6)	
	약간 좋아짐	189 (68.5)	
	나빠짐[3]	33 (12.0)	
사회경제적 지위(SES) 변화	북한 SES 대비 상승	63 (22.7)	
	북한 SES와 동일	57 (20.6)	
	북한 SES 대비 하락	157 (56.7)	
N		277 (100)	

주: 1) 매우 불만족(1)~매우 만족(4).
2) 미상 1명 제외.
3) 약간 나빠짐 32명(11.6%), 매우 나빠짐 1명(0.4%).

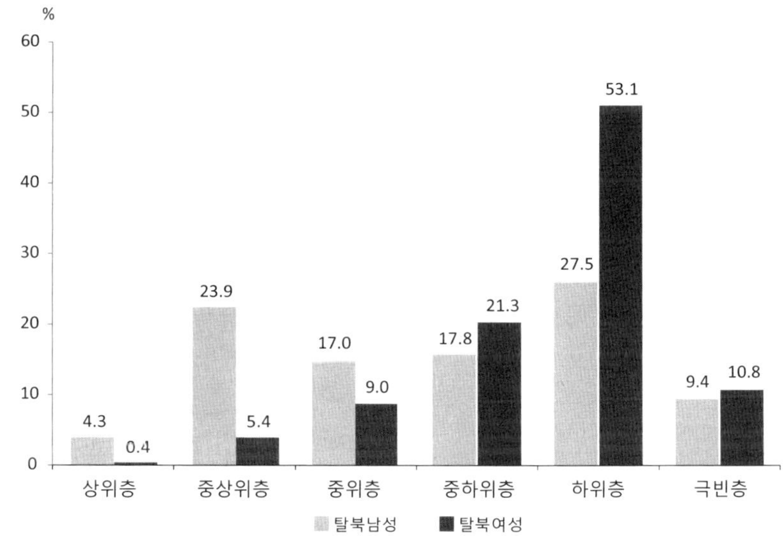

그림 4-2 여성 북한이탈주민의 사회경제적 지위

은 약 37%이다.

〈표 4-18〉은 여성 북한이탈주민의 인구학적 특성이나 인적자본과 같은 보유자원, 일자리특성, 사회경제적 지위에 따라 남한생활만족도가 어떻게 다른가를 보여주고 있다. 여성 북한이탈주민의 인구학적 특성으로는 건강상태와 혼인상태가 생활만족도와 유의한 상관관계를 보였다. 건강상태가 보통 이상이면 건강이 나쁜 경우에 비해 생활만족도가 유의하게 높았고, 혼인상태로 보면 남한 출신 배우자가 있는 기혼여성의 생활만족도가 가장 높고 별거·이혼·사별 등으로 배우자가 없는 기혼여성의 생활만족도가 가장 낮았다.

여성 북한이탈주민의 생활만족도는 인적자본과도 관련성이 높은데, 특기할 것은 북한에서의 인적자본은 남한생활만족도를 낮추는 반면 남한에서의 인적자본은 남한생활만족도를 높인다는 점이다. 북한학력이 전문대졸 이상인 집단은 전문대졸 미만인 집단에 비해 생활만족도가 낮은데, 이는 북한학력이 남한에서 인정받거나 경제적 기회로 이어지지 못함

표 4-18 여성 북한이탈주민의 특성별 생활만족도 비교: ANOVA 분석 (N = 277)

			만족도 평균 (S.D)	F값 (p-value)
일반적 특성	나이	25~39세	2.89 (0.63)	0.78
		40~49세	2.79 (0.64)	(0.46)
		50세 이상	2.79 (0.56)	
	건강상태	양호 · 보통	2.88 (0.65)	4.03 **
		나쁨	2.72 (0.55)	(0.04)
	혼인상태	미혼	2.90 (0.56)	6.53 ***
		북한(중국)배우자	2.89 (0.57)	(0.00)
		남한배우자	3.15 (0.66)	
		별거 · 이혼 · 사별	2.64 (0.63)	
	탈북 이유	경제적 이유	2.79 (0.62)	1.10
		비경제적 이유	2.87 (0.61)	(0.29)
인적 자본	북한학력	전문대졸 이상	2.70 (0.61)	4.97 **
		전문대졸 미만	2.88 (0.62)	(0.03)
	북한직업	전문기술직	2.82 (0.62)	0.22
		기타	2.78 (0.62)	(0.64)
	남한학력	있음	3.09 (0.60)	13.79 ***
		없음	2.75 (0.61)	(0.00)
	직업훈련	받음	2.85 (0.61)	1.06
		받지 않음	2.76 (0.62)	(0.03)
	억양 차이	없음 · 약함	2.90 (0.62)	9.57 ***
		차이 심함	2.66 (0.59)	(0.00)
	남한거주기간	5년 미만	2.78 (0.60)	0.94
		5년 이상	2.85 (0.64)	(0.33)
사회적 자본	남한친구	있음	2.88 (0.56)	3.14 *
		없음	2.75 (0.68)	(0.08)
	북한친구	있음	2.82 (0.59)	0.12
		없음	2.85 (0.74)	(0.73)
일자리 특성	직종	전문 · 사무직	2.98 (0.55)	1.60
		생산 · 서비스직	2.85 (0.61)	(0.21)
	고용형태	상용직	3.00 (0.56)	3.73 **
		임시 · 일용/자영업	2.81 (0.60)	(0.05)
	직장 내 북한 이탈주민	있음	2.89 (0.61)	0.01
		없음	2.90 (0.57)	(0.92)

			만족도 평균 (S.D)	F값 (p-value)
사회경제적 지위	북한 SES	중위층 이상	2.78 (0.65)	0.24
		중하위층	2.84 (0.55)	(0.79)
		하위층/극빈층	2.83 (0.66)	
	남한 SES	중위층 이상	3.43 (0.63)	19.84 ***
		중하위층	3.02 (0.54)	(0.00)
		하위층/극빈층	2.67 (0.60)	
	SES 변화	상승	2.97 (0.65)	2.45 *
		동일	2.82 (0.68)	(0.08)
		하락	2.76 (0.57)	

주: *** $p < 0.01$, ** $p < 0.05$, * $p < 0.1$.

으로써 상대적 박탈감이 더 큰 데 기인하는 것으로 보인다. 남한에서의 정규교육은 생활만족도를 유의하게 높인다. 억양 차이가 심하면 생활만족도가 낮은데, 이는 억양 차이가 남한주민과의 의사소통상의 장애나 문화적 차이로 인한 불이익을 초래할 수 있고 북한이탈주민에 대한 차별적 관행에도 노출되기 쉽기 때문인 것으로 풀이된다. 남한거주기간에 따른 만족도 차이는 유의하지 않았다. 사회적 자본으로는 남한친구와의 인적 네트워크가 생활만족도와 유의한 연관성을 보였고, 일자리특성으로는 상용직 여부가 생활만족도와 유의한 연관성을 보였다. 남한에서의 사회경제적 지위가 높을수록 생활만족도가 높으며, 북한에서의 사회경제적 지위보다 남한에서의 지위가 상승했을 경우 생활만족도가 유의하게 높았다.

3) 생활만족도 결정요인

(1) 분석방법 및 기초통계

여성 북한이탈주민의 남한생활만족도 결정요인 분석은 식 (3)에 기초한다. 즉, 여성 북한이탈주민의 남한생활 전반에 대한 만족도(Y)는 나이나 건강상태와 같은 개인의 일반적 특성(X), 북한 및 남한에서 축적한 인적

자본(HC), 그리고 남한에서의 사회적 자본(SC)에 의해 결정된다. 이 외에 북한이탈주민 지원제도의 수혜 경험(Q) 및 직업이나 소득(Z)도 여성 북한이탈주민의 생활만족도에 영향을 미치는 요인들이다. ε은 오차항을 나타낸다. 남한생활 전반에 대한 만족도는 '매우 불만족'에서 '매우 만족'까지 4점 척도 점수로 측정한 것으로, 식 (3)의 추정에는 순위로짓모형(ordered logit model)을 사용했다.

$$Y = \alpha + X'\beta + HC'\gamma + SC'\delta + Q'\zeta + Z'\theta + \varepsilon \qquad (3)$$

여성 북한이탈주민의 생활만족도에 영향을 미치는 변수로서 여성 북한이탈주민의 일반적 특성과 인적자본 및 사회적 자본은 앞서 취업 및 소득 결정요인 분석에 사용된 변수들과 기본적으로 같다. 개인의 일반적 특성에는 나이와 건강상태, 혼인상태, 탈북 이유가 포함되며, 취업함수에 포함되었던 미성년자녀 변수는 생활만족도와는 직접적인 연관관계가 낮아 제외하였다. 북한에서 축적한 인적자본으로 북한학력, 북한직업, 장마당에서의 장사 경험이 포함되고, 남한에서 새로이 축적한 인적자본으로 남한학력과 직업훈련 경험, 억양 차이와 남한거주기간이 포함된다. 사회적 자본에는 남한 출신 친구와 북한 출신 친구가 각각 포함된다.

취업함수나 소득함수에는 포함되지 않았으나 생활만족도 결정요인으로 포함된 변수로서 북한이탈주민 지원제도는 생계급여와 의료급여, 정착도우미, 보호담당관을 통한 지원 활용 여부를 각각 더미변수로 포함한다. 여성 북한이탈주민 취업자의 일자리특성 변수에는 직업과 근로시간 및 주말근로 여부가 포함된다. 생활만족도 추정식에는 경제적 적응 변수와의 연관성 분석을 위해 가구소득이 포함된다.

〈표 4-19〉에는 생활만족도 추정식에 포함된 변수들의 측정방법과 기초통계가 제시되어 있다. 여성 북한이탈주민의 일반적 특성과 인적자본 및 사회적 자본은 앞서의 취업함수 및 소득함수의 경우와 같다. 생활만족

표 4-19 여성 북한이탈주민의 생활만족도 결정요인: 기초통계

변수		측정방법	인원 (%)	평균 (S.D)
종속 변수	생활만족도	4점 척도 점수 [매우 불만족(1)~매우 만족(4)]		2.8 (0.6)
일반적 특성	나이	만 나이(세)		42.7 (7 7)
	건강상태(나쁨)	1 = 나쁨	97 (35.0)	
		0 = 양호 · 보통	180 (65.0)	
	북한(중국)배우자	1 = 북한(중국)배우자 0 = 기타	91 (32.8)	
	남한배우지	1 = 남한배우자 0 = 기타	27 (9.8)	
	별거 · 이혼 · 사별	1 = 별거 · 이혼 · 사별 0 = 기타	106 (38.3)	
	탈북 이유(경제적)	1 = 경제적 이유	162 (58.5)	
		0 = 정치적, 가족동반, 기타	115 (41.5)	
인적 자본	북한학력(전문대)	1 = 전문대졸 이상	87 (31.4)	
		0 = 전문대졸 미만	190 (68.6)	
	북한직업(전문직)	1 = 당간부, 군인, 예술, 전문, 사무원	106 (38.3)	
		0 = 농민, 노동자, 학생, 무직	171 (61.7)	
	장사 경험	1 = 있음	175 (63.2)	
		0 = 없음	102 (36.8)	
	남한학력	1 = 정규교육 이수	58 (20.9)	
		0 = 정규교육 미이수	219 (79.1)	
	직업훈련	1 = 받음	202 (72.9)	
		0 = 받지 않음	75 (27.1)	
	억양 차이(심함)	1 = 차이 심함	87 (31.4)	
		0 = 차이 없거나 약함	190 (68.6)	
	남한거주기간	조사기준일 – 남한입국일(개월)		69.1 (36.5)
사회적 자본	남한친구	1 = 있음	153 (55.2)	
		0 = 없음	124 (44.8)	
	북한친구	1 = 있음	218 (78.7)	
		0 = 없음	59 (21.3)	

변수		측정방법	인원 (%)	평균 (S.D)
지원제도	생계급여	1 = 활용 0 = 미활용	242 (81.4) 35 (12.6)	
	의료급여	1 = 활용 0 = 미활용	235 (84.8) 42 (15.2)	
	정착도우미	1 = 활용 0 = 미활용	161 (58.1) 116 (41.9)	
	보호담당관	1 = 활용 0 = 미활용	226 (81.6) 51 (18.4)	
직업/ 소득	전문 · 사무직	1 = 전문 · 사무직 0 = 생산 · 서비스직	50 (35.0) 93 (65.0)	
	근로시간	주중 평균근로시간(주말 제외)		40.1 (10.2)
	주말근로	1 = 있음 0 = 없음	40 (28.0) 103 (72.0)	
	가구소득	총가구소득 구간평균의 로그값		2.6 (2.3)
		N	277 (100)	

주: 일자리특성은 취업자 대상임.

도 추정식에 새로 추가된 지원제도 수혜 경험을 살펴보면, 생계급여와 의료급여 수혜 경험이 가장 많고, 보호담당관의 도움을 받은 경험도 80%가 넘었으나 정착도우미 활용도는 상대적으로 낮았다. 여성 북한이탈주민 취업자의 일자리특성을 살펴보면 65%가 생산직이나 서비스직에 종사하며, 주중 평균근로시간은 약 40시간이고 28%가 주말근로를 하고 있다.

(2) 분석결과

남한생활만족도의 결정요인 분석결과는 〈표 4-20〉과 같다. 모형 (1)은 여성 북한이탈주민의 일반적 특성과 인적자본 및 사회적 자본을 설명변수로 사용한 기본모형이다. 모형 (2)는 여기에 북한이탈주민 지원제도의 수혜 경험을 포함하였고, 모형 (3)은 여성 북한이탈주민의 취업 여부를 추가한 것이다. 모형 (4)는 여성 북한이탈주민의 취업 여부 대신 일자리특성으로서 전문직 · 사무직 더미변수와 주중 평균근로시간, 주말근로 여

부를 추가한 것으로, 취업자만을 대상으로 분석하였다. 모형 (5)는 모형 (2)에 취업변수 대신 가구소득을 추가하여, 여성 북한이탈주민의 인구학적 특성이나 인적자본 등을 통제했을 때 가구소득이 생활만족도에 어떤 영향을 미치는가를 분석한 것이다.

모형 (1)의 분석결과를 살펴보면, 여성 북한이탈주민의 남한생활만족도에 유의한 영향을 미치는 변수는 혼인상태와 남한학력 및 억양 차이다. 미혼여성에 비하여 별거·이혼·사별 등으로 배우자가 없는 기혼여성의 만족도가 유의하게 낮으며, 남한 출신 배우자가 있는 기혼여성의 만족도가 가장 높기는 하나 통계적 유의성은 없다. 여성 북한이탈주민 중 상당수가 탈북과정에서 혹은 남한생활 중에 이혼이나 사별을 경험하는데, 이로 인한 경제적 타격이나 심리적 상실이 생활만족도 저하로 이어지는 것이다. 남한에서의 정규교육은 생활만족도를 유의하게 높인다. 억양 차이가 심하면 생활만족도가 낮은데, 이는 북한이탈주민에 대한 실질적인 차별의 존재 여부와는 별도로 본인 스스로의 자신감이나 적극성 등이 낮아지는 데에도 원인이 있을 것으로 보인다.

모형 (1)에 다른 변수들을 추가해도 위의 분석결과에는 차이가 없다. 모형 (2)에서는 북한이탈주민 지원제도의 수혜 경험을 추가하였는데, 높은 수혜율과는 대조적으로 지원제도 수혜 경험이 생활만족도를 높이는 데에는 기여하지 못하는 것으로 나타난다. 특히 보호담당관제도의 경우에는 이용 경험이 생활만족도를 오히려 낮추는 것으로 나타난다. 이는 거주지보호담당관이나 취업보호담당관의 도움을 받게 되는 경우 사회에 잘 적응하지 못하거나 미취업상태인 경우가 많고, 신변보호담당관의 경우 이를 부담스러워하거나 신변보호활동이 사생활침해 등으로 이어질 수 있기 때문으로 보인다. 모형 (3)에서는 모형 (2)에 취업 여부를 추가하였는데, 여성 북한이탈주민의 일반적 특성과 인적자본 및 사회적 자본, 지원제도 수혜 경험을 통제하고 나면 취업 여부가 생활만족도에 통계적으로 유의한 영향을 미치지는 못했다.

표 4-20 여성 북한이탈주민의 생활만족도 결정요인: 순위로짓분석

	(1)	(2)	(3)	(4)	(5)
일반적 특성					
나이	0.004	0.040	0.008	-0.205	0.080
	(0.160)	(0.162)	(0.164)	(0.296)	(0.169)
나이제곱항[1)]	0.028	-0.014	0.022	0.297	-0.061
	(0.181)	(0.183)	(0.185)	(0.343)	(0.192)
건강상태(나쁨)	-0.148	-0.180	-0.129	-0.311	-0.242
	(0.290)	(0.295)	(0.298)	(0.494)	(0.305)
북한(중국)배우자	0.033	0.021	0.007	0.511	0.165
	(0.382)	(0.384)	(0.384)	(0.603)	(0.422)
남한배우자	0.537	0.483	0.456	1.222	0.671
	(0.550)	(0.551)	(0.554)	(0.778)	(0.597)
별거 · 이혼 · 사별	-0.930 **	-1.048 ***	-1.037 ***	-1.049 *	-1.018 **
	(0.379)	(0.385)	(0.385)	(0.628)	(0.386)
탈북 이유(경제적)	-0.268	-0.280	-0.285	-0.829 *	-0.284
	(0.270)	(0.272)	(0.273)	(0.437)	(0.273)
인적자본					
북학학력(전문대)	-0.063	-0.056	-0.057	-0.001	-0.055
	(0.089)	(0.091)	(0.090)	(0.124)	(0.091)
북한직업(전문직)	-0.451	-0.401	-0.435	-0.844 *	-0.388
	(0.313)	(0.316)	(0.318)	(0.462)	(0.316)
장사 경험	-0.257	-0.186	-0.219	-0.154	-0.134
	(0.285)	(0.287)	(0.288)	(0.461)	(0.294)
남한학력	1.168 ***	1.251 ***	1.199 ***	1.328 **	1.303 ***
	(0.353)	(0.361)	(0.365)	(0.545)	(0.367)
직업훈련	0.187	0.162	0.211	-0.630	0.135
	(0.297)	(0.299)	(0.302)	(0.474)	(0.300)
억양 차이(심함)	-0.723 **	-0.753 ***	-0.740 **	-0.497	-0.781 ***
	(0.288)	(0.292)	(0.292)	(0.475)	(0.294)
남한거주기간	-0.014	-0.016	-0.018	-0.014	-0.014
	(0.013)	(0.013)	(0.013)	(0.023)	(0.013)
남한거주기간 제곱항[2)]	0.009	0.011	0.012	0.007	0.010
	(0.008)	(0.009)	(0.009)	(0.014)	(0.009)

	(1)	(2)	(3)	(4)	(5)
사회적 자본					
남한친구	0.135	0.133	0.106	0.409	0.131
	(0.295)	(0.300)	(0.301)	(0.468)	(0.300)
북한친구	-0.373	-0.482	-0.468	-0.438	-0.482
	(0.347)	(0.356)	(0.357)	(0.556)	(0.356)
지원제도					
생계급여		0.097	0.125	0.328	0.081
		(0.539)	(0.541)	(0.703)	(0.538)
의료급여		0.461	0.451	1.112	0.461
		(0.520)	(0.521)	(0.752)	(0.519)
정착도우미		0.171	0.169	0.327	0.159
		(0.301)	(0.302)	(0.456)	(0.301)
보호담당관		-0.915 **	-0.923 **	-0.930	-0.903 **
		(0.382)	(0.383)	(0.605)	(0.382)
직업/소득					
취업			0.313		
			(0.274)		
전문 · 사무직				-0.004	
				(0.467)	
근로시간				-0.018	
				(0.022)	
주말근로				-0.873 *	
				(0.469)	
가구소득					-0.191
					(0.232)
N	277	277	277	143	277
Log Likelihood	-236.18	-232.70	-232.04	-105.94	-232.35
LR χ^2	46.82***	53.77***	55.08***	41.86**	54.45***
Pseudo R^2	0.09	0.10	0.11	0.17	0.11

주: 1) 나이제곱/100.
2) 남한거주기간제곱/100.
3) ( ) 안은 표준오차.
4) 모형(4)는 취업자만을 대상으로 함.
5) *** $p < 0.01$, ** $p < 0.05$, * $p < 0.1$.

모형 (4)는 취업자만을 대상으로 일자리특성이 생활만족도에 미치는 영향을 분석한 것이다. 주중 근로시간은 생활만족도에 영향을 미치지 않았으나 주말근로는 생활만족도를 유의하게 낮추는 것으로 확인되어, 여성 북한이탈주민 취업자의 삶의 질에 일과 가정생활의 균형이 중요한 문제라는 것을 알 수 있다. 또한 모형 (1)~모형 (3)의 분석결과와 달리, 경제적 이유로 탈북한 집단이 비경제적 이유로 탈북한 집단에 비해 생활만족도가 유의하게 낮았는데, 이는 남한에서 기대만큼의 생활수준을 영위하지 못하는 데 따른 괴리감을 반영하는 것으로 보인다. 북한에서 전문직에 종사했던 여성 북한이탈주민의 생활만족도가 상대적으로 낮은 것도 동일한 맥락에서 이해할 수 있다. 억양 차이는 여성 북한이탈주민 전체의 생활만족도에는 유의한 영향을 미쳤으나 취업자 집단의 생활만족도에는 유의한 영향을 미치지 않았으며, 의료급여 수혜 경험도 취업자 집단에서는 생활만족도에 영향을 미치지 않았다.

모형 (5)는 여성 북한이탈주민 전체를 대상으로 취업 관련 변수 대신 가구소득을 포함하여 그 영향을 보고자 한 것이다. 분석결과, 가구소득이 생활만족도에 미치는 추가적인 영향력은 유의하지 않으며, 가구소득을 포함하더라도 모형 (1)~모형 (3)의 분석결과와 유의한 차이가 없다. 별거·이혼·사별의 경우 미혼에 비해 만족도가 낮고, 남한에서 정규교육을 이수하면 만족도가 높으며, 억양 차이가 심하면 만족도가 낮고, 보호담당관제도의 이용 경험이 있으면 만족도가 낮다.

4. 맺음말

여성 북한이탈주민의 경제적 적응을 취업과 소득 측면에서 분석한 결과는 다음과 같이 요약할 수 있다. 취업 측면에서 보면, 취업자 중에서도 일용·임시직과 생산·서비스직의 비중이 높아 여성 북한이탈주민의 고용

안정성이 낮고 저임금·단순직에 집중되어 있음을 확인할 수 있다. 이 때문에 취업자의 근로소득도 낮다. 여성 북한이탈주민 취업자의 월평균 근로소득은 111만 원이며, 취업자와 미취업자를 모두 포함한 여성 북한이탈주민의 평균 가구소득은 135만 원 수준이다. 이에 비해 남한생활 전반에 대한 만족도는 높은 편으로, 여성 북한이탈주민의 70% 이상이 남한생활에 만족한다고 응답하였고, 4점 척도 점수로는 2.8점으로 '만족'(3점)에 가까웠다.

여성 북한이탈주민이 경제적 적응에 영향을 미치는 요인을 영역별로 비교해보면(〈표 4-21〉), 취업과 소득에 공히 영향을 미치는 요인은 여성 북한이탈주민의 나이와 건강상태, 그리고 남한학력과 남한거주기간과 같은 남한에서 축적한 인적자본이다. 특히 남한학력은 취업이나 소득뿐 아니라 남한생활 전반에 대한 만족도까지 높이는 역할을 한다. 즉, 남한에서의 정규교육은 취업확률, 특히 전문직이나 사무직 취업확률을 높이며 근로소득과 가구소득을 높임으로써 여성 북한이탈주민의 경제적 적응을 촉진하는 매우 중요한 요인이며, 주관적 생활만족도까지 높이는 효과가 있다. 여성 북한이탈주민의 나이와 남한거주기간 또한 일정연령이나 일정기간까지 취업확률과 소득수준을 높이며, 건강상태도 취업과 소득수준에 영향을 미치는 중요한 요인이다. 취업이나 소득 결정요인들은 남한학력을 제외하고는 생활만족도에 유의한 영향을 미치지 못하는데, 이는 생활만족도는 주관적 측면이 강하여 경제적 변수 이외에 다양한 요인이 복합적으로 작용하기 때문이다. 여성 북한이탈주민의 생활만족도에는 별거·이혼·사별로 인한 배우자의 상실과 주말근로가 가장 큰 영향을 미치고 있어 가족관계의 중요성을 알 수 있다.

여성 북한이탈주민의 일반적 특성과 인적자본 등 요인별로 경제적 적응과의 관계를 정리하면 다음과 같다. 첫째, 일반적 특성 중에서 나이는 취업확률과 전문·사무직 취업확률, 개인 근로소득 및 가구소득을 높이는 효과가 있는데, 이러한 효과는 모형에 따라 차이가 있기는 하나 대체

표 4-21 여성 북한이탈주민의 경제적 적응 결정요인: 비교표

	취업	직업		소득[1]		생활 만족도
		전문 · 사무직	생산 · 서비스직	근로소득	가구소득	
일반적 특성						
나이[2]	+(−)	+(−)	+(−)	+(−)	+(−)	
건강상태(나쁨)	−	−		−	−	
북한(중국)배우자					+	
남한배우자					+	
별거 · 이혼 · 사별						−
미성년자녀	−		−			
탈북 이유(경제적)[3]						−
인적자본						
북학학력(전문대)						
북한직업(전문직)[3]						−
장사 경험		+			+	
남한학력	+	+		+	+	+
직업훈련	−		−		−	
억양 차이					−	−
남한거주기간[2]	+(−)	+(−)	+(−)	+(−)	+(−)	
사회적 자본						
남한친구						
북한친구						
지원제도						
생계급여						
의료급여						
정착도우미						
보호담당관						−
직업/소득						
취업						
고용형태(상용직)				+		
전문 · 사무직						
근로시간				+		
근속기간						
주말근로						−
가구소득						

	취업	직업		소득[1]		생활 만족도
		전문 · 사무직	생산 · 서비스직	근로소득	가구소득	
N	277	277		143	277	277
Pseudo R^2	0.13	0.16		0.21	0.48	0.17

수: 1) 소득 결정요인은 순위로짓 분석결과 기준.
2) ( ) 안은 제곱항의 부호.
3) 탈북 이유와 북한직업이 생활만족도에 미치는 영향은 취업자집단에서만 유의.
4) +는 긍정적 효과, -는 부정적 효과, 빈칸은 유의하지 않음. ▒ 는 해당 없음 표시.

로 40~45세 전후까지 유지된다. 건강상태는 취업확률과 전문 · 사무직 취업, 근로소득 및 가구소득에 영향을 미치고 있어, 여성 북한이탈주민의 경제적 적응을 위해서는 건강에 대한 지원이 필요함을 알 수 있다. 혼인상태는 가구소득에 영향을 미치는데, 북한이나 중국 출신 배우자 가구보다 남한 출신 배우자 가구의 소득이 더 높다. 또한 별거 · 이혼 · 사별로 배우자가 없는 기혼여성의 생활만족도가 다른 집단에 비해 유의하게 낮다. 미성년자녀의 존재는 전문 · 사무직 취업에는 유의한 영향이 없으나 생산직이나 서비스직 등 취약계층이 주로 취업하는 직종에서의 취업확률을 낮춘다는 점에서, 미취학 아동에 대한 보육지원서비스의 강화가 특히 저소득층 북한이탈주민의 경제적 적응에 도움이 될 것으로 보인다. 취업자 집단으로 한정하면 경제적 이유로 탈북한 경우 생활만족도가 상대적으로 낮은데, 이는 기대에 미치지 못하는 남한에서의 생활수준에 실망감이 더 크기 때문으로 해석된다.

둘째, 북한에서의 인적자본은 여성 북한이탈주민의 경제적 적응에 유의한 영향을 미치지 못한다. 북한에서의 학력이나 직업은 남한에서의 취업이나 소득수준과 연계되지 못하며, 북한에서 전문직이었다가 남한에서 취업한 경우 생활만족도가 상대적으로 낮았다. 반면 북한에서의 장사 경험은 전문 · 사무직 취업 및 가구소득에 유의한 영향을 미쳐서, 학력이나 직업보다는 장사를 통한 현장 경험이나 시장경제에 대한 이해 등이 남한

사회에서의 적응력을 높이는 데 도움이 된 것으로 보인다. 북한에서의 학력이나 직업이 남한에서의 취업이나 소득으로 연결되지 못하는 것은 교육시스템이나 노동시장구조의 차이 등으로 어느 정도 불가피한 측면이 있기는 하나, 개인적인 상실감과 사회적인 낭비를 초래하는 것도 사실이다. 따라서 전문성을 가진 북한이탈주민에 대해서는 남한사회에서 경력이 활용될 수 있도록 진단과 지원이 필요하다.

셋째, 남한에서의 인적자본 축적은 여성 북한이탈주민의 경제적 적응을 촉진하는 효과가 있다. 특히 남한학력은 취업확률과 전문·사무직 취업, 개인 근로소득 및 가구소득을 높일뿐더러 생활만족도까지 높이는 효과가 있어, 대학입학에서 졸업 후 진로에 이르기까지 체계적인 지원이 필요하다. 남한거주기간으로 대변되는 전반적인 적응력과 숙련도 또한 취업확률을 높이고 소득을 증대시키는 효과를 가지는데, 이러한 효과는 대략 7~8년을 정점으로 낮아진다. 반면 남한에서의 직업훈련 경험은 취업이나 소득증대에 도움이 되지 못할뿐더러 생산직이나 서비스직 등 단순직 취업과는 오히려 마이너스의 관계를 보였다. 이는 현행 직업훈련제도나 지원금제도가 여성 북한이탈주민의 취업을 촉진하는 역할을 효과적으로 수행하지 못하고 있음을 의미한다. 따라서 그 원인에 대한 정밀분석을 토대로 직업훈련의 실효성을 높일 수 있는 대안을 강구해야 한다. 남한주민과의 억양 차이가 심할수록 가구소득이나 생활만족도가 낮다는 점에서, 북한이탈주민의 언어능력이나 자신감을 키워줄 수 있는 교육훈련의 필요성도 제기된다.

넷째, 콜맨의 논의에서처럼 사회적 자본은 여성 북한이탈주민의 취업확률이나 소득수준을 높일 것으로 기대하였으나(Coleman, 1988), 본 연구에서 사회적 자본의 효과는 유의하지 않았다. 즉, 취업이나 소득수준에 있어 남한 출신과의 인적 네트워크는 대체로 긍정적 효과를 갖고 북한이나 중국 출신과의 인적 네트워크는 부정적 효과라는 방향성을 갖기는 하나 통계적 유의성은 나타나지 않았다. 북한이탈주민에 대한 정부의 지원

제도가 생활만족도에 미치는 영향 분석에서는 의료급여 수혜 경험이 생활만족도와 마이너스 관계를 보였고 생계급여 등 다른 지원제도와의 연계성은 낮았다. 이는 의료급여제도 자체가 생활만족도를 낮춘다기보다는 건강상의 문제가 있는 저소득계층이 주로 의료급여의 혜택을 받기 때문으로 풀이된다. 그러나 정착도우미나 보호담당관제도 등의 효과가 낮은 것은 제도설계 및 운영상의 개선이 필요함을 시사한다.

다섯째, 일자리특성이 근로소득이나 생활만족도에 미치는 영향 분석에서는 상용직 취업이 임시 · 일용직이나 자영업에 비해 근로소득을 높이는 효과가 있었고, 주말근로가 생활만족도를 유의하게 낮췄다. 상용직 일자리는 대부분 고용안정성이 높은 양질의 일자리로서 일정수준의 숙련도를 요하는 경우가 많아, 여성 북한이탈주민의 상용직 취업을 위해서는 정규교육기회 확대와 직업훈련의 실효성 제고 그리고 취업과의 연계 강화 등이 필요하다.

제5장

여성 북한이탈주민의 소비생활과 적응

1. 여성 북한이탈주민의 소비지출행태

1) 경제적 적응과 소비지출행태

경제적 적응을 취업이나 소득획득, 소비와 같은 경제활동 전반에 대한 적응과 자립이라고 할 때, 북한이탈주민의 소득창출 활동뿐 아니라 주어진 소득을 가지고 소비생활을 어떻게 하는지 주목해볼 필요가 있다. 개인이나 가계는 소비지출을 통하여 자신과 가구원의 욕구를 충족하고 기대하는 생활양식을 달성하기 때문이다. 그러나 북한이탈주민의 경제적 적응에 관한 선행연구들은 대부분 소득이나 취업에 주목하였고, 이들이 주어진 소득을 가지고 어느 정도의 소비수준을 영위하며 어떻게 사용하는지에 대한 관심은 부족하였다. 만족스러운 소비생활과 삶의 질을 영위하는 것이 취업과 소득획득의 궁극적인 목표라고 할 때, 이들이 실질적으로 소비생활을 어떻게 하는가는 매우 중요하다. 김병욱·김영희(2011)의 연구에서는 여성 북한이탈주민의 월평균 가계소비지출이 월평균 가계소득보다 많은 것으로 나타났는데, 소득에 대한 응답의 신뢰성에 문제가 있다고 보

고 가계소비지출 금액을 실제 소득으로 간주하였다. 이처럼 소비수준은 북한이탈주민의 생활수준을 좀더 명확하게 드러내는 지표이기도 하다.

여성 북한이탈주민의 소비지출행태를 파악하기 위해서는 이들의 일반적인 소비지출항목과 전반적인 경제상황, 그리고 생활상의 문제 요인 등을 이해해야 한다. 북한이탈주민은 정착 초기에 주로 국가의 보조를 받아 거주지를 마련한다(정병호 · 전우택 · 정진경, 2006; 북한이탈주민지원재단, 2010). 대부분의 북한이탈주민이 임대아파트에 거주하나 일부 북한이탈주민은 자녀교육이나 직장문제 등으로 국가에서 마련해주는 임대아파트를 떠나 생활하는 경우도 증가하고 있다(정병호 · 전우택 · 정진경, 2006). 그러나 본인 소유의 주택을 마련할 정도의 경제력을 갖추기는 어려워 임대아파트를 떠난 경우 대부분 공동 또는 단독 주택에 세입자로 거주하게 된다(북한이탈주민지원재단, 2010). 주거비가 필수지출항목으로 큰 부담을 줄 수 있는 한편, 북한이탈주민이 제3국을 거쳐서 탈북한 경우 중개인 비용을 지불해야 하거나, 북한에 남아 있는 가족들에게 대북송금을 하는 경우의 경제적 부담도 있다(손상희, 2013). 또한 여성 북한이탈주민은 건강상태가 전반적으로 좋지 않은 것으로 보고되고 있다(정병호 · 전우택 · 정진경, 2006; 전우택 외, 2009; 북한이탈주민지원재단, 2010). 북한거주기간이나 탈북기간 동안의 외상적 경험으로 인해 건강을 해치는 경우가 많고(장명선 · 이애란, 2009), 남한에서 생활하는 중에 질병이 발생하는 경우도 많다(정병호 · 전우택 · 정진경, 2006). 이는 취업이나 소득확보 측면뿐 아니라 소비생활에도 영향을 미칠 것으로 판단된다.

여성 북한이탈주민의 소비지출 실태를 조사한 연구들에서는 다수의 여성 북한이탈주민이 경제적 어려움을 겪으면서 식비, 주거비 지출과 같은 필수지출항목조차 큰 부담으로 작용하는 것으로 나타났다. 장명선 · 이애란(2009)에 따르면, 조사대상이 된 서울시 여성 북한이탈주민의 약 59%가 생활하기에 소득이 부족하다고 답하였는데, 11~12%는 돈이 없어서 병원에 갈 수 없었고 집세를 미루거나 집세를 낼 수 없어서 집을 옮

긴 어려움을 경험하였다. 4~6%의 여성 북한이탈주민은 연료가 없어서 겨울에 난방을 하지 못하거나 전기, 수도 등이 끊기는 극단적인 위기 경험까지 한 것으로 나타났다. 이러한 위기 경험은 젊은 연령층과 취업자에게 더 높은 것으로 나타났다. 또한 응답자의 1/3 이상이 건강이 나쁘다고 응답하였으나 경제적인 이유로 질병치료를 포기한 경험을 한 경우도 많았고, 의료보호의 자격상실 때문에 적극적인 취업을 주저하는 경우도 많은 것으로 나타났다.

김병욱 · 김영희(2011)의 연구에서는 소비지출 중에서 식, 의, 주에 해당하는 기본생활비 비중이 가장 높았는데, 그중에서도 식비의 비중이 남한가계의 두 배에 가까울 정도로 필수재에 치중하고 있음을 지적하였다. 또한 정착기간에 따라 소비지출행태가 다르게 나타났는데, 정착 초기집단에서 식비의 비중이 가장 높았고, 정착 장기집단은 초기나 중기 집단에 비해 교통비와 금융서비스의 비중이 높았다.

이들의 소비지출의 제한성과 더불어 저축의 부족도 지적되고 있다. 선행연구들(장명선 · 이애란, 2009; 김병욱 · 김영희, 2011)에서 북한이탈주민의 30~40% 정도만 저축을 하고 있는 것으로 나타났다. 저축사유는 주택자금 마련, 노후생활 대비, 교육비 마련 등이었다. 7~14% 정도가 부채가 있었으며, 주택마련, 대북송금, 입국경비 등으로 부채를 갖게 된 것으로 나타났다.

이러한 선행연구들은 여성 북한이탈주민의 소비지출행태의 특성 및 소비의 제한성을 전체적으로, 또한 정착기간, 혼인상태, 동거가족 수, 자녀수, 직업 유무, 가계소득, 연령 등에 따라 파악함으로써, 이들의 소비생활에 대한 이해를 돕고 정책방안을 모색하였다는 점에서 의의가 있다. 그러나 대다수가 실태조사 중심의 연구로서 아직까지는 현황 파악에 치우쳐 있는 수준이어서, 다양한 변인에 대한 통계적 검증과 통합적 분석은 극히 제한적이다. 이에 본 연구에서는 대략적인 소비지출 현황을 살펴본 다음, 소비수준과 저축 및 부채의 결정요인을 통합적으로 분석한다.

2) 소비지출 현황

(1) 주요 소비지출 수준

〈표 5-1〉과 〈그림 5-1〉에서 여성 북한이탈주민 가구의 월 생활비 평균값과 분포를 살펴보면, 여성 북한이탈주민 가구의 월평균 생활비는 100만 원을 약간 상회하는 수준이며, 응답자의 절반 정도가 월평균 100만 원 미만의 생활비를 지출하는 것으로 나타난다. 응답자의 25%가 월평균 100~150만 원 규모로 생활하고 있고, 월평균 생활비가 150만 원 이상인 가구가 25%를 차지한다. 북한이탈주민지원재단(2011) 조사에서는 가구당 월평균 생활비가 100만 원 이하인 가구가 전체의 70% 정도인 것으로 나타난 바 있다.

〈표 5-1〉에 의하면, 여성 북한이탈주민 가구의 46%가 저축을 하고 있고 73%가 보험에 가입하고 있다. 여성 북한이탈주민 가구의 20%는 부채를 지고 있고 30% 정도가 대북송금을 하고 있다. 지출액 평균을 살펴보면, 저축 및 보험 관련 지출은 43만 원, 부채가 있는 경우 이를 상환하기 위한 비용은 38만 원, 그리고 북한의 가족들을 위한 대북송금 비용은 20만 원이다. 월평균 생활비가 100만 원 정도로 통계청에서 조사·발표한 2011년도 가계소비지출 평균액 240만 원의 절반 이하임에도 불구하고, 생활비에 비해 부채상환이나 대북송금 등 필수적인 지출경비가 많아 여성 북한이탈주민 가구의 제한된 경제상황을 짐작하게 한다. 저축 및 보험 비용 역시 생활비와 대비하여 높은 수준이다.

보험은 위험요소가 다분한 북한이탈주민의 남한사회 적응에 장기적으로 매우 고무적인 부분이며, 향후 북한이탈주민을 위한 특수화된 소비자교육 프로그램에서 고려되어야 할 금융 리터러시(literacy)의 주요한 영역이다. 그러나 과도한 보험지출은 현재의 소비생활을 지나치게 희생시킬 수 있으므로 효과적이고도 효율적인 보험관리 설계가 중요하다. 보험소비에 관한 세부적인 분석(〈표 5-2〉)에 따르면, 4대 보험을 제외하고 본인

표 5-1 생활비, 저축, 보험, 부채, 대북송금 지출

	구분	인원 (%)	평균 (S.D)
생활비	월평균 생활비		103만 원 (61만 원)
저축	있음	128 (46.0)	43만 원 (49만 원)
	없음	150 (54.0)	
보험	있음	204 (73.4)	
	없음	74 (26.6)	
부채	있음	55 (19.8)	38만 원
	없음	223 (80.2)	(37만 원)
대북송금	있음	83 (29.9)	20만 원
	없음	195 (70.1)	(17만 원)

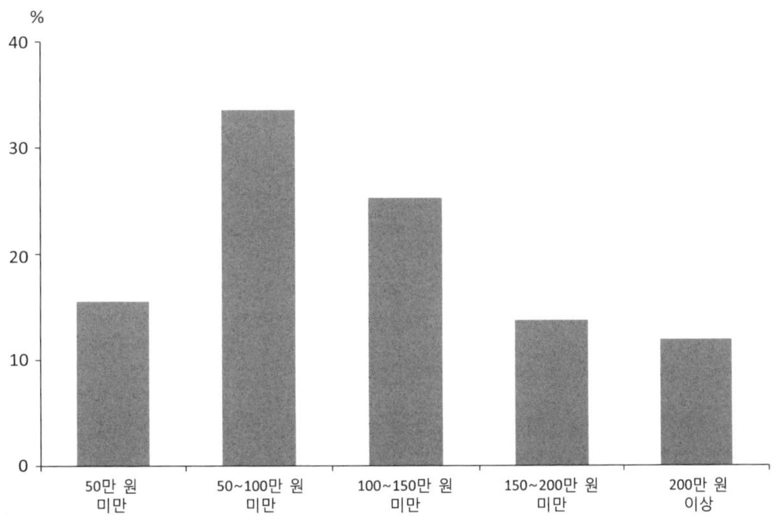

그림 5-1 여성 북한이탈주민 가구의 월 생활비

을 포함하여 가족이 가입한 보험은 평균 1.8개이며, 본인을 포함한 가정의 한 달 평균 보험료 납입액은 22만 원이다. 대부분의 여성 북한이탈주민이 2개 이하의 보험을 보유하고 있으나 5개 이상의 보험에 가입한 경우도 9.8%에 달한다. 또한 여성 북한이탈주민의 12%가 월 50만 원 이상

표 5-2 보험소비

	구분	인원(%)	평균(S.D)
보험보유 개수 (4대 보험 제외)	없음	74(26.6)	1.8개(1.81개)
	1~2개	134(48.2)	
	3~4개	43(15.4)	
	5개 이상	27(9.8)	
월 보험료 지출	없음	74(14.6)	22만 원(25.2만 원)
	10만 원 미만	37(15.5)	
	10~20만 원 미만	57(23.9)	
	20~30만 원 미만	44(18.4)	
	30~50만 원 미만	37(15.5)	
	50만 원 이상	29(12.1)	
N		278(100)	

의 과도한 보험료를 지출하고 있다.

소비지출 비목을 세부적으로 살펴보면, 여성 북한이탈주민 가구의 주요 소비지출 비목으로는 주거비가 압도적인 것으로 나왔는데, 이는 남한사회에서의 기본적인 정착을 위해 주거 관련 비용이 소비의 상당부분을 일차적으로 점유하고 있음을 보여준다. 또한 많은 응답자들이 식비와 교통비 같은 필수지출 비목보다도 통신비의 비중이 크다고 보고하였는데, 이는 북한이탈주민재단(2011)의 조사에서 주거비 다음으로 식비의 지출이 많았던 것과는 차이가 있다. 통신비의 비중이 이처럼 높은 것은 여성 북한이탈주민이 남한사회에서의 단절감을 해소하는 수단이자 적극적으로 자신을 원 가족이나 지인들과 연결시키는 매개체로 통신수단에 높은 가중치를 둔다는 것을 시사한다(〈그림 5-2〉).

선행연구들에서는 여성 북한이탈주민의 건강상태가 전반적으로 좋지 않은 것으로 보고하고 있다. 특히 장명선·이애란(2009)의 조사에서는 여성 북한이탈주민 응답자의 절반 정도가 현재 질병을 갖고 있고 건강상태가 좋지 않음에도 불구하고 경제적인 이유로 인하여 지속적인 치료를 받기가 현실적으로 불가능한 상황인 것으로 나타났다. 이러한 측면에서 여

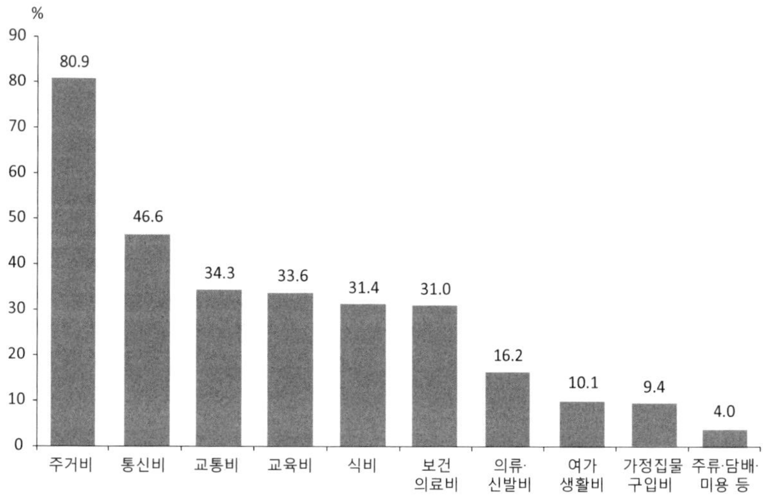

그림 5-2 주요 소비지출 비목

주: 복수응답, 상위 3순위.

표 5-3 건강을 위한 소비

구분	인원 (%)
병원/한의원 치료	185 (66.5)
비타민/영양제 구입	112 (40.3)
건강식품/보약 구입	109 (39.2)
운동장비 구입, 센터 등록	33 (11.9)

주: 복수응답.

성 북한이탈주민 본인과 가족의 건강을 위한 소비실태를 살펴보면 〈표 5-3〉과 같다. 본인과 가족의 건강을 위한 소비와 관련해서는 병원/한의원 치료를 받은 경우가 185명(66.5%)으로 가장 높게 나타났다. 다음으로 비타민이나 영양제 구입, 건강식품이나 보약 구입, 운동장비 구입이나 센터 등록 순으로 소비를 하는 것으로 나타났으나, 이들 항목에 대해서는 응답자의 절반 이하만이 지출 경험이 있었다. 이러한 결과는 여성 북한이탈주민의 경우 사후적 건강관리인 의료기관 이용이 주를 이루며, 예방 차원의 건강관리에는 대체로 소극적인 소비에 머무르는 것을 나타낸다.

(2) 소비 필수재와 열망재

여성 북한이탈주민의 현재 소유 재화를 파악함으로써 이들이 공통적으로 소유하고 있는 필수재를 살펴볼 수 있다. 〈표 5-4〉에서 알 수 있듯이, 여성 북한이탈주민 가구에서 가장 많이 보유하고 있는 재화는 냉장고로 전체 응답자의 92%가 소유하고 있다. TV와 세탁기의 보유비율도 높아 응답자의 90% 정도가 이들 재화를 보유하고 있다. 흥미로운 점은 세탁기에 이어 컴퓨터(77%)와 휴대전화(71.9%) 보유비율이 상당히 높다는 것이다. 이는 여성 북한이탈주민이 남한사회에 적응하면서 무엇보다 외부세계와 접속하고 탐색할 수 있는 통신기기를 생존과 적응의 필수요건으로 고려하고 있음을 반영하는 것으로 해석할 수 있다. 반면 많은 여성 북한이탈주민이 직업훈련과정에서 컴퓨터 관련 자격증 과정을 이수한다는 점에서 높은 컴퓨터 보유율은 비자발적인 측면도 있을 수 있다.

휴대전화나 가전제품의 경우 정착 초기에 주로 구입한다는 측면에서 볼 때, 삶의 복지를 결정할 수 있는 다양한 요소를 학습하고 소비하기에 앞서 휴대전화나 가전제품과 같은 고가의 상품에 생활비의 큰 부분을 지출함으로써 건전한 재무관리를 어렵게 할 수도 있다. 따라서 여성 북한이탈주민의 합리적 소비를 위해 바람직한 소비의 필수요건을 먼저 이해하는 능력을 갖추도록 하는 것이 중요하다.

〈표 5-4〉의 열망재는 여성 북한이탈주민이 소유하고 싶어 하는 재화의 우선순위를 나타낸다. 여성 북한이탈주민이 향후 소유하고 싶은 열망재로는 주택(71.3%)이 압도적으로 나타나서, 남한사회 적응의 기초이자 기대수준으로 주택소유에 이들의 강한 열망을 확인할 수 있다. 또한 승용차(49.8%)와 김치냉장고(35.6%)에 대한 보유 열망이 매우 높다. 북한여성이 보편적으로 갖추기를 원한다고 알려진 오장육기에 속하는 TV, 냉장고, 녹음기, 선풍기, 세탁기, 사진기[1] 이외에 승용차나 김치냉장고에 대한

1 경남신문(2011.11.5), "北, 미혼여성들 신랑감 선택기준 '열 · 대 · 메 · 기'"

표 5-4 필수재와 열망재 (단위: 명, %)

구분	필수재	열망재
주택(자가)	8 (2.9)	196 (71.3)
주택(임대)	243 (87.4)	23 (8.3)
에어컨	60 (21.6)	54 (19.6)
컴퓨터	214 (77.0)	22 (8.0)
TV	252 (90.6)	6 (2.2)
냉장고	257 (92.4)	9 (3.3)
세탁기	247 (88.8)	15 (5.5)
휴대전화	200 (71.9)	19 (6.9)
의료기기	9 (3.2)	31 (11.3)
오디오	18 (6.5)	12 (4.4)
노트북	50 (18.0)	33 (12.0)
김치냉장고	121 (43.5)	98 (35.6)
승용차	57 (20.5)	137 (49.8)
기타	3 (0.0)	1 (0.0)
N	278 (100)	278 (100)

주: 복수응답.

이들의 열망은 남한사회의 소비문화에 편입하려는 열망을 나타내는 것이라 하겠다.

3) 저축과 부채 현황

개인이나 가계는 현재의 소득을 현재 시점에서 모두 소비하는 대신 일부는 미래의 재무목표를 위하여 저축을 하는 한편, 때로는 미래의 소득을 현재소비를 위해 차용함으로써 현재소득을 초과하여 소비하기도 한다. 이러한 기간 간 소득의 배분행동을 통해 소비자는 생애에 걸친 삶의 질을 극대화하고자 한다. 앞서 〈표 5-1〉에서 살펴본 바와 같이 여성 북한이탈주민 가구 중 저축하고 있는 가구는 전체의 46%이며, 저축을 하는 주된 이유는 〈표 5-5〉와 같다. 저축을 하는 주요 이유로는 노후대책이

표 5-5 저축 이유

구분	인원(%)
주택자금 마련	51(39.5)
사업자금 마련	7(5.4)
혼사 및 장례	10(7.8)
질병 및 재난 대비	32(24.8)
노후대책	66(51.2)
학원비 등 교육비	34(26.4)
대북송금	18(14.0)
생활비	29(22.5)

주: 복수응답.

51.2%로 가장 높게 나타났으며, 다음으로 주택자금 마련, 학원비 등 교육비, 질병 및 재난 대비, 생활비, 대북송금, 혼사 및 장례, 사업자금 마련의 순으로 나타났다. 여성 북한이탈주민 가구의 저축 목적은 주로 불안정한 현재의 삶에서 나아가 경제적으로 좀 더 안정된 미래를 준비하기 위한 내용이며 노후대책이나 주택자금 마련을 위한 저축이 그러한 목적을 설명하고 있다. 이는 주요 저축 목적이 주택자금 마련, 노후대책, 교육비 순으로 드러난 장명선·이애란(2009)의 결과와 유사하나 노후대책이 좀더 높게 나타난 것은 여성 북한이탈주민의 노후대비에 대한 인식이 점점 더 높아지고 있는 것으로 볼 수 있다.

여성 북한이탈주민 가구에서 실제로 노후생활을 어떻게 대비하고 있는지 분석한 결과는 〈표 5-6〉과 같다. 노후생활 대비 수준과 관련하여 응답자의 57%가 '걱정은 되지만 실질적인 계획은 없다'라고 답하였다. 즉, 여성 북한이탈주민의 절반 이상이 본인의 미래에 대해 전혀 대비하지 못하고 있음을 알 수 있다.

〈표 5-7〉은 여성 북한이탈주민의 다양한 특성에 따라 노후생활 대비에 차이가 있는지 분석한 결과다. 배우자가 있는 기혼여성이나 미혼여성이 별거·이혼·사별 등으로 배우자가 없는 기혼여성보다 노후대비 정도

표 5-6 노후생활 대비 수준

구분	인원 (%)
계획을 세워 대비하고 있다	57 (20.6)
막연하지만 대비하고 있다	63 (22.7)
실질적인 계획이 없다	157 (56.7)

표 5-7 노후생활 대비 수준: 여성 북한이탈주민의 특성별 비교 (단위: %)

			계획을 세워 대비하고 있다	막연하지만 대비하고 있다	실질적 계획은 없다	χ^2
일반적 특성	건강 상태	보통 · 양호	23.3	23.9	52.8	3.57
		나쁨	15.5	20.6	63.9	
	혼인 상태	미혼	24.5	15.1	60.4	14.22**
		북한(중국)배우자	24.4	20.0	55.6	
		남한배우자	32.1	35.7	32.1	
		별거 · 이혼 · 사별	12.3	25.5	62.3	
인적 자본	남한 거주 기간	3년 미만	19.3	21.1	59.6	8.05*
		3~7년 미만	17.6	18.4	64.0	
		7년 이상	25.3	29.5	45.3	
가구 소득	총가구 소득	100만 원 미만	9.5	15.5	75.0	38.28***
		100~200만 원 미만	26.0	20.8	53.1	
		200만 원 이상	32.3	38.5	29.2	
직업 특성	취업 여부	취업	24.6	31.0	44.4	18.84***
		미취업	16.3	14.1	69.6	
		N	277			

주: *** $p < 0.01$, ** $p < 0.05$, * $p < 0.1$.

가 높았고, 남한거주기간이 7년 이상인 경우와 가구소득이 높은 경우, 취업한 경우 노후대비 정도가 상대적으로 높았다. 즉, 배우자가 없는 기혼 여성과 남한거주기간이 7년 미만이고 가구소득이 낮으며 미취업자인 여성 북한이탈주민이 미래에 대한 대비에 더 취약하다는 것을 알 수 있다.

여성 북한이탈주민의 부채보유율은 20% 미만으로 나타났는데(〈표

5-1〉), 이는 북한이탈주민이 부채에 매우 보수적인 태도를 보이며 가급적 주어진 범위 안에서 소비수준을 영위하려 한다는 사실을 보여주는 것이다. 그러나 부채를 보유한 경우 월 상환액이 평균 38만 원에 달하여 생활비 대비 과중한 비용을 부담한다는 측면에서 가계복지에 부정적인 영향을 미칠 수 있음을 간과할 수 없다. 부채보유가계의 재무적 취약성은 부채보유율이 10~14% 정도로 낮은 편이나 평균 부채액이 1,000만 원을 상회하고 부채보유 가계의 절반 이상이 1,000만 원 이상의 빚을 지고 있다는 결과(장명선 · 이애란, 2009; 김병우 · 김영희, 2011)에서도 확인된다.

〈표 5-8〉에서 알 수 있듯이, 이들이 부채를 지게 된 가장 큰 이유는 주택자금 마련(46.3%)이며, 그다음으로 생활비, 대북송금, 입국경비, 사업자금, 학원비 등 교육비 등의 순으로 나타난다. 여성 북한이탈주민이 부채를 지게 된 가장 큰 이유가 주택자금 마련인데, 이는 저축을 하는 중요한 이유이기도 하여 북한이탈주민이 주택에 대해 갖는 높은 관심을 확인할 수 있다. 부채 발생 원인으로 생활비나 대북송금과 같은 생활 필수적인 요소들이 포함되어 있다는 것은 장기간에 걸친 자원의 합리적 운영을 꾀하는 부채의 긍정적인 영향보다는 과도한 부채로 기본적인 생활수준이

표 5-8 부채의 주요 이유

구분	인원(%)
주택자금	25 (46.3)
사업자금	8 (14.8)
혼사 및 장례	1 (1.9)
질병 및 재난	3 (5.6)
입국경비	9 (16.7)
학원비 등 교육비	8 (14.8)
대북송금	19 (35.2)
가정집물 구입	1 (1.9)
생활비	20 (37.0)

주: 복수응답.

위협받을 수 있는 위험성이 크다는 것을 의미한다.

4) 소비수준 결정요인

여성 북한이탈주민의 소비수준은 이들의 삶의 질을 드러내는 직접적인 지표다. 앞서 분석한 결과에 따르면, 이들의 소비수준은 월 생활비 지출로 볼 때 평균 100만 원 정도로 매우 낮다(〈표 5-1〉). 이하에서는 여성 북한이탈주민의 소비수준을 결정하는 요인이 무엇인지 분석한다.

소비이론에서는 소비를 소득과 가계선호의 함수로 규정한다. 소득과 관련해서 절대소득가설이 소비를 현재소득의 함수로 보는 반면, 상대소득가설은 소비가 상대성을 띠고 있어 타인이나 다른 가구의 소비에 영향을 받아 결정된다고 본다. 항상소득가설은 가구소득이 항상소득과 임시소득으로 구분되며, 이때 소비지출은 일생동안 평균적으로 획득될 것으로 기대되는 항상소득에 의해 결정된다고 본다. 생애주기가설은 소비가 현재소득뿐 아니라 자산과 미래의 기대소득에 영향을 받는다고 가정한다(Magrabi et al., 1991). 이러한 이론들에 의하면 소비가 소득의 함수인 것에는 이론이 없으나, 어떤 유형의 소득인가에 따라 소비행동이 달라질 수 있음을 유추할 수 있다. 따라서 본 연구에서는 총가구소득 이외에 소득유형별 영향을 분석하며, 소득의 수준과 안정성을 결정하는 직업특성의 효과도 분석한다.

소비는 개인이나 가계의 선호와 요구에 따라서도 달라지는데, 많은 연구에서 다양한 가구특성 변수를 선호와 요구의 대리지표로 사용해왔다. 본 연구에서는 쿨만의 이주자의 경제적 적응모델을 바탕으로(Kuhlman, 1991), 이주자의 일반적 특성으로서 여성 북한이탈주민의 인구학적 특성과 인적자본 및 정착국의 특성으로서 남한사회에서의 사회적 자본과 북한이탈주민 지원제도의 효과를 분석한다.

이러한 변수들을 독립변수로 포함하여 여성 북한이탈주민의 소비수

준 결정요인을 분석한 결과는 〈표 5-9〉와 같다. 모형 (1)은 일반적 특성과 인적자본, 사회적 자본, 지원제도를 포함하였고, 모형 (2)는 일자리 특성의 영향력을 보기 위해 직종을 추가하였으며, 모형 (3)과 모형 (4)는 소득의 영향력을 보기 위해 각각 총가구소득과 유형별 소득을 포함하였다.

분석결과, 여성 북한이탈주민의 소비수준은 건강상태나 가족원수와 같은 요구조건과 총가구소득 및 본인과 배우자의 근로소득, 정부 및 민간단체 지원금과 같은 소득관련 조건에 의해 결정됨을 확인할 수 있다. 가구소득이 증가가 소비수준 증가에 긍정적 영향을 미치는 것은 소비이론 및 전통적인 연구결과들과 일치한다. 소득은 그 유형에 상관없이 공히 소비수준에 긍정적 영향을 미치는 것으로 나타났는데, 이는 소득의 유형에 따라 소비에 미치는 영향이 다르다고 보는 항상소득가설이나 소비가 미래의 기대소득에 따라 다르다고 보는 생애주기가설이 여성 북한이탈주민의 소비에 대해서는 적용되지 않는 것으로 해석할 수 있다. 이는 여성 북한이탈주민이 획득하는 소득의 경우 일생동안 평균적으로 확보될 것으로 기대되는 항상소득과 임시로 주어지는 임시소득의 구별이 어려우며, 교육수준 등에 의해 기대할 수 있는 미래소득의 개념도 적용하기 어려운 현실을 나타내는 것이라 판단된다. 또한 어떤 유형의 소득이든 현재의 소비수준을 높이는 것에 기여하는 것은 그만큼 여성 북한이탈주민의 현재 소비생활에 대한 요구가 크다는 것을 나타낸다고 하겠다.

건강이 나쁘면 생활비 지출 필요성이 더 많아짐에도 불구하고 소비수준이 줄어드는 것으로 나타났는데, 이는 건강의 손상으로 부채와 같은 다른 지출이 발생하여 소비수준을 낮추는 결과를 가져올 수 있다는 점에서 주목해볼 일이다. 이러한 결과는 여성 북한이탈주민의 소비수준 향상을 위해서 소득의 증가와 함께 건강의 개선이 매우 중요함을 나타내는 것이다. 소득수준이 같을 때 가족원 수가 증가하면 소비가 늘어나는데, 이는 소득이 저축 등에 배분될 가능성을 낮추어 미래의 소비수준에 부정적 영향을 줄 수 있음을 시사한다. 여성 북한이탈주민의 일반적 특성 중에서

표 5-9 소비수준 결정요인: OLS 분석 (N = 276)

	(1)	(2)	(3)	(4)
일반적 특성				
나이	83.408 **	66.196 *	2.687 *	40.899
	(36.429)	(36.361)	(31.888)	(32.808)
나이제곱항[1)]	-103.012 **	-83.565 **	-10.542	-50.193
	(41.360)	(41.277)	(36.220)	(37.299)
건강상태(나쁨)	-202.615 ***	-176.667 ***	-107.329 *	-162.895 ***
	(66.366)	(66.279)	(57.321)	(59.652)
북한(중국)배우자	370.306 ***	340.428 ***	110.708	-139.783
	(101.574)	(100.680)	(89.623)	(108.593)
남한배우자	693.185 ***	660.928 ***	322.507 ***	11.555
	(132.006)	(130.558)	(117.415)	(142.679)
별거 · 이혼 · 사별	34.987	32.199	-2.670	0.713
	(87.959)	(86.735)	(74.504)	(78.616)
가족원 수	119.420 ***	132.647 ***	61.164 *	111.918 ***
	(38.652)	(38.347)	(33.730)	(35.356)
탈북 이유(경제적)	-17.140	-13.014	-12.127	-31.242
	(60.014)	(59.337)	(50.909)	(53.457)
인적자본				
남한학력	158.415 **	116.611	26.953	50.190
	(77.225)	(79.631)	(68.954)	(74.283)
억양 차이(심함)	12.923	21.513	82.242	64.138
	(66.932)	(66.103)	(57.065)	(59.704)
남한거주기간	3.206	1.815	-1.629	0.985
	(2.950)	(2.946	(2.553)	(2.685
남한거주기간	-1.156	-0.366	1.485	-0.182
제곱항[2)]	(1.911)	(1.901)	(1.643)	(1.719)
사회적 자본				
남한친구	-8.634	-22.556	14.108	-51.816
	(67.391)	(66.918)	(57.539)	(60.274)
북한친구	-86.335	-74.462	-89.777	-103.189
	(78.906)	(77.886)	(66.842)	(70.043)
민간단체 지원	107.777	94.448	141.420 **	115.670
	(81.496)	(80.642)	(69.360)	(72.535)
종교단체 지원	33.142	48.857	29.653	23.323
	(73.401)	(72.542)	(62.270)	(65.516)

	(1)	(2)	(3)	(4)
지원제도				
생계급여	-41.034	-20.306	15.398	-6.521
	(122.420)	(121.034)	(103.908)	(108.972)
의료급여	71.720	60.136	71.017	134.781
	(114.380)	(113.321)	(97.231)	(102.303)
직업특성				
전문 · 사무직		186.951 **	-97.016	-97.787
		(83.288)	(77.322)	(137.894)
생산 · 서비스직		185.942 ***	-82.738	-82 020
		(66.929)	(63.863)	(130.639)
가구소득3)				
총가구소득			473.585 ***	
			(49.262)	
본인 근로소득				83.231 ***
				(30.623)
배우자 근로소득				157.083 ***
				(19.928)
정부지원금				34.239 *
				(19.130)
상수항	-1173.176	-887.833	-1282.994 *	-520.838
	(789.606)	(784.201)	(674.068)	(708.793)
Adj. R^2	0.41	0.42	0.57	0.53
F값	11.41***	11.03***	18.68***	14.69***

주: 1) 나이제곱/100.
2) 남한거주기간제곱/100.
3) 가구소득변수는 모두 로그값임.
4) ( ) 안은 표준오차.
5) *** $p < 0.01$, ** $p < 0.05$, * $p < 0.1$.

건강상태와 가족원 수가 소비수준에 미치는 영향은 일관되게 유의한 것으로 나온 반면, 나이와 혼인상태는 모형 (3)과 모형 (4)에서 그 영향력이 전부 혹은 부분적으로 사라진다. 즉, 동일한 소득수준에서는 나이와 혼인상태에 따라 소비수준에 차이가 없음을 알 수 있다.

남한에서의 정규교육은 모형 (2), 모형 (3), 모형 (4)에서 소비수준에 영향을 미치지 않는 것으로 나타났는데, 이는 남한에서의 교육이 여성 북한이탈주민의 취업 가능성과 소득을 높이는 인적자본으로 기능하기는 하나 미래의 기대소득을 높이는 데는 기여하지 못한다는 한계를 드러낸 것이라 하겠다. 또한 남한에서의 거주기간도 유의한 영향력이 없었는데, 이는 취업이나 소득 창출능력을 갖추지 않고 남한에서 오래 거주한다고 해서 소비수준이 증가하는 것이 아님을 나타내는 것이다. 즉, 여성 북한이탈주민의 적극적인 경제활동 참여와 배우자가 있는 경우 배우자의 경제활동 참여가 궁극적으로 여성 북한이탈주민의 소비수준을 높이는 요인인 것으로 이해할 수 있다.

5) 저축과 부채 결정요인

개인이나 가계는 현재의 소득을 현재 시점에서 모두 소비하는 대신 일부는 미래의 재무목표를 위하여 저축을 하는 한편, 때로는 미래의 소득을 현재소비를 위해 차용함으로써 현재소득을 초과하여 소비하기도 한다. 이러한 기간 간 소득의 배분행동을 통해 소비자는 생애에 걸친 삶의 질을 극대화하고자 한다. 이하에서는 여성 북한이탈주민의 저축과 부채 행동에 영향을 미치는 요인을 분석한다.

(1) 저축 결정요인

앞서 제시한 소비이론은 저축에도 적용되는데, 소득이 소비의 중요한 결정요인인 만큼 저축에 대해서도 주요 결정요인이라는 데는 이론의 여지가 없다. 구체적으로 소비를 현재소득의 함수로 본 절대소득가설과는 달리 항상소득가설은 소비지출이 항상소득에 의해 결정되는 반면, 변동소득 혹은 임시소득에 의해서는 큰 영향을 받지 않는다고 보았다. 즉, 임시소득이 소비에 영향을 주지 않는 대신 저축에 중요한 영향을 미친다는

것이다. 또한 생애주기가설은 미래의 기대소득이 현재소비뿐 아니라 저축을 결정한다고 보았다(Magrabi et al., 1991). 가계의 저축행동에는 심리적 요인도 중요하게 작용하는 것으로 알려져 있는데, 카토나는 저축행동은 저축할 수 있는 능력뿐 아니라 저축하고자 하는 의지에 의해 결정된다고 보았다(Katona, 1975). 저축은 소득의 남는 부분으로 자동 생성되는 것이 아니라 의지적인 행위로 이루어진다는 것이다. 또한 여러 선행연구(Shefrin and Thaler, 1988; Romal and Kaplan, 1995; Rha, Montalto, and Hanna, 2006)는 미래를 위해 현재의 소비를 제한할 수 있는 행동통제능력과 현재와 미래의 만족에 대한 선호도에 따라 저축행동이 달라지는 것을 보이고 있다.

본 연구에서는 여성 북한이탈주민의 다양한 특성변인이 저축 유무에 미치는 영향을 파악하기 위해 이항로짓분석을 통해 저축 결정요인을 분석하였다. 아울러 가구소득 총액과 유형별 소득의 효과를 비교하였다.

〈표 5-10〉의 모형 (1) 분석결과에 의하면, 여성 북한이탈주민의 나이와 가족원 수, 직업특성, 그리고 총가구소득이 저축에 유의한 영향을 미치는 변수로 파악된다. 나이는 저축확률과 U자형의 관계를 보였는데, 이는 상대적으로 젊은 연령층이거나 노후기보다 중년기에 높은 소비요구로 인해 저축할 수 있는 여력이 없음을 나타낸다고 볼 수 있다. 가족원 수가 한 명 많을수록 저축확률이 33% 낮아진다. 직종별로는 미취업자에 비해 생산직 · 서비스직 취업자의 저축확률은 차이가 없는 반면, 전문직이나 사무직 종사자의 저축확률은 약 2.7배 높다. 총가구소득이 높을수록 저축할 확률이 유의하게 높다. 총가구소득 대신 본인 및 배우자의 근로소득과 정부지원금을 포함한 모형 (2)에서는 여성 북한이탈주민의 나이와 배우자의 근로소득이 저축에 영향을 미쳤으며, 가족원 수와 직업특성의 영향력은 사라졌다.

이상의 결과를 종합해보면, 여성 북한이탈주민 가구의 저축행동을 결정하는 일관된 변수는 본인의 나이와 소득변수다. 이러한 결과는 여성북한이탈주민 가구의 저축행동은 저축할 수 있는 경제적 능력과 저축을 어

표 5-10 저축 결정요인: 이항로짓분석 (N = 277)

	(1)		(2)	
	coeff.	Exp(β)	coeff.	Exp(β)
일반적 특성				
나이	-0.505	0.603	-0.396	0.673**
	(0.195)		(0.184)	
나이제곱항[1)]	0.587	1.799***	0.468	1.596**
	(0.221)		(0.208)	
건강상태(나쁨)	0.162	1.176	0.026	1.026
	(0.330)		(0.326)	
북한(중국)배우자	0.531	1.701	-0.090	0.914
	(0.514)		(0.613)	
남한배우자	1.154	3.170	0.436	1.547
	(0.705)		(0.818)	
별거 · 이혼 · 사별	0.352	1.422	0.401	1.493
	(0.439)		(0.441)	
가족원 수	-0.400	0.670**	-0.296	0.744
	(0.195)		(0.199)	
탈북 이유(경제적)	-0.354	0.702	-0.428	0.652
	(0.299)		(0.300)	
인적자본				
남한학력	0.189	1.208	0.221	1.247
	(0.394)		(0.405)	
억양 차이(심함)	-0.336	0.715	-0.369	0.691
	(0.333)		(0.333)	
남한거주기간	0.011	1.011	0.011	1.011
	(0.016)		(0.016)	
남한거주기간 제곱항[2)]	-0.003	0.997	-0.004	0.996
	(0.010)		(0.010)	
사회적 자본				
남한친구	0.299	1.348	0.196	1.217
	(0.332)		(0.333)	
북한친구	-0.499	0.607	-0.534	0.586
	(0.392)		(0.392)	
민간단체지원	-0.134	0.875	0.155	0.847
	(0.397)		(0.396)	

	(1)		(2)	
	coeff.	Exp(β)	coeff.	Exp(β)
종교단체지원	-0.059	0.943	-0.167	0.954
	(0.363)		(0.364)	
지원제도				
생계급여	-0.507	0.602	-0.047	0.633
	(0.600)		(0.600)	
의료급여	-0.003	0.997	0.458	1.165
	(0.558)		(0.556)	
식업특성				
전문 · 사무직	0.991	2.693**	1.166	3.209
	(0.439)		(0.713)	
생산 · 서비스직	0.409	1.506	0.610	1.840
	(0.348)		(0.556)	
가구소득3)				
총가구소득	1.141	3.130***		
	(0.302)			
본인 근로소득			0.074	1.077
			(0.159)	
배우자 근로소득			0.352	1.422***
			(0.113)	
정부지원금			-0.104	0.902
			(0.102)	
상수항	5.570	262.607	7.900	2697.990**
	(4.035)		(4.014)	
Pseudo R^2	0.25		0.25	

주: 1) 나이제곱/100.
2) 남한거주기간제곱/100.
3) 가구소득변수는 모두 로그값임.
4) ( ) 안은 표준오차.
5) *** $p < 0.01$, ** $p < 0.05$, * $p < 0.1$.

렵게 하는 소비요구에 의해 크게 좌우됨을 보여준다. 그러나 총가구소득의 효과를 통제한 상태에서도 전문직이나 사무직 취업이 미취업에 비해 저축확률이 크게 높고 생산·서비스직의 경우에도 유의하지는 않으나 미

취업에 비해 저축확률이 높은 것을 볼 때, 여성 북한이탈주민의 취업과 직종이 저축행동에 중요한 역할을 하는 것을 알 수 있다. 가구소득 통제 시 가족원 수가 많을수록 저축확률이 낮은 것은 그만큼 소비요구가 늘어나기 때문으로, 가족원 수가 많을수록 가계소비수준이 높은 앞서의 분석 결과와 합치된다. 소득유형별 효과 분석에서 배우자의 근로소득만이 저축확률을 높이는 것으로 나타난 것은 대부분 주부의 소득은 임시소득으로 간주되어 저축에 더 큰 영향을 미친다는 선행연구(Mincer, 1960; 양세정, 1998)와는 다른 결과다. 여성 북한이탈주민의 경우 배우자의 근로소득을 본인의 근로소득이나 정부지원금에 비해 추가적인 소득으로 간주하는 경향이 있고, 따라서 배우자 근로소득이 가계의 소비수준뿐 아니라 저축 수준도 높인다는 해석이 가능하다.

(2) 부채 결정요인

부채는 현재의 특정 상황에서 일정 소비수준의 영위를 가능하게 하는 긍정적인 측면이 있으나 과도한 부채는 가계의 경제적 부담을 가중시키며 소비의 불균형을 초래할 수 있다는 점에서 부정적인 측면도 있다. 특히 부채의 용도에 따라 가계경제에 미치는 영향은 다르다. 예를 들어 주택자금 마련과 같은 부채라면 부채를 갚아나감에 따라 자산증식의 효과가 있으나 생활비 등 소비성 부채라면 자산감소의 효과를 가지며 가계경제 문제의 심각성을 나타내는 것이기도 하다(성영애, 2010). 본 연구에서 여성 북한이탈주민 가계의 부채보유율은 20% 정도였으나 부채가 있는 경우 월 상환액이 소득 대비 과중하고(〈표 5-1〉). 부채를 지는 주요 이유는 주택자금 마련과 대북송금 및 생활비 마련이다(〈표 5-8〉).

부채는 미래의 소득을 현재소비를 위해 앞당겨 쓰기로 하는 의사결정을 전제로 한다. 따라서 부채에 대한 수요도 저축처럼 일반 소비이론에 근거하여 예측할 수 있으며, 소비나 저축과 마찬가지로 소득 및 가계선호의 함수로 표현된다(Bryant, 1990). 또한 자산증식을 목적으로 한 부채인 경

우에는 소득변수가 긍정적 영향을 미칠 것이고, 소비성 부채인 경우에는 현재소비에 대한 요구관련 변수가 긍정적 영향을 미칠 것이다. 본 연구에서는 자료의 한계로 인해 부채의 특성별 분석이 이루어지지 않아 부채 보유에 대한 설명변수들의 효과를 해석하는 데 주의를 요한다.

여성 북한이탈주민 가계의 부채 결정요인을 규명하기 위해 이항로짓 분석을 실시하였고, 그 결과는 〈표 5-11〉과 같다. 앞서와 마찬가지로 소득유형별 효과를 비교하기 위해 두 가지 모형을 사용하였다. 총가구소득을 사용한 모형 (1)의 분석에서는 여성 북한이탈주민의 건강과 혼인상태, 가족원 수, 남한학력, 직업특성, 그리고 총가구소득이 가계부채에 유의한 영향을 미치는 것으로 나타났다. 건강이 나쁘면 부채가 있을 확률이 높고, 미혼여성에 비해 남한 출신 배우자가 있는 기혼여성과 이혼이나 사별 등으로 배우자가 없는 기혼여성이 부채가 있을 확률이 높다. 반면, 남한에서 정규교육을 받은 경우 그렇지 않은 경우에 비해 부채확률이 낮다. 직업별로는 미취업에 비해 생산·서비스직과 전문·사무직 부채비율이 높고, 총가구소득이 높을수록 부채가 있을 확률은 낮다.

총가구소득 대신 본인과 배우자의 근로소득 및 정부지원금을 사용한 모형 (2)에서는 여성 북한이탈주민의 건강과 혼인상태, 남한에서의 정규교육, 직업특성 및 정부지원금이 부채에 유의한 영향을 미쳤다. 건강이 나쁘면 부채를 질 확률이 높고, 미혼여성에 비해 이혼이나 사별 등으로 배우자가 없는 기혼여성의 부채 보유확률이 높다. 미취업자에 비해 취업자의 부채확률이 높고, 정부지원금 또한 부채 보유확률과 정의 상관관계를 보인다.

이상의 결과를 볼 때, 여성 북한이탈주민의 부채 유무는 취업이나 직종과 같은 미래소득에 대한 기대관련 변수와 소득관련 변수, 그리고 건강 및 혼인상태와 같은 부채요구 변수에 따라 결정된다고 할 수 있다. 여성 북한이탈주민의 취업과 직종에 따라 부채 유무가 차이를 보인 것은 이들 변수가 미래소득에 대한 기대를 높임으로써 부채를 유발할 가능성을 나

표 5-11 부채 결정요인: 이항로짓분석 (N = 277)

	(1)		(2)	
	coeff.	Exp(β)	coeff.	Exp(β)
일반적 특성				
나이	-0.153	0.858	-0.278	0.757
	(0.206)		(0.208)	
나이제곱항[1]	0.137	1.147	0.272	1.313
	(0.236)		(0.237)	
건강상태(나쁨)	0.694	2.002*	0.752	2.122**
	(0.375)		(0.378)	
북한(중국)배우자	0.705	2.025	0.417	1.518
	(0.687)		(0.759)	
남한배우자	1.483	4.404*	1.176	3.242
	(0.816)		(0.921)	
별거 · 이혼 · 사별	1.399	4.051	1.365	3.914**
	(0.593)		(0.599)	
가족원 수	0.458	1.581**	0.250	1.283
	(0.218)		(0.223)	
탈북 이유(경제적)	0.108	1.114	0.125	1.133
	(0.335)		(0.336)	
인적자본				
남한학력	-0.882	0.414*	-0.814	0.443
	(0.505)		(0.516)	
억양 차이(심함)	-0.165	0.848	-0.144	0.866
	(0.369)		(0.374)	
남한거주기간	-0.009	0.991	-0.006	0.994
	(0.017)		(0.017)	
남한거주기간	0.003	1.003	0.002	1.002
제곱항[2]	(0.011)		(0.011)	
사회적 자본				
남한친구	0.233	1.263	0.294	1.342
	(0.379)		(0.383)	
북한친구	-0.315	0.730	-0.333	0.717
	(0.431)		(0.427)	
민간단체 지원	0.005	1.005	0.045	1.046
	(0.458)		(0.455)	

	(1)		(2)	
	coeff.	Exp(β)	coeff.	Exp(β)
종교단체 지원	0.109	1.116	0.167	1.182
	(0.411)		(0.411)	
지원제도				
생계급여	0.675	1.963	0.450	1.569
	(0.751)		(0.763)	
의료급여	-0.440	0.644	-0.461	0.631
	(0.622)		(0.634)	
일자리특성				
전문 · 사무직	1.223	3.397**	2.335	10.326**
	(0.536)		(1.151)	
생산 · 서비스직	1.117	3.056**	2.211	9.125**
	(0.445)		(1.095)	
가구소득3)				
총가구소득	-0.697	0.498**		
	(0.330)			
본인 근로소득			-0.282	0.775
			(0.249)	
배우자 근로소득			0.003	1.003
			(0.123)	
정부지원금			0.205	1.227*
			(0.120)	
상수항	3.253	25.872	3.162	23.609
	(4.299)		(4.421)	
Pseudo R^2	0.10		0.11	

주: 1) 나이제곱/100.
2) 남한거주기간제곱/100.
3) 가구소득변수는 모두 로그값임.
4) ( ) 안은 표준오차.
5) *** $p < 0.01$, ** $p < 0.05$, * $p < 0.1$.

타낸 것이고, 총가구소득이 부채와 마이너스의 연관성을 보인 것은 소득이 높을수록 현재소비를 위해 부채를 이용할 필요가 적음을 시사하는 것이다. 유사한 맥락에서 정부지원금은 대체로 생활수준이 낮은 가계에 집

중된다는 점에서 부채의 요구도와 정의 관계에 있는 변수로 파악할 수 있다. 건강과 혼인상태별 차이 역시 현재의 소비를 위해 부채가 요구되는 열악한 상황을 나타내는 것으로 볼 수 있다.

2. 여성 북한이탈주민의 소비생활적응[2]

1) 소비생활적응의 개념과 척도

(1) 소비생활적응 측정의 필요성

북한이탈주민의 수가 급격히 증가하고, 많은 경우 중국 등 제3국에서의 탈북생활이 장기화되면서 북한이탈주민의 탈북 이유가 변화하고 있다. 시장경제를 경험한 후 다시 북한으로 돌아가 생활하는 것이 어렵게 되었고, 최종적인 삶의 질 향상을 위해 한국행을 강력히 희망하게 된 것이다. 이에 따라 이중국적자나 삼중국적자가 늘어가는 추세인데, 북한에 있는 가족을 지원하고 이들의 추가 탈북을 돕기 위함이다(조천현, 2002). 탈북의 동기와 경로가 다양해지면서 북한이탈주민의 삶의 질 향상에 대한 요구수준은 높아졌으나, 실제로 이들이 남한사회에서 경험하는 일상생활에서는 많은 어려움이 존재한다. 특히 자본주의와 소비사회라는 생소한 환경에서 이들의 남한사회 적응은 좌절되며 도처에서 어려움에 직면하게 된다.

김영자(1999)는 북한이탈주민의 남한사회 적응을 심리적 적응과 경제적 적응으로 구분하고, 자본주의 체제하에서의 자기열등감, 외부환경으로부터 소외되는 외로움과 고독감, 민주시민으로서의 예법에 대한 무지, 가정생활 및 일상생활의 적합한 방법에 대한 이해 부재 등으로 일상

---

2 이 부분의 내용 일부는 손상희 외(2014), 「여성 북한이탈주민의 소비생활적응 연구」, 『소비자문제연구』, 45(3) 논문으로 출간되었다.

생활에서 겪는 어려움을 지적하였다. 하지만 소비사회인 남한에서 이들의 일상생활 대부분은 소비생활로 구성된다고 해도 과언이 아니다. 북한이탈주민은 북한과 비교할 때 낭비가 심하고 과시적인 소비를 하는 남한의 소비문화에 대해 문화적 충격을 겪고 있으며, 새로운 소비사회에 적응하기 위해 많은 시행착오를 거치면서 금전적 손실뿐 아니라 구매 후 불만족, 자신감 상실, 무력감 등의 심리적인 문제에 당면하게 된다(이기춘 외, 2000; 손상희, 2013; Sohn, 2013). 특히 소비자로서의 역할 비중이 여성 북한이탈주민의 경우 남성에 비해서 크다고 할 때, 이들의 남한사회 적응은 소비생활 측면에서 바라볼 때 보다 구체적으로 조명될 수 있다. 그런데 소비생활에 대한 적응을 파악하고 분석하기 위해서는 먼저 북한이탈주민이 감당하고 적응해야 할 소비생활의 영역과 소비자로서의 역할이 무엇인지를 파악할 필요가 있다. 따라서 여성 북한이탈주민이 각 소비생활 영역에서 어느 정도 적응하고 있는지를 검증할 수 있는, 구체적이고 실현가능한 소비생활적응 척도의 개발이 우선 필요하다고 하겠다.

북한이탈주민의 삶의 질에 대한 정병호 · 전우택 · 정진경(2006)의 연구에서는 북한이탈주민 중에서도 남성에 비해 여성의 삶의 질이 낮아 좀 더 관심이 필요하다는 사실을 환기시켰다. 북한이탈주민의 복지와 관련된 기존 연구들은 주로 주관적 평가에 의한 전체적인 삶의 만족도에 대한 관련 변수 비교(김미령, 2007), 남한과 북한의 이질적 소비생활 양식의 비교분석(이기춘 외, 2000), 북한이탈주민의 소비생활실태와 문제 경험(박용석 · 원혜일, 2010; 김병욱 · 김영희, 2011)과 같이 현상분석에 따른 정책적 제안을 주로 다루었다. 북한이탈주민의 소비생활에 대해서 선행연구들은 소득부족으로 인한 경제적 어려움, 시장에서 정보의 부족, 다양한 소비자피해 경험, 시장 및 유통 환경에 대한 이해 부족과 제한된 선택, 자신감 결여와 무력감, 소비문화에 대한 이질감, 충동구매 성향, 소비자보호에 대한 인식 부족 등의 다양한 문제를 지적하고 있다(이기춘 · 나종연, 2007; 이기춘 · 정진화 · 나종연, 2008; 박용석 · 원혜일, 2010; 김병욱 · 김영희, 2011; 손상희, 2013). 그러나

통합적인 관점에서 여성 북한이탈주민의 소비생활적응을 구체적으로 분석한 연구는 거의 없다.

북한이탈주민의 성공적인 소비생활적응을 위해서는 이들이 당면한 과제들을 우선적으로 해결해주며 정착기간과 교육체험에서 강화되고 육성되어야 할 소비생활적응의 표준을 구성할 필요가 있다. 특히 북한이탈주민 중 여성 대부분은 평균 3~4년 정도의 중국 및 제3국 체류 경험이 있어 이 기간 동안 인권침해나 경제적 어려움, 부채 증가 등의 문제를 겪는 것으로 짐작할 수 있다. 여성 북한이탈주민의 이러한 경로상의 피해와 스트레스는 남한정착 초기의 소비생활적응력을 더욱 쇠퇴시킬 수 있다. 따라서 좀 더 적극적으로 여성 북한이탈주민을 위한 소비생활적응 지원 프로그램을 세분화하여 이들이 온전한 남한사회의 소비자로 성장해나가며 건전한 소비생활문화를 실천할 수 있도록 지원해야 할 것이다.

이하에서는 무엇보다 남한 소비사회에서 이방인처럼 느끼는 여성 북한이탈주민이 점차적으로 건강한 시장의 구성원이 되기 위해 필요한 요소는 무엇이며 이러한 소비생활적응은 어떻게 개념화되어 측정되며 평가될 수 있을지 객관적인 척도의 개발에 관해 논의한다. 이를 위해 먼저 선행연구 분석을 통해 소비생활적응 척도 개발에 필요한 개념을 탐색하도록 한다.

(2) 소비생활적응의 개념과 영역의 구성

적응의 사전적 정의는 일정한 조건이나 환경에 맞추어 잘 어울림이다. 북한이탈주민의 사회적응과 관련하여 윤인진(2000)은 개인이 사회의 상황이나 조건과 잘 어울리는 과정으로서 일상생활에서 좌절감이나 불안감 없이 만족을 느끼는 상태라고 정의하고, 구체적으로 남한에서 독립적인 생활을 영위할 수 있는 물질적 적응과 남한사회의 구성원으로서 자신을 인식하는 정신적 적응을 포함한다고 하였다. 비슷한 맥락에서 전우택(2000)도 새로운 경제체제를 이해하고 적절한 직업을 가지고 경제활동

을 성공적으로 함으로써 경제적 여유를 획득할 뿐 아니라 남한사회의 일원으로 소속감을 가지며, 심리적 안정을 얻는 것이라고 보았다. 한편 현경자 · 김연수(2011)는 일상생활과 관련한 생활적응의 개념을 제시하는데, 생활환경과 조화를 이루며 독립적인 주체로서 필요한 역량을 키우면서 새로운 환경에 맞추어나가는 과정과 그에 따르는 변화를 지칭하는 것으로 정의하였다. 본 연구에서는 이러한 정의들에 기초하여 소비생활적응을 "새로운 경제체제와 시장환경을 이해하고 소비생활에서 필요한 행동을 자신감을 가지고 수행할 수 있으며 소비생활에서 안정을 달성한 상태"라고 정의한다.

탈북청소년의 소비생활 경험에 관한 질적 연구를 통해 심층적으로 살펴본 손상희의 연구(손상희, 2013; Sohn, 2013)에 따르면 탈북청소년이 소비자로서 경험하는 가장 큰 문제는 남한의 시장환경을 잘 이해하지 못하고 상품이나 서비스에 대한 정보와 이해가 부족한 가운데 경험하는 무력감이다. 또한 기대와는 달리 경제적 어려움에 부닥치면서 한국사회에서의 성공적인 정착에 대한 회의와, 경제적 자원이 제한된 가운데 남한의 소비문화를 따라가야 한다는 압력과 상대적 열등감 등의 문제를 경험하고 있다. 이 연구에서는 이러한 문제를 해결하고 남한사회의 소비자로 성공적으로 정착하기 위해서는 금융역량, 거래역량, 문화역량 및 심리적 역량의 향상이 필요하며, 이에 금융, 시장, 문화, 심리적 측면의 적응이 요구된다는 결론을 내리고 있다.

본 연구에서는 이러한 제안에 기초하여 소비생활적응이 새로운 시장환경에서의 적응뿐 아니라 심리, 금융, 문화적 측면을 모두 포함한다고 보고, 이에 대한 구체적인 개념화와 측정을 시도하였다. 소비생활적응의 네 영역을 도식화하면 〈그림 5-3〉과 같다.

소비자의 심리적응은 시장거래에서 좌절이나 두려움이 없는 상태를 의미하며, 다양한 소비 경험이 부족한 이들에게 그 자체로 위협적일 수 있는 남한의 시장경제에 대한 기본적인 적응 상태를 나타낸다. 이는 소비

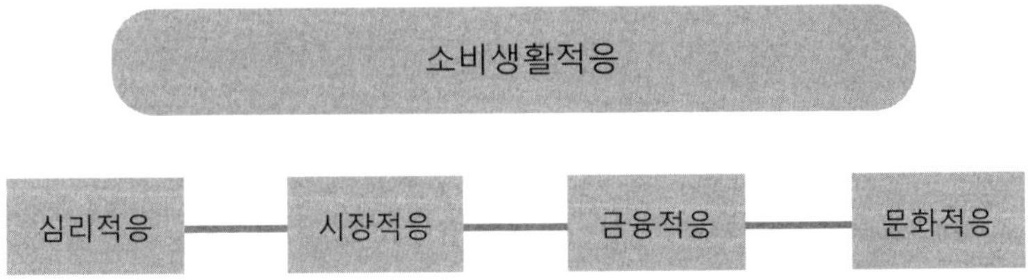

그림 5-3 소비생활적응의 영역별 구성

생활복지의 중요한 부분을 구성하는 소비자자신감(김기옥, 2010)으로 표현될 수 있다.

시장적응은 온라인 및 오프라인 시장과 거래환경을 이해하고 시장에서 자신이 원하는 결과를 얻는 데 필요한 행동을 성공적으로 수행할 수 있는 정도를 의미한다. 소비자가 자신이 원하는 결과를 얻는 데 필요한 행동을 성공적으로 수행할 수 있음에 대한 신념을 나타내는 소비자효능감(이성수, 2008)은 시장적응을 나타내는 표준이 될 수 있다.

또 다른 소비생활적응 영역으로 금융영역을 들 수 있다. 현실적으로 북한이탈주민의 80% 가까이가 스스로 남한사회에서 하위층 내지 극빈자층으로 생각하고 있어(북한이탈주민지원재단, 2011), 재무와 금융관련 문제는 이들이 당면한 경제적 적응의 가장 직접적인 표준일 것이다. 금융적응은 주어진 재무자원을 가지고 소비수준을 달성하는 정도를 의미한다.

소비문화 적응영역은 이러한 시장 및 금융에 대한 거래환경 적응과 개인적인 심리적 독립 및 성장을 통해, 남한의 이질적인 소비문화와 제도, 그리고 남한에서의 전반적인 소비생활에 익숙해지는 것을 말한다.

(3) 소비생활적응에 대한 문항 구성

이상의 개념화 내용을 토대로 소비생활적응의 영역별 문항을 다음과 같이 구성하였다.

① 심리적응 척도

심리적응은 시장거래에서 좌절이나 두려움이 없는 상태라고 정의하였다. 이는 여성 북한이탈주민이 남한의 소비사회에서 겪게 되는 소외감과 자신감 결여에 주목한 것이다. 건강하고 자신감 있는 소비자로서의 성장을 목적으로 심리적응 영역에서는 소비결과에 대한 걱정, 긴장, 불편함, 두려움 등 정서반응에 초점을 두었다. 반두라에 따르면, 인간 행동에 영향을 주는 것으로 효능감 예기(efficacy expectations)와 결과 예기(outcome expectations)가 있는데, 심리적응은 "어떤 행동이 특정한 결과를 가져다줄 것이라는 판단"(Bandura, 1977)을 나타내는 결과 예기와 관련된 정서반응이라고 할 수 있다. 소비결과에 대한 부정적 정서는 소비생활을 잘 해나갈 수 있다는 소비자자신감의 결여를 나타내며 소비자의 삶의 질과 직결되어 있는 요소로 파악할 수 있다. 심리적응 척도는 비어든, 하디스티와 로즈(Bearden, Hardesty, and Rose, 2001)의 소비자자신감(consumer self-confidence) 문항과 손상희 외(2012)의 소비자자신감 평가문항 중에서 결과 예기에 해당하는 부분을 참고하여 구성하였다.

② 시장적응 척도

시장적응은 반두라의 "어떤 행동을 자기가 수행할 수 있는지 없는지에 대한 판단"(Bandura, 1977)을 나타내는 효능감 예기와 관련되며, 시장거래와 관련된 소비자효능감으로 개념화하였다. 이에 따라 본 연구에서 시장적응은 온라인 및 오프라인 시장과 거래환경을 이해하고 시장에서 자신

표 5-12 심리적응 척도

	문항
1	나는 물건을 사면 후회할까봐 늘 걱정이다.
2	나는 물건을 구입할 때 긴장되고 불편한 마음이 든다.
3	나는 물건을 살 때 속을까봐 두렵다.
4	나는 내가 산 물건에 만족하는 편이다.

표 5-13 시장적응 척도

	문항
1	나는 꼭 필요한 물건인지 아닌지를 잘 판단할 수 있다.
2	나는 물건을 살 때 원하는 정보를 잘 찾을 수 있다.
3	나는 물건을 살 때 관련된 정보를 잘 이해할 수 있다.
4	나는 상점에서 물건을 살 때 나의 권리와 의견을 주장할 수 있다.
5	나는 필요한 물건을 어디서 사면 좋은지 알 수 있다.
6	나는 물건을 사면서 불만 또는 피해를 자주 경험한다.
7	나는 인터넷에서 내가 원하는 정보를 잘 찾는다.
8	나는 인터넷에서 필요한 물건을 사는 것이 어렵다.

이 원하는 결과를 얻는 데 필요한 행동을 성공적으로 수행할 수 있는 정도라고 정의하였다. 시장적응 척도는 시장거래와 관련된 소비자의 단계별 행동과 시장환경에 대한 이해와 관련된 인지적 측면을 측정하는 데 중점을 두었으며, 비어든, 하디스티와 로즈(Bearden, Hardesty, and Rose, 2001)의 소비자자신감(consumer self-confidence) 문항과 손상희 외(2012)의 소비자자신감 평가문항 중에서 효능감 예기에 해당하는 부분을 참고하여 구성하였다.

③ 금융적응 척도

금융적응은 주어진 재무자원을 가지고 소비수준을 달성하는 정도라고 정의할 수 있다. 북한이탈주민에게 있어 금융적응은 남한에서의 소비생활적응 영역 중 가장 기본적이고도 중요한 부분이라고 할 수 있다. 이는 취업을 통한 소득 획득이 가능하다 하더라도 적절한 자원으로 적절한 소비수준을 유지할 수 있어야 실질적 의미에서 경제적 적응이 달성되었다고 할 수 있기 때문이다. 더불어 장기적인 삶의 복지를 향상시키기 위해 반드시 충족되어야 하는 부분이므로 소비생활적응 영역의 주요한 요소로 구성할 수 있다. 경제적 적응수준이 상대적으로 열악한 여성 북한이탈

표 5-14 금융적응 척도

	문항
1	다음 월급을 타기 전에 돈을 다 써버리는 경우가 많다.
2	경제적인 이유로 자신이나 가족이 병원이나 치과 치료를 미루고 있다.
3	가능하면 빚이라도 내고 싶은 심정이다.
4	나는 내가 갖지 못한 유명 브랜드 제품을 가진 사람 앞에서 기가 죽는다.
5	예상치 못한 사태가 발생하거나 특별한 필요가 발생할 때 쓸 수 있는 비상금이 있다.
6	식품이나 의복 등 기본적인 의식주 소비를 만족스럽게 하는 편이다.
7	가계 소득이 일정한 편이다.

표 5-15 문화적응 척도

	문항
1	나는 남한에서의 소비생활이 혼란스럽다.
2	나는 남한사회의 소비관련 법이나 제도, 규칙을 이해하고 준수하는 것이 어렵다.
3	나는 남한사람들의 소비생활방식이나 행동방식에 거부감이 있다.

주민의 경우에는 주어진 소득으로 가장 기본적인 소비수준을 안정적으로 충족시키고 있는지를 파악해야 한다. 이를 위해 워델(Waddell, 1999)의 재무문제 적응 관련 문항을 참고하여 이 연구에 적합하도록 수정하였다.

④ 문화적응 척도

문화적응은 남한의 이질적인 소비문화와 제도, 그리고 남한에서의 전반적인 소비생활에 익숙해지는 정도로 개념화하였다. 이는 소비사회의 건전한 구성원으로서 적극적인 소비자의 역할을 수행할 수 있는 기반이 되는 것으로, 소비생활적응 영역의 최종적 영역이라 할 수 있다. 이에 본 연구에서는 탈북청소년을 대상으로 한 박윤숙·윤인진(2007)의 일상생활 적응척도 중 문화적응 척도를 참고하여 문항을 구성하였다.

(4) 소비생활적응 척도의 구성요인 검증

이상에서 개발된 소비생활적응 문항의 측정방식은 4점 리커트 척도로 구

성되었다. '전혀 그렇지 않다'(1점), '별로 그렇지 않다'(2점), '조금 그렇다'(3점), '매우 그렇다'(4점)까지, 점수가 높을수록 측정항목에 대한 적응수준이 높은 것을 의미하도록 구성하였고, 이를 위해 부정적 적응문항들은 역코딩과정을 거쳤다. 조사 실시 전 구성된 문항들이 여성 북한이탈주민의 소비생활적응과 관련된 타당한 항목들을 포함하고 있는지, 측정문항들의 내용을 잘 이해할 수 있는지 등을 알아보기 위해 전문가의 자문을 거쳐서 타당성을 검토하였다. 척도의 확정을 위해 영역별로 신뢰도 분석을 실시하였으며, 항목이 삭제된 경우 신뢰도(Cronbach's α)값이 높아지는 항목을 삭제하여 문항을 정제하였다. 이에, 심리적응 4번째 문항과 시장적응 6번째 문항이 삭제되었고, 나머지 20개 문항으로 탐색적 요인분석을 실시하였으며, 그 결과는 〈표 5-16〉과 같다.

요인분석 결과, 5개의 요인이 추출되었다. 각 요인은 전체 분산의 18.28%, 12.55%, 10.03%, 9.47%, 8.40%를 설명하고 있으며, 이 5개의 요인이 전체 분산의 58.73%를 설명하고 있다.

5개의 요인은 대체로 개념적 구성에 일치하는 요인구조를 나타내고 있으나, 금융적응은 두 개의 차원으로 분류되었다. 두 요인에 높은 상관을 나타내는 문항은 개념적으로 적합한 요인에 포함시켰다. 이에 따라, 요인1은 시장적응, 요인2는 심리적응, 요인3은 문화적응을 나타낸다고 할 수 있으며, 요인4는 금융적응 중 소비충족성을, 요인5는 금융적응 중 소비안정성을 나타내는 문항이라 할 수 있다. 각 요인의 신뢰도는 0.56~0.84의 수준으로 분포되었으며, 소비생활적응 전체 문항의 신뢰도는 0.84로 높은 편이다. 금융적응 전체 문항의 신뢰도는 0.64로 각 하위차원의 신뢰도보다 높아서, 추후 다변량 분석에서 금융적응은 하위 차원으로 나누지 않고 하나의 변수로 사용하였다.

표 5-16 소비생활적응 문항의 요인분석 결과

문항	요인1 시장적응	요인2 심리적응	요인3 문화적응	요인4 금융적응: 소비충족성	요인5 금융적응: 소비안정성	Cronbach's α	
심리적응_1	-0.04	**0.79**	0.01	0.15	0.13		
심리적응_2	0.18	**0.80**	0.02	0.23	0.00	0.78	
심리적응_3	0.10	**0.76**	0.27	0.04	0.03		
시장적응_1	**0.71**	-0.01	0.01	0.19	0.03		
시장적응_2	**0.82**	0.05	0.15	0.04	0.17		
시장적응_3	**0.77**	-0.01	0.29	0.03	0.13		
시장적응_4	**0.72**	0.08	-0.07	0.02	-0.08	0.84	
시장적응_5	**0.77**	0.19	0.11	0.02	0.03		
시장적응_6	**0.62**	0.44	0.08	-0.14	0.20		
시장적응_7	**0.46**	-0.04	0.11	-0.19	0.08		
금융적응_1	-0.07	0.04	0.16	**0.78**	0.15		
금융적응_2	-0.07	0.15	0.45	**0.42**	0.14	0.64	
금융적응_3	0.07	0.18	0.01	**0.74**	0.11		
금융적응_4	-0.01	0.27	0.17	**0.56**	-0.16		0.64
금융적응_5	0.20	0.20	0.26	0.12	**0.54**		
금융적응_6	0.16	0.01	0.08	0.03	**0.75**	0.56	
금융적응_7	0.12	0.04	-0.02	0.07	**0.78**		
문화적응_1	0.04	0.49	**0.50**	0.22	0.14		
문화적응_2	0.05	0.12	**0.74**	0.14	0.10	0.68	
문화적응_3	0.22	0.07	**0.82**	0.04	0.03		
eigen-value	3.66	2.51	2.01	1.89	1.68	전체	
설명력(%)	18.28	12.55	10.03	9.47	8.40	Cronbach's α	
누적설명력(%)	18.28	30.83	40.86	50.33	58.73	0.84	

2) 소비생활적응 수준

(1) 소비생활적응 수준: 전반적 경향

여성 북한이탈주민의 소비생활적응 수준은 4점 척도에서 2.79점으로 다소 긍정적인 편으로 나타났다. 영역별로는 시장적응이 가장 높았으며, 금융적응, 심리적응, 문화적응 순으로 높았다. 금융적응에서는 소비충족성이 다소 높았으나, 소비안정성은 다소 낮은 편이었다(〈표 5-17〉).

〈표 5-18〉과 〈그림 5-4〉는 최종 확정된 소비생활적응의 영역별 세부항목의 평균과 세부항목의 분포경향을 제시한 것이다.

우선 심리적응 세부항목을 살펴보면, '물건을 구입할 때 긴장되고 불편한 마음이 든다'의 역문항 값은 다소 높은 수준이나 '물건을 사면 후회할까봐 늘 걱정이다', '물건을 살 때 속을까봐 두렵다'의 역문항 값은 매우 낮았다. 구체적으로, 약 35%의 응답자가 구매 시 긴장이나 불편을 느끼는 한편, 50% 가량의 응답자는 판매자에 대한 신뢰가 부족하여 속을까봐 두려워하고 물건 구매에 자신이 없고 후회와 걱정을 많이 한다고 답하였다. 이러한 자신감 결여는 효율적인 소비행동을 저해하고 소극적이고 수동적인 소비행동을 하는 원인이 되며, 소비생활뿐 아니라 남한사회에 대해서도 자신감을 갖지 못하게 하는 요인이 될 수 있다. 이는 소비자의 시장역량 증진 등 자신감 향상을 위한 노력의 필요성과 함께 이들에게

표 5-17 소비생활적응 수준

영역		평균 (S.D)	
심리적응		2.62 (0.69)	
시장적응		2.93 (0.59)	
금융적응	소비충족성	2.82 (0.48)	2.92 (0.63)
	소비안정성		2.69 (0.58)
문화적응		2.59 (0.64)	
소비생활적응 전체		2.79 (0.41)	

표 5-18 소비생활적응 측정항목(최종)

영역		항목	평균(S.D)
심리적응		1. 나는 물건을 사면 후회할까봐 늘 걱정이다. (역)	2.50(0.85)
		2. 나는 물건을 구입할 때 긴장되고 불편한 마음이 든다. (역)	2.82(0.78)
		3. 나는 물건을 살 때 속을까봐 두렵다. (역)	2.54(0.85)
시장적응		1. 나는 꼭 필요한 물건인지 아닌지를 잘 판단할 수 있다.	3.24(0.68)
		2. 나는 물건을 살 때 원하는 정보를 잘 찾을 수 있다.	2.93(0.82)
		3. 나는 물건을 살 때 관련된 정보를 잘 이해할 수 있다.	2.86(0.79)
		4. 나는 상점에서 물건을 살 때 나의 권리와 의견을 주장할 수 있다.	3.28(0.74)
		5. 나는 필요한 물건을 어디서 사면 좋은지 알 수 있다.	3.00(0.79)
		6. 나는 인터넷에서 내가 원하는 정보를 잘 찾는다.	2.78(0.94)
		7. 나는 인터넷에서 필요한 물건을 사는 것이 어렵다.	2.38(1.00)
금융적응	소비충족성	1. 다음 월급을 타기 전에 돈을 다 써버리는 경우가 많다.(역)	2.96(0.88)
		2. 경제적인 이유로 자신이나 가족이 병원이나 치과 치료를 미루고 있다.(역)	2.16(1.03)
		3. 가능하면 빚이라도 내고 싶은 심정이다.(역)	3.29(0.86)
		4. 나는 내가 갖지 못한 유명 브랜드 제품을 가진 사람 앞에서 기가 죽는다.(역)	3.24(0.83)
	소비안정성	5. 예상치 못한 사태가 발생하거나 특별한 필요가 발생할 때 쓸 수 있는 비상금이 있다.	2.49(0.84)
		6. 식품이나 의복 등 기본적인 의식주 소비를 만족스럽게 하는 편이다.	2.77(0.77)
		7. 가계소득이 일정한 편이다.	2.82(0.78)
문화적응		1. 나는 남한에서의 소비생활이 혼란스럽다.(역)	2.66(0.90)
		2. 나는 남한사회의 소비관련 법이나 제도, 규칙을 이해하고 준수하는 것이 어렵다.(역)	2.49(0.78)
		3. 나는 남한사람들의 소비생활방식이나 행동방식에 거부감이 있다.(역)	2.63(0.76)

신뢰를 줄 수 있는 시장환경 조성을 위한 노력이 필요함을 시사한다.

시장적응에 있어서는 '상점에서 물건을 살 때 나의 권리와 의견을 주장할 수 있다'의 문항값이 매우 높은 수준으로, 여성 북한이탈주민이 시장에서의 권리주장을 잘 하고 있음을 알 수 있다. 반면, 37~56%의 응답자가 인터넷에서 원하는 정보를 찾거나 물건을 사는 것이 어렵다고 생각하고 있어, 인터넷 정보탐색과 구매관련 교육이 필요하다고 하겠다.

금융적응 하위 차원 중 소비충족성의 평균값은 다소 높은 수준이었으

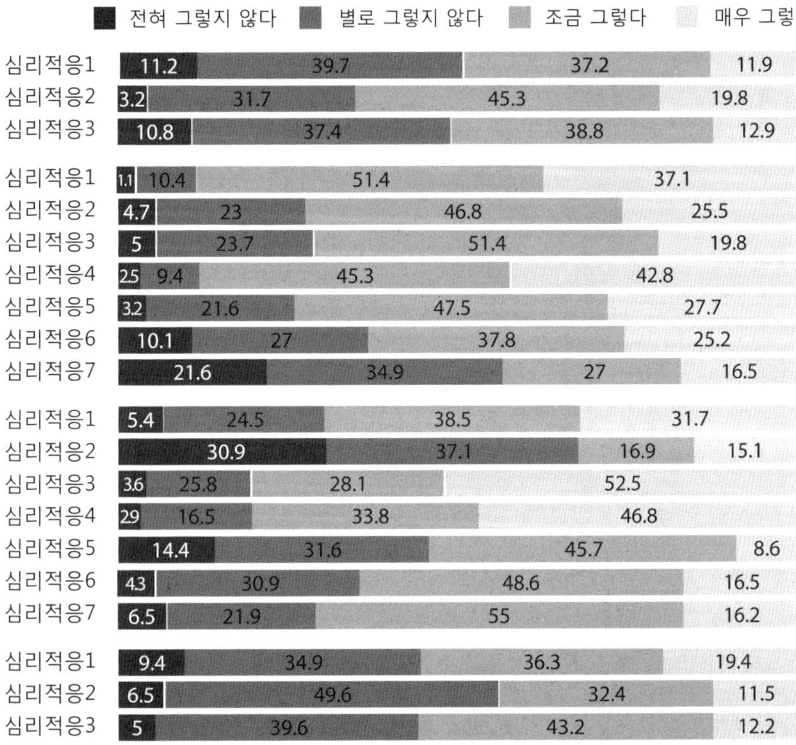

그림 5-4 소비생활적응의 세부항목별 분포

나, 항목별 편차가 크게 나타났다. 약 20~30%의 응답자가 월급을 타기 전에 돈을 다 써버리거나 빚이라도 내고 싶은 상황에 있거나, 유명 브랜드 제품을 가진 사람 앞에서 기가 죽는다고 응답한 한편, 68%의 응답자가 경제적인 이유로 병원 치료 등을 미루고 있다고 응답하였다. 소비안정성의 평균값은 낮은 편인데, 28~46%의 응답자가 예상치 못한 사태에 대처할 비상금이 없거나 기본적인 의식주 소비를 만족스럽게 하지 못하고 가계소득이 일정하지 않다고 대답하였다. 이는 여성 북한이탈주민의 소비안정성과 소비충족성을 높이기 위해서 소득증진 방안이 필요한 한편, 제한된 소득수준하에서의 효율적인 재무관리에 대한 교육이 매우 절실함을 시사한다.

문화적응 수준은 매우 낮았다. 44~56%의 응답자가 남한사람들의 소비생활방식이나 행동방식에 혼란과 거부감을 느끼고, 남한사회의 소비관련 법이나 제도, 규칙을 이해하고 준수하는 것이 어렵다고 답하였다. 이는 남한사회의 문화제도에 대한 적극적인 교육이 필요함을 나타낸다.

(2) 소비생활적응 수준: 집단별 차이

본 연구의 경제적 적응 모형에 따라, 여성 북한이탈주민의 일반적 특성과 인적자본, 사회적 자본, 직업 및 소득 집단별로 소비생활적응의 전반적 수준 및 영역별 차이를 분석하였고, 통계적으로 유의한 결과를 제시하였다. 그러나 이러한 결과는 여성 북한이탈주민의 소비생활적응에 영향을 미치는 다른 관련요인을 통제하지 않은 각 변수들만의 관계를 나타낸 것으로, 엄밀한 의미의 인과관계를 나타내는 것은 아니다.

① 일반적 특성에 따른 집단별 차이

여성 북한이탈주민의 일반적 특성별로 소비생활적응 수준을 비교해보면, 나이와 건강상태, 혼인상태, 가족원 수, 탈북 이유에 따라 유의한 차이가 나타났다. 나이의 경우 심리적응과 시장적응, 소비생활적응 전체에서 차이가 나타났는데, 40대 이하가 50대 이상에 비해 높은 점수를 보였다. 건강상태는 소비생활적응 모든 영역에서 차이를 보였는데, 건강상태가 양호하거나 보통인 집단은 건강상태가 나쁜 집단에 비해 심리적응, 시장적응, 금융적응, 문화적응, 소비생활적응 전체 점수가 높았다. 혼인상태는 심리적응을 제외한 모든 소비생활적응 영역에서 차이를 보였다. 배우자가 있는 기혼여성이 미혼이나 배우자가 없는 여성(별거 · 이혼 · 사별) 집단에 비해 시장적응, 금융적응, 문화적응, 소비생활적응 전체 점수가 높았다. 가족원 수는 4명 이상인 집단이 그 이하의 집단에 비해 시장적응과 소비생활적응 전체 점수가 높았다. 탈북 이유는 비경제적인 경우에 심리적응과 금융적응, 문화적응 수준이 높았다.

표 5-19 일반적 특성에 따른 소비생활적응 차이 (N = 277~278)

일반적 특성 \ 소비생활 적응 영역		심리적응	시장적응	금융적응	문화적응	소비생활 적응 전체
나이	25~39세	2.71(0.64)	3.15(0.54)	2.76(0.46)	2.63(0.62)	2.84(0.40)
	40~49세	2.64(0.70)	2.99(0.63)	2.86(0.48)	2.59(0.64)	2.80(0.41)
	50세 이상	2.40(0.73)	2.84(0.55)	2.84(0.53)	2.53(0.66)	2.69(0.43)
	F값	3.78**	5.20***	1.21	0.50	2.51*
건강 상태	양호 · 보통	2.68(0.65)	3.07(0.62)	2.88(0.44)	2.69(0.64)	2.86(0.39)
	나쁨	2.50(0.74)	2.92(0.53)	2.70(0.54)	2.41(0.60)	2.66(0.42)
	t값	2.10**	2.03**	2.94***	3.55***	3.90***
혼인 상태	미혼 · 별거 · 이혼 · 사별	2.57(0.72)	2.94(0.55)	2.76(0.46)	2.52(0.62)	2.72(0.39)
	기혼(유배우)	2.67(0.65)	3.12(0.64)	2.89(0.50)	2.69(0.65)	2.88(0.42)
	t값	-1.18	-2.62***	-2.22**	-2.31**	-3.30***
가족원 수	1명	2.62(0.73)	2.84(0.48)	2.83(0.48)	2.51(0.64)	2.71(0.40)
	2명	2.56(0.70)	3.01(0.60)	2.82(0.51)	2.61(0.64)	2.78(0.40)
	3명	2.60(0.77)	3.09(0.64)	2.76(0.50)	2.63(0.64)	2.81(0.45)
	4명 이상	2.77(0.10)	3.20(0.60)	2.82(0.48)	2.62(0.64)	2.91(0.36)
	F값	0.90	3.84**	0.70	0.51	2.22*
탈북 이유	경제적 이유	2.55(0.69)	3.04(0.64)	2.78(0.48)	2.57(0.63)	2.77(0.39)
	비경제적 이유	2.72(0.68)	2.98(0.56)	2.88(0.49)	2.63(0.65)	2.83(0.44)
	t값	2.04**	-0.79	1.72*	1.79*	1.22

주: 1) ( ) 안은 표준편차.
2) *** $p < 0.01$, ** $p < 0.05$, * $p < 0.1$.

이상의 결과는 소비생활적응 수준이 여성 북한이탈주민의 일반적 특성에 따라 차이가 있고, 연령이 높은 집단, 건강상태가 나쁜 집단, 배우자가 없는 집단, 가족원 수가 적은 집단, 경제적인 이유로 탈북한 집단이 소비생활적응에 있어 취약한 집단임을 말해준다.

② 인적자본에 따른 집단별 차이

인적자본 변수 중에서는 남한학력과 직업훈련, 억양 차이, 남한거주기간에 따라 유의한 차이를 보였다. 반면, 북한에서의 직업, 장사 경험, 교육

표 5-20 인적자본에 따른 소비생활적응 차이 (N = 277~278)

인적자본 \ 소비생활 적응 영역		심리적응	시장적응	금융적응	문화적응	소비생활 적응 전체
북한 직업	전문직	2.62(0.71)	3.03(0.57)	2.86(0.49)	2.65(0.69)	2.77(0.40)
	비전문직	2.61(0.68)	3.01(0.61)	2.79(0.48)	2.55(0.60)	2.82(0.44)
	t값	-0.12	-0.23	-1.28	-1.30	-1.03
장사 경험	있음	2.59(0.71)	3.03(0.57)	2.82(0.51)	2.58(0.66)	2.80(0.38)
	없음	2.66(0.65)	3.00(0.64)	2.81(0.44)	2.60(0.60)	2.79(0.43)
	t값	0.75	-0.35	-0.21	0.21	0.23
북한 학력	전문대졸 미만	2.64(0.69)	3.01(0.61)	2.84(0.46)	2.62(0.62)	2.78(0.39)
	전문대졸 이상	2.57(0.70)	3.02(0.56)	2.81(0.50)	2.52(0.66)	2.80(0.42)
	t값	0.80	-0.09	-0.39	1.31	0.28
남한 학력	전문대졸 미만	2.58(0.70)	2.87(0.59)	2.78(0.49)	2.54(0.64)	2.74(0.42)
	전문대졸 이상	2.76(0.63)	3.14(0.52)	2.96(0.44)	2.77(0.61)	2.97(0.35)
	t값	-1.85*	-3.21***	-2.52**	-2.43**	-3.74***
직업 훈련	받지 않음	2.64(0.68)	2.79(0.60)	2.83(0.45)	2.58(0.58)	2.72(0.37)
	받음	2.61(0.70)	3.10(0.57)	2.82(0.50)	2.59(0.66)	2.82(0.43)
	t값	0.42	-3.93***	0.12	-0.14	-1.71*
억양 차이	거의 차이 없음	2.70(0.63)	3.12(0.54)	2.91(0.47)	2.71(0.62)	2.89(0.39)
	심하게 차이남	2.44(0.78)	2.79(0.64)	2.63(0.46)	2.33(0.60)	2.58(0.39)
	t값	2.68***	4.46***	4.51***	4.86***	6.20***
남한 거주 기간	3년 미만	2.77(0.67)	2.84(0.62)	2.82(0.46)	2.63(0.62)	2.75(0.40)
	3~7년 미만	2.43(0.72)	2.95(0.58)	2.75(0.47)	2.46(0.63)	2.70(0.40)
	7년 이상	2.76(0.60)	3.20(0.56)	2.90(0.50)	2.74(0.62)	2.94(0.39)
	F값	8.30***	8.45***	2.64*	5.73***	10.48***

주: 1) ( ) 안은 표준편차.
2) *** $p < 0.01$, ** $p < 0.05$, * $p < 0.1$.

수준은 소비생활적응에 유의한 영향을 미치지 않았다. 남한에서 정규교육을 이수한 집단은 그렇지 않은 집단에 비해 모든 영역에서 소비생활적응 수준이 높았다. 직업훈련을 받은 집단은 받지 않은 집단에 비해 시장적응과 소비생활적응 전체 영역에서 높은 수준을 보였다. 억양 차이는 모든 소비생활적응 영역에서 유의한 차이를 나타냈는데, 억양 차이가 거의

없다고 인식하는 집단이 억양 차이가 심한 것으로 인식하는 집단에 비해 적응 수준이 높았다. 이상의 결과는 남한에서의 인적자본을 축적한 경험이 있는 집단이 남한에서의 소비생활적응에 더 유리함을 나타낸다.

남한거주기간은 심리적응, 시장적응, 금융적응, 문화적응, 소비생활적응 전체 영역에서 유의한 차이를 나타냈는데, 시장적응과 소비생활적응 전체에 있어 7년 이상 거주한 집단이 7년 미만 거주 집단에 비해 적응 점수가 높았다. 심리적응, 금융적응, 문화적응과 관련해서는 7년 이상 집단이 3~7년 미만 집단에 비해 적응 점수가 높았고, 3년 미만인 집단과는 오히려 차이가 없는 것으로 파악되었다. 이러한 경향은 정착 초기집단이 시장적응에 취약하며, 정착 중기집단은 심리적응, 금융적응, 문화적응에 있어서 상대적으로 취약한 집단임을 나타낸다.

③ 사회적 자본과 지원제도에 따른 집단별 차이

사회적 자본에 따른 소비생활적응 영역별 차이를 살펴보면 〈표 5-21〉과 같다. 남한친구는 소비생활적응의 전 영역에 걸쳐서 유의한 차이를 나타내는데, 남한친구가 있는 집단은 없는 집단에 비해 모든 영역에서 적응 점수가 높았다. 반면 북한친구의 유무는 소비생활적응과 유의한 연관성을 보이지 않았다. 한편 민간단체 지원 경험이 있는 집단은 경험이 없는 집단에 비해 금융적응 수준이 낮게 나타났고, 종교단체지원 경험이 있는 집단도 경험이 없는 집단에 비해 심리적응, 금융적응과 소비생활적응 전체 점수가 낮았다. 즉, 민간단체나 종교단체의 지원이 소비생활적응 수준을 높이는 데 기여하지 못한다고 할 수 있다.

지원제도의 이용도 소비생활적응과 부적인 관계를 나타냈다. 생계급여 이용 경험이 있으면 시장적응, 금융적응 점수가 낮았고, 의료보호 이용 경험은 소비생활적응과 관련이 없었다. 정착도우미의 이용 경험은 오히려 시장적응과 금융적응에 부적인 영향을 미쳤으며, 보호담당관의 이용도 금융적응에 부적 영향을 미쳤다. 생계급여의 경우, 생계급여 자체가

표 5-21 사회적 자본과 지원제도에 따른 소비생활적응 차이 (N = 277~278)

사회적 자본 \ 소비생활 적응 영역		심리적응	시장적응	금융적응	문화적응	소비생활 적응 전체
남한 친구	있음	2.70(0.66)	3.13(0.55)	2.87(0.50)	2.65(0.64)	2.87(0.40)
	없음	2.52(0.72)	2.87(0.62)	2.76(0.46)	2.51(0.63)	2.69(0.40)
	t값	-2.18**	-3.66***	-1.96*	-1.82*	-3.63***
북한 친구	있음	2.61(0.63)	3.04(0.58)	2.82(0.49)	2.59(0.63)	2.80(0.39)
	없음	2.62(0.87)	2.94(0.65)	2.81(0.46)	2.61(0.67)	2.77(0.47)
	t값	0.07	-1.18	-0.17	0.20	-0.43
민간단체 지원	있음	2.50(0.66)	2.99(0.57)	2.73(0.51)	2.61(0.66)	2.73(0.43)
	없음	2.65(0.70)	3.02(0.60)	2.85(0.47)	2.59(0.63)	2.81(0.41)
	t값	1.60	0.41	1.73*	-0.25	1.36
종교단체 지원	있음	2.52(0.70)	2.97(0.59)	2.74(0.49)	2.60(0.62)	2.74(0.42)
	없음	2.68(0.68)	3.04(0.60)	2.87(0.48)	2.58(0.65)	2.82(0.41)
	t값	1.86*	0.98	2.08**	-0.26	1.67*
생계 급여	있음	2.60(0.69)	2.99(0.60)	2.80(0.49)	2.57(0.62)	2.77(0.41)
	없음	2.72(0.70)	3.17(0.58)	2.98(0.45)	2.74(0.73)	2.93(0.38)
	t값	0.90	1.66*	2.05*	1.51	2.16**
의료 보호	있음	2.60(0.69)	3.00(0.60)	2.80(0.49)	2.58(0.62)	2.78(0.41)
	없음	2.68(0.71)	3.09(0.56)	2.93(0.46)	2.65(0.70)	2.87(0.40)
	t값	0.68	0.89	1.59	0.66	1.38
정착 도우미	있음	2.59(0.71)	2.93(0.59)	2.75(0.48)	2.55(0.63)	2.72(0.42)
	없음	2.66(0.67)	3.14(0.58)	2.91(0.48)	2.65(0.64)	2.88(0.38)
	t값	0.86	2.85***	2.64***	1.36	3.20***
보호 담당관	있음	2.62(0.69)	3.00(0.60)	2.79(0.48)	2.59(0.64)	2.77(0.41)
	없음	2.59(0.69)	3.10(0.58)	2.97(0.48)	2.60(0.60)	2.87(0.39)
	t값	-0.24	1.09	2.42**	0.13	1.48

주: 1) ( ) 안은 표준편차.
2) *** $p < 0.01$, ** $p < 0.05$, * $p < 0.1$.

소비생활적응을 낮춘다기보다는 건강상태가 나쁘거나 소득이 낮은 취약한 집단이 생계급여 혜택을 받기 때문으로 해석된다. 마찬가지로 다른 지원제도와의 부적 관계도 응답자의 선택편의로 인한 것일 수 있다. 따라서 다변량분석을 통해 명확한 인과관계를 확인할 필요가 있겠다.

④ 취업과 소득 특성에 따른 집단별 차이

취업과 소득에 따른 소비생활적응 영역별 차이는 〈표 5-22〉에 정리되어 있다. 취업의 경우 직종에 따른 집단별 차이는 거의 나타나지 않아, 취업 여부에 따른 집단별 차이를 제시하였다. 여성 북한이탈주민 중 취업자는 미취업자에 비해 금융적응과 문화적응, 소비생활적응 전체에서 높은 점수를 보였다. 가구소득은 모든 소비생활적응 영역에서 차이를 보였다. 가구소득이 높을수록 적응 점수가 높은 것으로 파악되었는데, 대체로 가구소득 200만 원 이상인 집단은 그보다 소득이 낮은 집단에 비해 적응점수가 일관되게 높았다. 심리적응, 시장적응과 소비생활적응 전체에서 가장 낮은 점수를 나타낸 집단은 가구소득 100만 원 미만인 집단이었다. 금융적응과 문화적응에 있어서는 가구소득 100만 원 미만인 집단과 100~200만 원 미만인 집단의 적응점수에 차이가 나타나지 않고 두 집단 모두 가구소득 200만 원 이상인 집단에 비해 낮은 적응점수를 보였다.

이상의 결과에서 볼 때, 여성 북한이탈주민 중 미취업자는 금융적응과 문화적응 면에서, 저소득가계는 모든 소비생활적응 영역에서 취약한 집단임을 알 수 있다.

표 5-22 취업과 소득 특성에 따른 소비생활적응 차이 (N = 278)

취업과 소득 특성 \ 소비생활적응 영역		심리적응	시장적응	금융적응	문화적응	소비생활 적응 전체
취업 상태	취업	2.67(0.70)	3.03(0.60)	2.91(0.54)	2.66(0.61)	2.83(0.43)
	미취업	2.56(0.68)	3.00(0.59)	2.73(0.46)	2.52(0.66)	2.73(0.40)
	t값	-1.32	-0.47	-2.67***	-1.80*	-1.68*
가구 소득	100만 원 미만	2.48(0.65)	2.88(0.56)	2.72(0.43)	2.50(0.66)	2.67(0.38)
	100~200만 원 미만	2.67(0.74)	3.04(0.60)	2.80(0.50)	2.56(0.61)	2.80(0.38)
	200만 원 이상	2.76(0.66)	3.22(0.60)	3.02(0.50)	2.81(0.58)	3.00(0.43)
	F값	4.03**	7.33***	8.57***	5.45***	14.46***

주: 1) ( ) 안은 표준편차.
2) *** $p < 0.01$, ** $p < 0.05$, * $p < 0.1$.

3) 소비생활적응 유형과 결정요인

이상에서 여성 북한이탈주민의 소비생활적응 수준을 영역별로 파악하며, 그들이 가진 여러 특성에 따른 집단별 차이가 있는지를 살펴보았다. 여기서는 여성 북한이탈주민의 소비생활적응을 좀 더 통합적으로 이해하기 위해 소비생활적응 수준에 따라서 소비자가 어떻게 분류되는지 소비생활적응 유형을 도출하고, 그 결정요인을 파악하고자 한다. 여성 북한이탈주민의 소비생활적응 유형들의 독자적인 특성이 드러난다면 유형별 소비자들의 특성에 적합한 정책제안이 가능할 것이다. 이에, 소비생활적응의 영역별 점수에 따라 여성 북한이탈주민을 분류하기 위해 K 평균 군집분석을 실시하였다. K 평균 군집분석에서 군집결과의 숫자를 두 개에서 점차 늘려나가며 결과를 얻었고, 심리적응, 시장적응, 금융적응, 문화적응을 투입변수로 사용하였다. 그중 각 유형의 특성이 특징적으로 나타나는 네 개의 군집 분류 결과를 최종적으로 채택하였다.

(1) 여성 북한이탈주민의 소비생활적응 유형

여성 북한이탈주민은 네 개의 소비생활적응 유형으로 분류되었다. 이 네 개의 유형은 크게 소비생활적응 영역별 점수가 모두 높게 나타난 적응집단과 어느 한 영역 혹은 두 개의 영역에서 현저하게 낮은 점수를 나타낸 부적응집단으로 구분되었다. 이에 따라 각 유형은 심리금융부적응 유형, 고적응 유형, 시장부적응 유형, 문화부적응 유형으로 명명되었다.

유형별 특성을 알아보기 위해 소비생활적응 유형별 소비생활적응 점수와 소비생활만족도 및 남한생활만족도에 차이가 있는지를 분석하였다. 소비생활적응, 소비생활만족도, 남한생활만족도의 각 유형 집단 간 평균의 차이는 〈표 5-23〉과 같다.

'고적응 유형'은 응답자의 약 25%가 속하며, 심리적응, 시장적응, 금융적응, 문화적응의 점수가 가장 높은 집단이다. 소비생활만족도와 남한

표 5-23 소비생활적응 유형별 적응수준 및 만족도 비교

영역 \ 집단	심리금융 부적응 유형	고적응 유형	시장부적응 유형	문화부적응 유형	F값
심리적응	1.90(0.41)[c]	3.11(0.58)[a]	3.12(0.48)[a]	2.55(0.42)[b]	103.36***
시장적응	2.48(0.41)[c]	3.53(0.34)[a]	2.46(0.45)[c]	3.14(0.36)[b]	123.68***
금융적응	2.51(0.42)[d]	3.20(0.42)[a]	2.94(0.34)[b]	2.70(0.44)[c]	37.39***
문화적응	2.22(0.46)[c]	3.32(0.44)[a]	2.78(0.39)[b]	2.18(0.39)[c]	116.33***
소비생활만족도	2.53(0.74)[b]	2.91(0.59)[a]	2.77(0.67)[a]	2.41(0.57)[b]	8.952***
남한생활만족도	2.62(0.65)[c]	3.13(0.62)[a]	2.87(0.52)[b]	2.72(0.56)[bc]	10.031***
N (%)	77(27.8)	69(24.9)	53(19.1)	78(28.2)	277(100)

주: 1) ( ) 안은 표준편차.
2) a, b, c는 Duncan의 사후검증 결과임.
3) *** $p < 0.01$, ** $p < 0.05$, * $p < 0.1$.

생활만족도도 가장 높아, 가장 적응을 잘하는 집단이라 할 수 있다.

고적응 유형 외의 다른 유형들은 소비생활적응의 어느 한 영역 혹은 몇 개 영역의 점수가 다른 유형에 비해 낮아 특정 부분의 부적응을 나타내고 있는 집단이다. '심리금융부적응 유형'은 심리적응과 금융적응 점수가 가장 낮았다. 시장적응과 문화적응 점수도 낮은 편이고 남한생활만족도도 가장 낮아, 남한에서의 소비생활에 가장 적응을 잘하지 못하는 집단으로 볼 수 있다. 이들은 응답자의 약 28%를 차지하였다.

'시장부적응 유형'은 시장적응 점수가 가장 낮았으나, 다른 영역에서는 중간 정도의 점수를 나타내는 집단으로, 19% 가량의 응답자가 속해 있었다. 소비생활만족도에서는 고적응 유형과 같이 높은 수준이었고, 남한생활만족도는 두 번째로 높아 고적응 유형 다음으로 적응을 잘하고 있는 집단이라 할 수 있다.

'문화부적응 유형'은 문화적응 점수는 다른 유형에 비해 가장 낮았으나 시장적응 점수는 고적응유형 다음으로 높았고, 심리적응과 금융적응 점수는 중간 정도였다. 소비생활만족도와 남한생활만족도도 낮은 편이라, 고적응 유형이나 시장부적응 유형에 비해 취약한 집단이라 할 수 있

다. 응답자의 28% 가량이 문화부적응 유형에 속했다.

소비생활만족도와 남한생활만족도와의 관계를 볼 때, 여성 북한이탈주민의 약 3/4은 소비생활에 적응을 잘 못하고 있으며, 소비생활 및 남한생활만족도가 가장 낮은 심리금융부적응 유형과 문화부적응 유형에 대한 특별한 고려가 필요함을 알 수 있다. 그리고 이들 유형별 특성을 파악하기 위해 소비생활적응 유형의 결정요인을 분석할 필요가 있다.

여성 북한이탈주민의 소비생활적응 유형의 결정요인 분석을 위해 다항로짓모형(multinomial logit model)을 사용하였다. 소비생활적응 유형을 결정하는 데 있어 유의한 영향요인과 각 변수의 독립적 영향력을 살펴보고자 한다. 이를 위해 고적응 유형을 준거집단으로 하여, 여성 북한이탈주민의 일반적 특성, 인적자본, 사회적 자본, 지원제도, 취업과 소득 관련 변수가 부적응집단에 속할 확률에 어떻게 영향을 미치는지를 보기 위해 각각의 변수를 독립변수로 포함한다.

〈표 5-24〉에 제시된 분석결과를 살펴보면, 일반적 특성 중에서는 건강상태가 심리금융부적응 유형과 문화부적응 유형에 속할 확률에 유의한 영향을 미치며, 탈북 이유가 심리금융부적응 유형에 속할 확률에 영향을 미친다. 건강상태가 나쁜 경우 고적응유형에 비해 심리금융부적응 유형과 문화부적응 유형에 속할 확률이 높아지고, 경제적인 이유로 탈북했을 경우 심리금융부적응 유형에 속할 확률이 높다. 〈표 5-19〉의 일원변량분석에서 소비생활적응과 유의한 관계를 나타낸 나이, 혼인상태, 동거가족수는 다른 변수들을 통제하였을 때 영향력이 사라졌음에 반해, 건강상태와 탈북 이유는 소비생활적응 유형을 결정하는 데 여전히 유의한 변수다. 이는 여성 북한이탈주민의 소비생활적응을 촉진시키기 위해서 건강문제에 대한 지원과 탈북 이유에 따른 심리적 문제를 다룰 필요가 있음을 시사한다. 건강은 여성 북한이탈주민의 취업과 소득을 결정할 뿐 아니라(〈표 4-8〉, 〈표 4-14〉) 소비생활적응 유형을 결정할 때에도 중요한 요인인 것이다. 탈북 이유가 경제적일 때 경제적인 향상에 대한 동기와 기대

표 5-24 여성 북한이탈주민의 소비생활적응 유형 결정요인: 다항로짓분석 (N = 277)

	심리금융부적응 유형		시장부적응 유형		문화부적응 유형	
	coeff.	Exp(β)	coeff.	Exp(β)	coeff.	Exp(β)
일반적 특성						
나이	-0.122	0.886	0.122	1.129	0.012	1.012
	(0.262)		(0.297)		(0.249)	
나이제곱항[1)]	0.179	1.196	-0.081	0.922	-0.009	0.991
	(0.298)		(0.338)		(0.289)	
건강상태(나쁨)	1.391	4.020***	0.650	1.916	1.088	2.969**
	(0.495)		(0.566)		(0.481)	
북한(중국)배우자	-1.138	0.320	-0.743	0.476	-0.212	0.809
	(0.728)		(0.794)		(0.726)	
남한배우자	-0.909	0.403	-1.819	0.162	-0.442	0.643
	(0.924)		(1.186)		(0.863)	
별거 · 이혼 · 사별	-0.471	0.625	-0.492	0.611	0.176	1.192
	(0.602)		(0.672)		(0.613)	
가족원 수	0.358	1.431	-0.304	0.738	0.280	1.323
	(0.276)		(0.307)		(0.263)	
탈북 이유(경제적)	0.755	2.127*	0.732	1.079	-0.161	0.851
	(0.423)		(0.478)		(0.405)	
인적자본						
북한학력(전문대)	-0.041	0.959	0.326	1.385	0.453	1.573
	(0.474)		(0.523)		(0.454)	
북한직업(전문직)	0.169	1.184	-0.691	0.501	-0.949	0.387**
	(0.482)		(0.561)		(0.478)	
장사 경험	-0.902	0.406*	-1.853	0.157***	-0.618	0.539
	(0.473)		(0.536)		(0.466)	
남한학력	-0.457	0.633	0.995	2.705*	0.558	1.748
	(0.616)		(0.584)		(0.506)	
직업훈련	-0.674	0.510	-1.184	0.306**	-0.344	0.709
	(0.478)		(0.501)		(0.483)	
억양 차이(심함)	1.724	5.609***	1.785	5.957***	1.248	3.484**
	(0.525)		(0.586)		(0.530)	
남한거주기간	-0.039	0.962*	-0.070	0.933***	0.020	1.021
	(0.022)		(0.023)		(0.023)	
남한거주기간	0.018	1.018	0.034	1.035**	-0.020	0.980
제곱항[2)]	(0.014)		(0.014)		(.015)	

	심리금융부적응 유형		시장부적응 유형		문화부적응 유형	
	coeff.	Exp(β)	coeff.	Exp(β)	coeff.	Exp(β)
사회적 자본						
남한친구	-0.480	0.618	0.522	1.685	-0.199	0.820
	(0.455)		(0.526)		(0.438)	
북한친구	0.710	2.034	1.460	4.308**	1.212	3.360**
	(0.532)		(0.652)		(0.551)	
민간단체 지원	-0.489	0.613	0.776	2.172	0.383	1.466
	(0.605)		(0.661)		(0.561)	
종교단체 지원	-0.025	0.975	-0.463	0.629	-0.106	0.899
	(0.504)		(0.579)		(0.477)	
지원제도						
생계급여	0.591	1.805	-0.760	0.468	0.740	2.095
	(0.866)		(0.871)		(0.794)	
의료보호	-0.191	0.826	0.301	1.352	-0.305	0.737
	(0.795)		(0.902)		(0.746)	
정착도우미	0.838	2.313	0.246	1.278	-0.597	0.550
	(0.506)		(0.556)		(0.475)	
보호담당관	-0.295	0.745	0.038	1.038	0.910	2.484
	(0.568)		(0.651)		(0.563)	
직업/소득						
취업 여부	0.254	1.289	0.231	1.260	-0.290	0.748
	(0.469)		(0.538)		(0.440)	
가구소득(로그값)	-0.342	0.710	0.294	1.342	-0.452	0.637
	(0.409)		(0.474)		(0.392)	
상수항	3.778		-1.915		-0.169	
	(5.569)		(6.307)		(5.241)	
Log Likelihood	607.85					
χ^2	150.78***					
pseudo R^2	0.45					

주: 준거집단은 고적응 유형.
1) 나이제곱/100.
2) 남한거주기간제곱/100.
3) ( ) 안은 표준오차.
4) *** $p < 0.01$, ** $p < 0.05$, * $p < 0.1$.

가 높은 만큼 그에 못 미치는 현실에 부딪혔을 때 좌절하는 경향이 있다(손상희, 2013; Sohn, 2013).

인적자본은 소비생활적응 유형을 결정하는 데 유의한 변수가 가장 많다. 북한에서의 인적자본 중에서 북한직업은 문화부적응 유형에 속할 확률을 유의하게 낮춘다. 북한에서의 학력은 소비생활적응 유형을 결정하는 데 영향력이 없다. 남한에서의 정규교육은 일반적인 기대와는 달리 시장부적응 유형에 속할 확률을 높이는 반면, 남한에서의 직업훈련은 시장부적응 유형에 속할 확률을 낮춘다. 여성 북한이탈주민의 남한에서의 정규교육이 취업확률과 소득을 높이는 중요한 요인이며, 직업훈련은 취업확률 및 소득과 부적 관계를 보이는 것(〈표 4-8〉, 〈표 4-14〉)과는 상반된 결과다. 이는 소비생활적응을 위해 요구되는 역량이 정규교육에서 키워지기보다는 실제 경제생활에 참여한 경험이나 컴퓨터, 인터넷교육 등을 포함하고 있는 직업훈련의 내용과 더 연관된 것은 아닌가 유추하게 한다.[3]

억양 차이는 모든 부적응 유형에 속할 확률에 영향을 미친다. 즉, 억양 차이가 심하면 고적응 유형에 비해 심리금융부적응 유형, 시장부적응 유형, 문화부적응 유형에 속할 확률이 높아질 뿐만 아니라, 모든 변수 중에서 여성 북한이탈주민이 부적응 유형에 속할 확률을 가장 크게 증가시키는 요인이다. 실제로 억양 차이는 취업이나 자신의 근로소득과는 유의한 관계가 없으나(〈표 4-8〉, 〈표 4-14〉), 의사소통에 장애가 된다는 점에서(박성재 외, 2011) 시장에서의 불이익이나 차별, 그로 인한 심리적 위축감의 요인이 될 수 있다(손상희, 2013). 이는 언어능력과 언어에 대한 자신감이 소비생활적응에 필요한 일차적인 인적자본으로서 중요하게 키워야 하는 요인임을 나타낸다. 남한거주기간은 심리금융부적응 유형과 시장부적응 유형에 속할 확률을 감소시키는데, 이는 남한에 거주하면서 터득하는 일반

---

3 손상희 외(2014)는 소비생활적응에 영향을 미치는 일차적인 인적자본으로 소비자역량을 탐구하였으며, 교육이나 직업훈련 등은 소비생활적응에 직접 영향을 미치기도 하지만 소비자역량을 통한 간접 영향을 미치기도 함을 밝혔다.

적인 숙련이 소비생활적응에 도움이 됨을 의미한다. 단, 시장부적응 유형에 미치는 확률은 남한거주기간이 어느 정도 지나면 다시 높아진다. 하지만 남한거주기간은 문화부적응 유형에 속할 확률을 감소시키지는 않는다.

사회적 자본으로 북한친구와의 네트워크는 시장부적응 유형과 문화부적응 유형에 속할 확률을 높이는 반면 남한친구와 민간단체 지원, 종교단체 지원의 유의한 영향은 나타나지 않았다. 여성 북한이탈주민의 소비생활적응 유형을 결정하는 데 사회적 자본의 효과가 미미한 것은 취업과 소득에 대해서 영향력이 없다고 밝혀진 결과(〈표 4-8〉, 〈표 4-14〉)와도 일맥상통하나, 사회적 자본이 북한이탈주민이나 이민자에게 필요한 정보와 자원 등을 지원함으로써 사회적응에 도움을 주는 것으로 밝혀진 연구들(손상희, 2013; Potocky-Tripodi, 2003; Waldinger, 1997)과는 상이한 결과다. 소비생활적응에 대한 일원변량분석(〈표 5-21〉)에서 드러난 남한친구의 긍정적 영향은 다른 변수들을 통제했을 때 드러나지 않고, 오히려 북한친구의 부적 영향력이 나타나고 있다. 북한친구와의 네트워크는 특히 시장부적응 유형과 문화부적응 유형에 속할 확률을 높이고 있어, 여성 북한이탈주민이 기존의 공동체에 매몰될 경우 남한사회에 대한 적응력, 특히 새로운 시장환경과 문화제도에 대한 적응력이 오히려 떨어지는 부정적 효과를 나타내고 있음을 알 수 있다.

지원제도가 소비생활적응 유형에 미치는 영향력은 유의하지 않다. 생계급여와 의료급여 경험, 정착도우미, 보호담당관 이용 경험은 소비생활적응 유형을 결정하는 데 유의한 영향력이 없다. 〈표 5-21〉의 일원변량분석 결과에서 지원제도는 소비생활적응 수준과 오히려 부적 관계를 보이는 것을 감안해보면 이러한 지원제도의 수혜자들 특성상 선택편의로 인한 것으로 볼 수도 있겠지만, 지원제도가 소비생활적응에 있어서는 긍정적인 결과를 나타내지 못하고 있음에 제도의 효율성과 효과에 대한 재고가 필요하다고 하겠다. 취업과 가구소득도 소비생활적응 유형에 영향을 미치지 않는 것으로 나타났다. 일원변량분석에서 유의한 관계를 나타

낸 취업과 소득의 영향은 상당부분 여성 북한이탈주민의 건강상태나 억양 차이 등을 매개로 이루어지고 있는 것으로 짐작할 수 있겠다.

결론적으로, 여성 북한이탈주민의 소비생활적응 유형별 특성을 보면, 고적응 유형에는 여성 북한이탈주민 중에서 상대적으로 건강하고 억양 차이가 심하지 않으며, 탈북 이유가 경제적인 것이 아니며, 북한에서 전문직 경험이 있고, 장마당 장사 경험이 있으며, 남한에서 직업훈련에 참여하고 남한거주기간이 상대적으로 오래된 여성 북한이탈주민이 속할 확률이 높다. 따라서 여성 북한이탈주민의 소비생활적응이 모든 영역에서 긍정적으로 달성된 고적응 유형에 속할 확률을 높이기 위해서는 언어 자신감과 건강과 같은 소비생활적응에 도움이 되는 인적자본의 증대가 효과적이라 할 수 있다. 긍정적인 효과를 주는 것으로 나타난 직업훈련과 장마당 장사 경험에서 예상되는 바와 같이, 소비생활적응에 직접 도움이 되는 역량을 키워줄 수 있는 소비생활교육이 고안되어 제공된다면 더욱 큰 효과를 기대할 수 있을 것이다. 여성 북한이탈주민의 건강은 취업과 소득뿐 아니라 소비생활적응을 위해서도 기본적으로 해결되어야 할 중요한 요인으로, 건강문제에 대한 적절한 지원이 반드시 필요하다. 또한 공적 · 사적 영역에서 북한이탈주민의 남한사회 적응을 돕기 위해 제공되고 있는 민간단체 지원이나 종교단체 지원, 정착도우미, 보호담당관제도 등의 효과가 낮은 만큼, 이러한 지원이 소비생활적응과 연계될 수 있도록 제도설계 및 운영상의 개선이 필요하다.

3. 여성 북한이탈주민의 소비생활만족도

이 절에서는 먼저 여성 북한이탈주민의 소비생활만족도와 생활만족도 수준, 그리고 소비생활 불만족 요인 및 소비생활적응 장애요인과 촉진요인을 알아본다. 나아가 소비생활적응 수준이 소비생활만족도와 어떤 관

계가 있는지 파악하며, 소비생활적응 수준이 생활만족도에는 어떤 영향을 주는지도 분석한다. 이러한 분석을 통해, 여성 북한이탈주민의 소비생활만족도와 전반적인 생활만족도가 어느 정도인지 이해하고, 소비생활적응이 남한에서의 소비생활만족도 및 전반적인 생활만족도에 미치는 중요성에 대해 살펴보고자 한다.

1) 소비생활만족도 현황

삶의 만족도는 크게 환경적인 부분과 개인적인 부분으로 나누어진다. 환경적인 부분에서는 의료혜택이나 교통수단, 안전함 등의 측면에서 전반적으로 남한에서의 생활이 북한에서의 생활에 비해 나아졌다고 평가한다. 그러나 개인적인 측면에서는 사회에 적응하기 어려운 점과 탈북과정에서 느끼는 죄책감, 건강문제, 경제적 어려움, 교육기회의 제한 등으로 만족도가 낮은 것으로 나타난다(김미령, 2007; 북한이탈주민지원재단, 2010). 종합적으로 보면, 북한에서의 생활보다 남한에서의 생활에 더 만족하고 있으며 거주기간이 길수록 남한생활에 대한 만족도가 상승하는 경향을 보인다(장명선 · 이애란, 2009).

선행연구들에서 생활만족도가 다차원적인 삶의 질을 반영한 포괄적인 개념으로 사용된 반면, 소비생활만족도는 생활만족도를 구성하는 하위영역 혹은 생활만족도에 영향을 주는 하나의 요인으로 간주되어왔다. 소비생활만족도는 연구의 목적에 따라 의생활, 식생활, 주생활 등 다양한 소비생활영역에 대한 주관적 만족도로 측정되거나(정영숙, 1999; 남수정, 2007), 전반적인 소비생활수준 혹은 소비생활방식에 대한 만족도로 측정되었다(김영신, 2005; 허경옥, 2004). 선행연구들은 공통적으로 소비생활만족도가 객관적 경제요인과 그에 대한 주관적 평가에 의해 결정된다고 보고하고 있다. 객관적 경제요인으로는 소득과 자산, 직업, 교육수준 등 사회경제적 지위 등을 포함하고, 주관적 요인으로는 소득이나 현재 경제상태

에 대한 만족도 등을 포함한다. 이 외에도 연구에 따라 성별, 연령과 같은 개인적 요인이나 소비자소외감, 자기조절과 같은 심리사회적 요인의 중요성을 검증해내기도 하였다.

북한이탈주민의 소비생활만족도와 관련해서는 김병욱 · 김영희(2011), 박용석 · 원혜일(2010)의 연구가 있다. 이 연구들에 따르면 북한이탈주민의 34~40%가 남한에서의 소비생활에 만족하는 것으로 나타났는데, 이는 남한 주민의 응답에 비해 상대적으로 높은 수치인 것으로 추정되었다(박용석 · 원혜일, 2010). 북한이탈주민의 소비생활만족도는 소득이 높고 직업이 있는 경우와 같은 객관적인 경제적 요인과 남한생활수준에 대한 주관적 인식, 그리고 결혼상태, 연령 등과 같은 개인적 요인에 따라서 다른 경향을 보였으나, 통계적인 유의성이 검증되지는 않았고(김병욱 · 김영희, 2011), 경제력 부족이 소비생활 불만족의 가장 큰 이유로 밝혀졌다(박용석 · 원혜일, 2010).

(1) 남한에서의 생활 전반에 대한 만족도와 소비생활만족도

본 연구에서 소비생활만족도는 소비생활에 대한 전반적인 만족도를 묻는 문항으로 측정하였다. 여성 북한이탈주민의 남한생활에 대한 전반적인 만족도와 소비생활에 대한 만족도는 〈표 5-25〉와 같다. 남한에서의 생활 전반에 대해서는 '만족스러운 편'이 175명(62.9%)으로 가장 높게 나타났으며, '약간 불만족' 70명(25.2%), '매우 만족' 29명(10.4%), '매우 불만족' 4명(1.4%) 순으로 나타났다. 소비생활만족도의 경우에도 '만족스러운 편'이 148명(53.2%)으로 가장 높게 나타났으며, '약간 불만족' 100명(36.0%), '매우 만족' 20명(7.2%), '매우 불만족' 10명(3.6%) 순으로 나타났다. 그러나 소비생활에 만족한다고 응답한 여성 북한이탈주민은 60.4%로서, 생활 전반에 대해 만족한다고 응답한 73.3%에 비해 낮은 수준이다. 즉, 여성 북한이탈주민의 남한에서의 소비생활만족도는 전반적인 생활만족도에 비해 다소 낮은 편이다.

표 5-25 소비생활만족도 및 생활만족도 (단위: 명, %)

	매우 만족	만족스러운 편	약간 불만족	매우 불만족
소비생활만족도	20(7.2)	148(53.2)	100(36.0)	10(3.6)
생활만족도	29(10.4)	175(62.9)	70(25.2)	4(1.4)

표 5-26 남한입국 직후 대비 전반적인 생활 여건 변화

구분	인원(%)
매우 좋아졌나	54(19.5)
약간 좋아졌다	190(68.6)
약간 나빠졌다	32(11.6)
매우 나빠졌나	1(0.4)
전체	277(100)

남한입국 직후부터 현재까지의 전반적인 생활 여건 변화에 대한 인식은 〈표 5-26〉과 같다. 남한입국 직후에 비해 현재의 전반적인 생활 여건이 '약간 좋아짐'이 190명(68.6%)으로 가장 높게 나타났으며, '매우 좋아짐' 54명(19.5%), '약간 나빠짐' 32명(11.6%), '매우 나빠짐' 1명(0.4%) 순으로 나타났다. 즉, 대부분의 여성 북한이탈주민은 생활 여건이 좋아졌다고 인식하고 있으나, 약 12%의 응답자는 생활 여건이 오히려 악화된 것으로 인식하고 있다.

(2) 소비생활에 대한 불만족 요인

여성 북한이탈주민이 소비생활에 만족하지 못하는 요인으로는 '경제력이 뒷받침되지 못함'이 208명(75.4%)으로 가장 높게 나타났으며, '필요한 생활정보 부족' 28명(10.1%), '믿을 수 없는 거래관행' 15명(5.4%), '남들보다 못하다는 생각' 12명(4.3%), '피해 및 불만처리 어려움' 11명(4.0%)의 순으로 나타났다(〈표 5-27〉). 해당 결과에서 알 수 있듯, 여성 북한이탈주민의 소비생활 복지가 떨어지는 원인은 열악한 경제적 상황과 직결되어 있

표 5-27 소비생활 불만족 요인

구분	인원(%)
남들보다 못하다는 생각	12(4.3)
경제력이 뒷받침되지 못함	208(75.4)
필요한 생활정보 부족	28(10.1)
믿을 수 없는 거래관행	15(5.4)
피해 및 불만처리 어려움	11(4.0)
기타	2(0.7)
합 계	276(100)

표 5-28 소비생활적응 장애요인 및 촉진요인

변수	구분	인원(%)
소비생활적응 장애요인	어느 상품이 좋은지 알 수 없었다	129(46.4)
	광고의 내용이 사실인지 알 수 없었다	148(53.2)
	영어가 너무 많아 어려웠다	195(70.1)
	계약서의 내용을 제대로 이해하기 어려웠다	148(53.2)
	물건을 살 때 사기당할까 두려웠다	99(35.6)
	어디에서 사는 것이 좋을지 몰라서 혼란스러웠다	102(36.7)
	기타	2(0.7)
소비생활적응 촉진요인	단체에서 받은 교육활동	102(36.7)
	TV나 라디오, 신문, 잡지 등의 광고정보	120(43.2)
	인터넷 상의 상품정보	65(23.4)
	주변 사람들의 추천 및 조언	164(59.0)
	직접 사용해본 경험	150(54.0)
	기타	2(0.7)

주: 복수응답.

고, 이는 박용석 · 원혜일(2010)의 연구결과와 같다.

여성 북한이탈주민의 남한 소비생활적응에 대한 가장 큰 장애요인으로는 빈번한 영어 사용(70.1%)이 지적되었다. 또한 광고내용의 진위 여부나 계약서 내용을 이해하기 어려운 점 등, 소비생활을 둘러싼 소비자지식의 혼돈과 자신감 결여가 대표적인 소비생활적응의 장애요인인 것으로 나타났다. 소비생활적응 촉진요인으로는 주변 사람들의 추천 및 조언

(59%)과 직접 사용해본 경험(54%)이 지적되었다. 여성 북한이탈주민의 경우 소비생활에 대한 의사결정을 주로 자신의 실제 사용 경험이나 지인들과의 정보교류를 통해서 실행한다고 볼 수 있는데, 이는 소비자지식의 영역을 제한하고 장기적으로는 보다 객관적인 정보의 학습을 저해할 수 있다. 따라서 향후 소비자교육에서는 여성 북한이탈주민의 이러한 폐쇄적인 커뮤니케이션을 이해하고, 합리적인 정보원천의 접근가능성을 확장시킬 수 있는 교육 및 정책적 노력을 고민해야 할 것이다.

2) 소비생활적응과 소비생활만족도

앞서 살펴본 바와 같이 적응의 개념을 좌절감이나 불안감 없이 만족을 느끼는 상태 혹은 남한사회의 일원으로 소속감을 가지며 심리적 안정을 얻는 것으로 정의한다고 할 때(윤인진, 2000; 전우택, 2000), 적응은 개인의 생활만족을 위한 필요조건이 된다. 같은 맥락에서, 본 연구에서 소비생활적응을 새로운 경제체제와 시장환경을 이해하고 소비생활에서 필요한 행동을 자신감을 가지고 수행하는 것뿐 아니라, 이에 따라 소비생활에서의 변화, 즉 안정을 달성한 상태로 정의하였으므로, 소비생활에서의 만족을 이루는 데 긍정적인 기여를 하리라고 기대할 수 있다. 이에, 여성 북한이탈주민의 소비생활적응이 소비생활만족도에 의미 있는 영향을 미치는지를 확인할 필요가 있다.

〈표 5-23〉에서 여성 북한이탈주민의 소비생활적응 유형에 따라 소비생활만족도와 남한생활만족도에 유의한 차이가 있음을 확인하였다. 이 절에서는 소비생활만족도에 영향을 미치는 주요 요인으로 알려진 개인의 특성과 객관적 · 주관적 경제요인을 고려하고도 여성 북한이탈주민의 소비생활적응 유형이 소비생활만족도에 독립적인 영향력을 가지는지를 파악하기 위해 다중회귀분석을 수행하였다. 분석결과는 〈표 5-29〉와 같다.

모형 (1)은 선행연구에서 소비생활만족도의 영향요인으로 밝혀진 여

성 북한이탈주민의 개인적 특성과 객관적 · 주관적 경제요인을 포함하였다. 구체적으로 개인적 특성으로는 가족원 수와 탈북 이유를 포함하였고, 객관적 경제수준에 영향을 줄 수 있는 인적자본 변수로 북한학력, 남한학력, 남한거주기간 및 취업, 소득변수를 포함하였다. 더불어 주관적 경제수준을 나타내는 변수로 북한과 남한에서의 사회경제적 지위에 대한 평가(SES인식)를 포함하였다. 이 외에도 소비생활만족도 영향변수로 생계급여, 의료급여, 정착도우미, 보호담당관 등 북한이탈주민 지원제도의 활용 경험을 포함하였다. 모형 (2)는 모형 (1)의 변수에 소비생활적응 유형 변수를 추가하여 소비생활적응 유형의 독립적인 효과를 검증하였다.

모형 (1)의 분석결과를 살펴보면, 여성 북한이탈주민의 소비생활만족도에 유의한 영향을 미치는 변수는 남한학력, 취업, 남한SES 인식으로 나타났다. 남한에서의 정규교육과 취업은 소비생활만족도를 유의하게 높이고, 남한에서의 사회경제적 지위를 높이 평가할수록 소비생활만족도가 높았다. 현재의 객관적 경제수준을 나타내는 소득은 소비생활만족도를 높이는 데 독립적인 효과가 없는 것으로 나타난 반면, 주관적 경제수준을 나타내는 남한에서의 사회경제적 지위에 대한 평가가 유의한 것으로 나타난 것은 주목할 만하다. 즉, 소비생활만족도를 결정하는 데 객관적인 수준보다 주관적인 인식이 더 중요하다고 할 수 있다. 소비생활에 영향을 줄 수 있는 다양한 지원제도의 활용 경험은 소비생활만족도를 높이는 데 기여하지 못하는 것으로 나타났다. 이는 지원제도의 이용 경험이 과거에 국한되는 것이 아니라 현재 이용자들도 포함할 수 있어 지원제도 수혜자의 열악한 상황을 반영한 것일 수도 있고, 아니면 지원제도의 실질적인 효과가 부족함을 시사하는 것일 수도 있어 추후 분석이 더 필요한 부분이라 하겠다.

모형 (2)는 모형 (1)에 소비생활적응 유형의 더미변수를 추가한 것이다. 이때 고적응 유형을 기준변수로 하였다. 모형 (1)의 결과와는 달리 소비생활적응 유형 변수를 투입할 경우 취업의 효과가 유의하지 않은 것으

표 5-29 여성 북한이탈주민의 소비생활만족도 결정요인: OLS (N = 277)

	(1)	(2)
일반적 특성		
가족원 수	-0.038	0.020
	(0.044)	(0.044)
탈북 이유(경제적)	-0.106	-0.117
	(0.082)	(0.081)
인적자본		
북한학력(전문대)	-0.135	-0.117
	(0.084)	(0.082)
남한학력	0.169 *	0.177 *
	(0.101)	(0.100)
남한거주기간	-0.006	-0.004
	(0.004)	(0.004)
남한거주기간 제곱항	0.005 *	0.003
	(0.002)	(0.003)
지원제도		
생계급여	0.014	0.074
	(0.157)	(0.155)
의료보호	0.100	0.083
	(0.149)	(0.146)
정착도우미	-0.018	-0.049
	(0.089)	(0.089)
보호담당관	-0.112	-0.085
	(0.110)	(0.109)
직업/소득		
취업 여부	0.161 *	0.142
	(0.091)	(0.089)
가구소득(로그)	0.082	0.055
	(0.069)	(0.068)
주관적 사회경제적 지위		
북한SES	-0.018	-0.027
	(0.028)	(0.028)
남한SES	0.178 ***	0.162 ***
	(0.040)	(0.040)

	(1)	(2)
소비생활적응 유형		
심리금융부적응 유형		-0.198 *
		(0.107)
시장부적응 유형		-0.049
		(0.116)
문화부적응 유형		-0.355 ***
		(0.105)
상수항	2.093 ***	2.322 ***
	(0.317)	(0.338)
Adj R^2	0.16	0.19
F값	4.69***	4.82***

주: 1) ( ) 안은 표준오차.
2) *** $p < 0.01$, ** $p < 0.05$, * $p < 0.1$.

로 나타났다. 남한학력과 남한SES의 영향력은 변함이 없었는데, 남한에서 정규교육을 이수하거나 남한에서의 사회경제적 지위에 대해 높게 평가할수록 소비생활적응 유형 변수를 통제하더라도 여전히 소비생활만족도가 높았다.

소비생활적응 유형 더미변수의 효과를 보면, 고적응 유형에 비해 심리금융부적응 유형과 문화부적응 유형의 소비생활만족도는 유의하게 낮았으며, 시장부적응 유형은 고적응 유형에 비해 소비생활만족도가 낮았으나 유의한 차이는 없었다. 심리금융부적응 유형과 문화부적응 유형 더미변수의 표준화된 회귀계수는 각각 -0.133, -0.238로서, 문화부적응 유형의 소비생활만족도가 가장 낮은 것을 알 수 있다. 이러한 결과는 여성 북한이탈주민의 소비생활적응 유형이 소비생활만족도에 유의한 영향을 미침을 나타낸다. 또한 여성 북한이탈주민의 소비생활만족도를 높이기 위해서는 특히 남한의 이질적인 소비문화와 제도, 전반적인 남한의 소비생활에 익숙해지는 문화적응이 필요하며, 또한 시장거래에서 좌절이나 두려움이 없고 주어진 재무자원으로 어느 정도의 소비수준을 영위할 수 있는 심리적응과 금융적응이 달성되어야 함을 시사한다.

4. 맺음말

이 장에서는 여성 북한이탈주민의 소비와 이를 통한 삶의 질을 파악하고자 소비지출 실태를 살펴보고 소비수준과 저축 및 부채의 결정요인을 분석하였으며, 소비생활적응을 개념화하고 척도를 구성하였고, 이를 바탕으로 여성 북한이탈주민의 소비생활적응을 유형화하고 영향요인을 검증하였다. 또한 소비생활적응과 소비생활만족도와의 관계를 살펴보았다.

여성 북한이탈주민의 소비지출 실태는 남한의 평균 소비수준의 절반 이하밖에 안 되는 낮은 수준임에도 부채상환이나 대북송금, 주거비, 의료비, 보험 등 필수적인 지출로 인해 제한된 경제상황임을 나타내고 있다. 저축 및 보험 관련 지출은 생활비에 비해 상대적으로 높은 비중을 차지하고 있어, 건강상실에 대한 대처 및 불확실한 미래를 위해 현재의 소비를 자제하는 검소한 소비생활이 여성 북한이탈주민에게 전반적인 소비의 철학으로 작용하고 있음을 알 수 있다.

그러나 여성 북한이탈주민의 절반 정도는 저축이 없고 보험이 과도한 경우가 있어 효율적인 자원배분에 대한 지침이 필요해 보인다. 건강이 안 좋은 경우가 많아 건강에 관심을 많이 갖고 과도한 보험을 가입하기도 하지만 직접적인 의료기관 외에 예방 차원의 건강관리에 있어서는 소극적인 지출을 하고 있다. 또한 저축과 부채의 주된 이유가 모두 주택자금 마련이고 열망재의 1위가 주택인 것으로 드러나 여성 북한이탈주민의 주택에 대한 높은 관여도를 확인할 수 있다. 주요 소비지출 비목으로 주거비와 통신비가 1, 2위를 차지한 것을 보면 높은 주거비 부담도 짐작할 수 있어, 여성 북한이탈주민의 최소한의 소비수준을 담보하기 위해서는 건강과 주거문제에 대한 지원이 필수적임을 알 수 있다. 또한 통신비가 큰 비중을 차지하므로 주거비와 통신비 경감을 위한 소비자교육은 가계경제를 위해 매우 도움이 될 것이다. 이러한 결과는 여성 북한이탈주민에 관한 선행연구들(김병욱 · 김영희, 2011; 장명선 · 이애란, 2009)과 대부분 일치하고 있다.

여성 북한이탈주민 가계의 소비수준은 건강상태, 가족원 수와 같은 요구조건과 총가구소득, 본인이나 배우자 근로소득, 정부지원금 등 소득관련 변수에 의해 결정되었다. 소득은 그 유형에 상관없이 공히 소비수준에 긍정적 영향을 미치는 것으로 나타났다. 이는 소득의 유형이나 미래의 기대소득에 따라 소비에 미치는 영향이 다르다고 보는 항상소득가설이나 생애주기가설이 여성 북한이탈주민의 소비에 대해서는 적용되지 않으며, 어떤 유형의 소득이든 현재의 소비수준을 높이는 것에 기여하는 것은 그만큼 여성 북한이탈주민의 현재 소비생활에 대한 요구가 크다는 것을 나타낸다고 하겠다. 주목할 점은 남한에서의 정규교육이나 거주기간이 유의한 영향력을 미치지 못하였다는 것이다. 이들 변수가 여성 북한이탈주민의 취업이나 소득을 결정하는 중요한 요인임(〈표 4-7〉, 〈표 4-8〉, 〈표 4-14〉, 〈표 4-15〉)을 감안할 때, 남한에서의 교육이나 거주기간은 취업이나 소득을 매개로 소비수준에 간접적인 영향을 미치는 것으로 보인다. 하지만 한편으로는 소비수준의 향상을 위해서는 단순한 거주기간의 연장이나 명목적인 교육 유무보다는 적극적인 경제활동 참여를 통한 소득 창출이 중요하다는 것을 의미한다고 해석할 수도 있다. 건강이 나쁘면 생활비 지출 필요가 더 커짐에도 불구하고 소비수준이 줄어드는데, 이러한 결과는 여성 북한이탈주민의 소비수준 향상을 위해서 소득의 증가와 함께 건강의 개선이 매우 중요함을 나타내는 것이다.

저축의 경우, 직업특성과 소득관련 변수, 나이와 가족원 수가 중요한 결정요인이며, 이는 여성 북한이탈주민의 저축행동이 실질적인 경제력과 직결됨을 시사한다. 취업자 중에서도 생산·서비스직에 비해 전문직이나 사무직의 저축확률이 월등히 높아, 여성 북한이탈주민의 취업과 직종이 소득의 안정성을 확보하는 수단으로서 저축행동에 중요한 영향을 미치는 것으로 나타났다. 소득유형별 효과 분석에서 배우자의 근로소득만이 저축확률을 높이는 것으로 나타났는데, 이는 임시소득이 저축에 영향을 미친다는 선행연구(Mincer, 1960; 양세정, 1998)에 비추어볼 때 여성 북한이탈

주민의 경우 배우자의 근로소득을 추가적인 소득으로 간주하여 가계의 저축수준을 높이는 것으로 해석할 수 있다.

부채의 경우, 직업특성과 같은 미래소득에 대한 기대 변수와 소득 변수, 그리고 건강상태나 혼인상태와 같은 부채요구 변수가 주요 결정요인으로 나타났다. 취업은 미취업상태에 비해 미래소득에 대한 기대를 증가시켜 긍정적 부채를 유발할 가능성이 있으며, 가구소득 수준이 높을수록 현재소비의 충족 정도가 높아 부채 이용 가능성이 작아진다.

한편 여성 북한이탈주민의 소비생활적응과 삶의 질 향상이라는 차원에서 선행연구들을 기초로 소비생활적응의 통합적 개념을 제시하고, 소비생활적응 수준을 평가할 수 있는 척도를 개발하여 측정하였다. 여성 북한이탈주민의 소비생활적응을 위해 필요한 측정영역으로 심리적응, 시장적응, 금융적응 및 문화적응의 네 영역을 구성하였고, 각 영역별로 구체적인 문항을 도출하였다. 심리적응은 시장거래에서 좌절이나 두려움이 없는 상태로 정의하였고, 시장적응은 온라인 및 오프라인 시장과 거래환경을 이해하고 시장에서 자신이 원하는 결과를 얻는 데 필요한 행동을 성공적으로 수행할 수 있는 정도라고 정의하였으며, 심리적응은 소비생활과 관련된 정서적 측면에, 시장적응은 시장거래 행동 및 시장환경과 관련된 인지적 측면에 초점을 두었다. 금융적응은 주어진 재무자원을 가지고 소비수준을 달성하는 정도라고 정의하였고, 소비충족성과 소비안정성의 두 요소로 구성되었다. 문화적응은 남한의 이질적인 소비문화와 제도, 그리고 남한에서의 전반적인 소비생활에 익숙해지는 정도로 개념화하였다. 이러한 소비생활적응의 개념화와 척도는 북한이탈주민의 소비생활적응 평가뿐 아니라, 북한이탈주민의 남한사회 적응을 위한 정책이나 교육목표 수립 시에 소비생활적응의 표준으로 활용될 수 있을 것이다.

여성 북한이탈주민의 소비생활적응 수준은 4점 척도에서 2.79점으로 다소 긍정적인 편으로 나타났다. 영역별로는 시장적응이 가장 높았으며, 금융적응, 심리적응, 문화적응 순이다. 금융적응에 있어서는 소비충

족성보다 소비안정성이 낮은 편이었다. 여성 북한이탈주민의 소비생활적응 유형은 고적응 유형과 심리금융부적응 유형, 시장부적응 유형, 문화부적응 유형의 네 개의 유형으로 분류되었으며, 이들은 문화부적응 유형(28.2%), 심리금융부적응 유형(27.8%), 고적응 유형(24.9%), 시장부적응 유형(19.1%) 순으로 분포되었다. 소비생활적응 영역별 점수가 모두 높게 나타난 고적응 유형 외에는 모두 어느 한 영역, 혹은 두 개의 영역에서 현저하게 낮은 점수를 나타내었다.

여성 북한이탈주민의 소비생활적응 유형을 결정하는 데에는 건강상태와 탈북 이유와 같은 개인적 특성, 북한에서의 직업, 장마당 장사 경험과 같이 북한에서 구축된 인적자본과 남한에서의 직업훈련, 언어 차이 극복, 남한거주기간과 같은 남한에서 구축된 인적자본 요소, 그리고 북한친구가 중요한 요인으로 나타났다. 북한에서의 학력과 남한친구와의 교류는 소비생활적응 유형을 결정하는 데 유의한 영향관계를 나타내지 않는다. 따라서 고적응 유형에 속할 확률을 높이기 위해서는 언어자신감과 건강의 향상, 직업훈련과 장마당 장사 경험의 긍정적 효과와 같이 소비생활적응에 직접 도움이 되는 역량을 향상시킬 수 있는 소비생활교육의 제공이 효과적일 것이다. 또한 공적 · 사적 영역에서 북한이탈주민의 남한사회 적응을 돕기 위해 제공되고 있는 민간단체 지원이나 종교단체 지원, 정착도우미, 보호담당관제도 등의 지원이 소비생활적응과 연계될 수 있도록 제도설계 및 운영상의 개선이 필요하다.

소비생활적응 유형이 소비생활만족도에 미치는 영향을 알아보기 위해 소비생활만족도의 결정요인을 분석하였다. 소비생활만족도의 결정요인으로 남한에서의 정규교육과 주관적 경제수준을 나타내는 남한에서의 사회경제적 지위 인식이 유의하게 나타났으며, 이들을 통제하여도 소비생활적응 유형 변수의 효과는 유의하게 나타났다. 따라서 여성 북한이탈주민의 소비생활만족도를 설명하는 데 있어 소비생활적응이 중요한 설명변수임을 확인할 수 있다. 특히 문화부적응 유형, 심리금융부적응 유형

의 소비생활만족도가 고적응 유형에 비해 유의하게 낮아, 이들을 위한 지원방안이 필요함을 시사한다. 이는 여성 북한이탈주민의 삶의 질에 있어 시장거래의 역량을 높이는 기술적인 접근뿐 아니라 신뢰할 수 있는 시장환경 구축을 위한 정책적 접근과 시장거래에서의 두려움을 없애고 문화적인 제도와 규범에 대한 이해를 도모하는 심리적 접근이 중요하며, 소비생활의 안정과 충족을 이루는 것이 또한 중요함을 의미한다.

제6장

결론: 여성 북한이탈주민의 경제적 적응과 과제

1. 분석결과 종합

1) 취업과 소득

여성 북한이탈주민의 경제적 적응은 취업과 소득 측면에서 다음과 같이 분석하였다. 취업 측면에서는 여성 북한이탈주민의 취업 여부와 더불어 취업의 질을 반영하는 변수로서 직종을 고려하였고, 소득 측면에서는 개인 근로소득 및 가구소득 수준과 결정요인을 분석하였다. 아울러 여성 북한이탈주민의 취업과 소득이 남한생활에 대한 전반적인 만족도에 미치는 영향을 분석하였다. 주요 분석결과는 다음과 같다.

첫째, 여성 북한이탈주민의 취업과 관련해서는 남한에서 축적한 인적자본의 역할이 매우 중요하며 북한에서 축적한 인적자본은 직접적인 영향력이 없다. 남한에서 정규교육을 받은 경우 정규교육을 받지 않은 경우에 비해 취업확률이 약 20% 증가하며, 남한거주기간으로 대변되는 일반적 숙련도나 사회적응력 또한 취업확률을 높이는 역할을 한다. 반면 남한에서의 직업훈련 경험은 취업확률을 높이지 못하여 현행 직업훈련제도의 실효성이 낮다는 기존의 연구결과들을 뒷받침한다. 북한에서의 학력

이나 직업, 장사 경험 등은 남한에서 취업하는 데 도움이 되지 못하였다. 여성 북한이탈주민의 취업을 방해하는 가장 큰 장애요인은 건강상태와 미성년자녀 양육부담이었다.

둘째, 취업을 전문직·사무직과 생산직·서비스직으로 구분해보면, 남한에서의 정규교육이 전문직·사무직 취업확률을 높이는 가장 중요한 변수로 나타났다. 직업훈련은 전문직·사무직 취업에 도움이 되지 못하였고, 건강상태가 나쁘면 전문직·사무직 취업확률이 유의하게 낮았다. 생산직·서비스직 취업의 경우, 연령이나 남한거주기간이 취업에 유의한 영향을 미쳤으며, 직업훈련 경험은 생산·서비스직 취업확률과 오히려 마이너스의 연관성을 보이나 이는 주로 선택 편의에 기인하는 것으로 해석된다. 건강상태의 효과는 유의하지 않은 반면, 미성년자녀 양육부담의 부정적 효과는 여전히 유의하다. 북한에서의 학력이나 직업은 남한에서의 취업이나 직종 선택에 유의한 영향을 미치지 못하였으나, 북한에서의 장사 경험은 전문직·사무직 취업확률에는 유의한 영향을 미쳤다.

셋째, 여성 북한이탈주민 취업자의 근로소득은 전반적으로 낮은 수준이나, 남한에서 정규교육을 이수한 경우 교육을 받지 않은 경우에 비해 소득수준이 월등히 높다. 상용직인 경우 임시직·일용직이나 자영업에 비해 근로소득이 유의하게 높으며, 근로시간이 많을수록 월평균 근로소득 또한 높다. 반면 직업훈련은 근로소득을 높이지 못하였다. 북한에서의 학력이나 직업, 장사 경험 또한 근로소득에 유의한 영향을 미치지 못하였고, 배우자의 출신지역도 여성 북한이탈주민의 근로소득에는 유의한 영향이 없다.

넷째, 여성 북한이탈주민 본인의 근로소득을 포함한 가구소득의 경우, 미혼여성이나 배우자가 없는 기혼여성(별거·사별·이혼)에 비해 유배우 기혼여성의 가구소득이 훨씬 높다. 이는 배우자의 취업에 따른 별도의 근로소득에 기인하는 부분이 크며, 배우자가 취업하지 않았더라도 구성원 증가에 따른 지원금 확대로 인한 부분이 있을 수 있다. 여성 북한이탈주민

이 남한에서 정규교육을 받은 경우 그렇지 않은 경우에 비해 가구소득이 월등히 높으며, 이 외에 남한거주기간이나 건강상태 등도 가구소득에 영향을 미친다.

다섯째, 남한생활에 대한 전반적 만족도와 관련해서는, 남한에서 정규교육을 받은 집단이 그렇지 않은 집단에 비해 만족도가 유의하게 높다. 미혼여성에 비해 배우자가 있는 기혼여성이 남한생활에 대한 만족도가 높기는 하나 통계적 유의성은 없으며, 별거·이혼·사별인 경우 미혼여성에 비해 생활만족도가 유의하게 낮다. 주말근로를 하는 집단이 주말근로를 하지 않는 집단에 비해 만족도가 낮았고, 생계급여나 의료급여 등 지원제도 수혜 경험은 남한생활에 대한 만족도를 높이는 데 기여하지 못하였다.

2) 소비생활과 적응

여성 북한이탈주민의 소비생활 측면에서의 경제적 적응은 다음과 같이 분석하였다. 여성 북한이탈주민의 소비생활행태와 관련 요인을 분석하였고, 소비생활적응의 수준과 관련 요인을 분석하였다. 이에 더하여 소비생활적응의 유형을 파악하였고, 소비생활적응 유형의 결정요인 및 소비생활적응 유형과 소비생활만족도와의 관계를 분석하였다. 주요 분석결과는 다음과 같다.

첫째, 여성 북한이탈주민의 소비지출행태를 살펴보면, 응답자의 70% 이상이 월평균 150만 원 미만의 생활비를 지출하고 있고, 주택관련 지출과 대북송금 등 고정지출비용이 많아 소비생활수준이 더욱 제한된다. 저축과 부채 관련 지출 역시 생활비 대비 높은 수준이다. 그러나 여성 북한이탈주민의 20% 정도만이 부채를 지고 있어 제약된 생활비 한도 내에서 소비지출에 대한 기대수준 자체를 하향조정하는 방식으로 소비생활이 이루어지고 있음을 보여준다. 소비수준은 요구변수로서 건강상태와 가족

원 수, 그리고 소득변수로서 가구소득과 본인 및 배우자 근로소득, 정부 및 민간단체 지원금 등에 의해 결정된다. 저축은 직업특성과 소득변수 및 연령, 가족원 수에 영향을 받으며, 부채는 미래소득에 대한 기대를 반영하는 직업특성과 소득변수 및 건강, 혼인상태와 같은 가계의 요구수준이 주요 결정요인이다.

둘째, 여성 북한이탈주민의 소비생활적응을 심리적응, 시장적응, 금융적응, 문화적응의 네 영역으로 개념화하고 척도를 구성하였다. 소비생활적응을 측정한 결과, 전반적인 소비생활적응 수준은 4점 척도에서 2.79점으로 긍정적인 편이다. 영역별로는 시장적응 수준이 가장 높고, 그다음으로 금융적응, 심리적응, 문화적응 순으로 높다. 소비생활적응 수준은 여성 북한이탈주민의 일반적 특성, 인적자본, 사회적 자본, 취업 및 소득 특성에 따라 집단별 차이를 보인다. 특히 일반적 특성 중에서는 건강상태와 혼인상태, 인적자본의 경우 남한학력과 억양 차이 및 남한거주기간, 사회적 자본의 경우 남한친구 유무, 취업 및 소득 특성 중에서는 가구소득이 소비생활적응의 모든 영역과 유의한 관계를 보인다.

셋째, 여성 북한이탈주민의 소비생활적응 유형은 심리금융부적응 유형, 고적응 유형, 시장부적응 유형, 문화부적응 유형으로 구분되며, 규모면에서는 문화부적응 유형(28.2%), 심리금융부적응 유형(27.8%), 고적응 유형(24.9%), 시장부적응 유형(19.1%)의 순으로 분포되어 있다. 고적응 유형에 비해 다른 부적응 유형에 속할 확률에 영향을 미치는 요인으로는 북한에서의 직업, 장사 경험, 남한에서의 직업훈련, 억양 차이, 남한거주기간 등 여성 북한이탈주민의 인적자본이 가장 중요하며, 다음으로 건강상태와 북한친구와의 교류가 중요하다. 양호하지 못한 건강상태와 억양 차이, 경제적 이유에 의한 탈북은 심리금융부적응 유형에 속할 확률을 높이고, 장사 경험과 남한거주기간은 심리금융부적응 유형에 속할 확률을 낮춘다. 심한 억양 차이와 북한친구와의 교류, 남한학력은 시장부적응 유형에 속할 확률을 높이고, 장사 경험, 직업훈련, 남한거주기간은 시장부적

응유형에 속할 확률을 낮추는 요인으로 작용한다. 건강상태가 나쁘거나 억양 차이가 심하고 북한친구와의 교류가 있으면 문화부적응 유형에 속할 확률이 높아지고, 북한에서 전문직을 가졌을 경우 문화부적응 유형에 속할 확률이 낮아진다.

넷째, 소비생활적응 유형이 소비생활만족도에 미치는 영향을 분석한 결과, 소비생활만족도에 영향을 미치는 객관적·주관적 경제수준 변수들을 통제한 후에도 문화부적응 유형과 심리금융부적응 유형의 소비생활만족도가 고적응 유형에 비해 유의하게 낮아, 여성 북한이탈주민의 소비생활만족도를 설명하는 데 있어 소비생활적응이 중요한 설명변수임을 확인할 수 있다. 흥미로운 점은 가구소득과 같은 가시적 설명변수가 소비생활만족도에 유의한 영향력이 없는 것으로 나타난 반면, 소비생활적응 유형은 소비생활만족도에 유의한 영향을 미친다는 것이다.

이상의 연구결과는 여성 북한이탈주민의 소비생활과 삶의 질에 대한 결정요인으로 소비생활적응, 특히 문화, 심리, 금융 적응의 중요성을 시사한다.

2. 정책제언

1) 기본방향

(1) 경제적 자립을 위한 역량 강화

북한이탈주민의 경제적 적응의 핵심은 경제적 자립을 통해 남한사회의 구성원으로서 기능하고 인정받는 것이며, 경제적 자립은 취업을 통한 소득확보와 합리적인 소비생활을 통해 가능하다. 북한이탈주민 지원정책의 기조가 과거의 시혜적 지원 위주에서 자립·자활 지원으로 패러다임 전환이 이루어지기는 하였으나, 아직까지 많은 북한이탈주민이 경제적 자

립에 어려움을 겪고 있으며 여성의 경우에는 그 정도가 훨씬 심하다. 따라서 여성 북한이탈주민의 경제적 자립이 가능하도록 역량을 강화하고 그 역량을 발휘할 수 있도록 지원체계를 갖추어야 한다. 이를 위해서는 여성 북한이탈주민이 남한사회에서 필요한 인적자본을 축적할 수 있도록 해야 하고, 노동시장에서 필요한 전문적 지식이나 기술 이외에 남한사회와 시장경제를 이해하고 적응하는 데 필요한 일반적 지식이나 기술에 대한 투자가 필요하다. 아울러 경제적 자립기반으로서 사회적 지본의 역할을 강화할 필요가 있다.

(2) 개인 특성별 맞춤형 정책지원 강화

북한이탈주민의 70%가 여성임에도 불구하고, 현재의 지원제도는 이러한 특성을 제대로 반영하지 못하고 있다. 지원정책의 성과를 높이기 위해서는 북한이탈주민 전체를 포괄하는 일반적인 지원 이외에 여성 북한이탈주민에 특화된 지원정책이 필요하다. 여성 북한이탈주민에 대한 정책 또한 이들의 다양한 인적 특성과 생애주기단계에 따라 차별화할 필요가 있다. 예를 들어 정규교육이 효과적인 집단과 직업훈련이 효과적인 집단, 육아부담이 집중되는 연령층과 건강문제가 중요하게 작용하는 연령층 등, 정책대상을 구분하여 정책을 차별화해야 한다.

(3) 지원제도의 성과평가 강화와 실효성 제고

북한이탈주민 지원제도의 실효성을 높이기 위해서는 현행 제도의 성과에 대한 엄밀한 평가가 이루어지고 그 결과가 제도의 설계 및 집행 단계에 반영되는 피드백 시스템이 구축되어야 한다. 성과평가가 제대로 이루어져야 제도상의 허점이나 도덕적 해이로 인한 자원배분의 왜곡을 막고 정책의 실효성을 높일 수 있다. 예를 들어 북한이탈주민이 일반기업에 취업을 하고 받는 근로소득과 보험혜택보다 통계상 미취업자로서 정부지원금과 비공식적인 일자리를 통해 얻는 소득이 더 크다면 이는 제도설계

가 잘못된 것이다. 지원제도의 성과평가를 위해서는 관련통계의 구축이 필요하다. 북한이탈주민에 대한 대규모 패널자료를 구축하고 이를 행정통계와 연계한다면 이들에 대한 정확한 실태 파악과 각종 지원제도의 성과평가가 가능할 것이다.

2) 취업역량 강화와 소득 증대

여성 북한이탈주민의 경제적 자립을 촉진하기 위해서는 무엇보다도 인적자본투자의 확대와 내실화를 통해 취업역량을 강화하고 이를 고용안정과 소득으로 연계시켜야 한다. 또한 사회적 자본을 확충하고 그 기능을 강화하여 북한이탈주민의 경제적 적응을 지원해야 한다. 아울러 북한이탈주민 지원제도의 성과에 대한 정기적이고 엄밀한 평가를 통해 지원제도의 실효성을 높이는 것이 필요하다.

(1) 인적자본투자의 확대 및 내실화

여성 북한이탈주민에 대한 인적자본투자를 확대하되, 인적구성의 다양성을 반영한 맞춤형 교육훈련 지원이 필요하다. 젊은 연령층에 대해서는 정규교육을 강화하고, 중고령층에 대해서는 직업훈련과정을 다양화하고 현장수요와의 연계를 강화하여 취업가능성을 높여야 한다. 업종별 · 직종별 전문교육 이외에 노동윤리나 직장 내 인간관계, 통상적인 용어 등 노동시장 적응을 위한 일반적인 교육도 필요하다.

① 20~30대 연령층에 대한 정규교육 지원 확대

젊은 연령층에 대한 정규교육은 이들의 취업역량을 높이는 가장 효과적인 방안의 하나다. 이에 따라 현행 지원제도에서 대학교는 만 35세 미만으로 거주지보호기간 중이거나 고등학교 졸업 또는 이와 동등 이상의 학력이 있다고 인정된 후 5년 이내에 원하는 대학에 정원 외 심사를 통해

합격하면 등록금을 지원하고 있다. 그러나 거주지 보호기간 5년 이내에 대학에 진학해야 지원이 가능한 반면, 20~30대 집단 역시 탈북비용 지불이나 초기 정착을 위해 상당기간 진학을 할 수 없는 경우가 많다. 또 대학에 진학하더라도 경제적 이유나 학습능력 등의 차이로 대학교육을 마치기 어렵고, 졸업 후에도 남한 출신과 경쟁하면서 취업률이 낮아지는 문제점이 지적된다.

따라서 20~30대 연령층에 대한 정규교육기회 확대를 위해서는 5년으로 제한되어 있는 연한을 늘릴 필요가 있다. 북한에서의 학력과 개인적 수학능력 등에 따라 4년제 대학뿐 아니라 전문대나 직업학교로의 진학 등 다양한 진로지도가 필요하며, 정상적으로 학업을 마칠 수 있도록 학습 도우미나 학업지원 서비스 등을 제공하고, 취업지원을 위한 다양한 서비스의 제공도 필요하다.

② 중장년층 여성에 대한 직업훈련 강화

40~50대 이상 연령층의 경우 정규교육보다는 직업훈련을 통한 취업역량 강화와 일자리 지원이 효과적이다. 그러나 현행 직업훈련제도는 실효성이 낮은 것으로 평가되고 있어, 문제의 근원을 찾아 이를 보완하는 작업이 필요하다. 무엇보다도 직업훈련 이수 후 취업으로 바로 연계될 수 있도록 훈련과정의 현장성을 높이고 관련 지원시스템을 현실화하는 것이 필요하다. 여성 북한이탈주민이 실제 주로 취업하는 일자리와 잠재적으로 취업 가능한 일자리를 분석하고, 이러한 일자리가 요구하는 자격요건을 충족시킬 수 있도록 훈련과정을 설계해야 한다. 또한 여성 북한이탈주민의 연령이나 학력, 북한에서의 직업 등 다양한 특성에 따라 직업훈련과정과 일자리를 연계해주는 지원서비스가 필요하다.

직업훈련이 취업과 연계되기 위해서는 여성 북한이탈주민에 대한 눈높이 교육도 필요하다. 예를 들어 저학력·저숙련 중장년층 여성이 직업훈련을 통해 취업 가능한 일자리는 주로 제조업 생산직이나 서비스 분야

인 반면, 여성 북한이탈주민은 사무직을 선호하여 인력 수요와 공급 간에 불일치(mismatch)가 발생하고 있다. 따라서 현실적인 일자리 구조와 전망에 대한 정보 제공과 상담 서비스의 강화가 필요하며, 저학력 · 저숙련 인력에 대한 사회적 일자리의 개발과 제공도 필요하다.

③ 남한거주기간에 따른 단계별 지원

남한거주기간이 길다고 해서 여성 북한이탈주민의 경제적 적응이 높은 것은 아니다. 거주기간별로 각기 다른 형태의 문제들에 직면하게 된다는 점에서, 각 단계에 맞는 차별화된 지원이 필요하다. 김화순(2009)은 생애주기적 관점에서 정착준비기, 지역사회 적응기, 사회통합 준비기, 보호종료 후 사회통합의 각 단계별 세분화된 지원이 필요함을 역설한 바 있다.

예를 들어 취업 전 훈련뿐 아니라 취업 후 훈련을 강화할 필요가 있다. 취업 전 훈련이 취업을 위한 기초능력 확보에 목적이 있다면, 취업 후의 직장 내 훈련은 북한이탈주민이 경력을 쌓고 전문성과 숙련도를 향상시키는 것을 목적으로 한다. 그러나 북한이탈주민 대부분이 영세 사업장에 취업해 있어 직장 내 교육훈련 여건이 미흡하다는 점에서, 이들을 위한 현실적인 지원이 필요하다. 또한 일회성 직업훈련이나 취업지원이 아니라, 평생학습 및 지원 차원에서 북한이탈주민에 대한 직업훈련과 취업알선, 상담 서비스 등의 제공이 필요하다.

(2) 사회적 자본의 구축 강화

북한이탈주민이 남한사회에서 구축하는 인적 네트워크는 이들의 경제적 적응뿐 아니라 남한사회에의 정착 전반에 큰 도움이 될 수 있는 중요한 사회적 자본이다. 북한이탈주민의 인적 네트워크로서 정착도우미나 전문상담사의 역할을 강화하고 앞서 정착한 북한이탈주민의 멘토 기능을 강화함으로써 북한이탈주민의 정착을 도울 수 있는 사회적 자본을 확충할 필요가 있다.

① 인적 네트워크 강화

북한이탈주민의 사회적 자본 확충 측면에서 보면, 현재의 종교단체 위주의 모임뿐 아니라 지역사회를 중심으로 하나센터, 북한이탈주민 관련 NGO, 기업의 사회적 활동 등과의 연계를 통한 인적 네트워크의 구축이 필요하다. 현재 남한사회에서의 정착을 지원하기 위해 정착도우미와 전문상담사 제도를 운영하고 있으나, 남한 출신 도우미나 상담사의 전문성과 북한이탈주민에 대한 이해 부족 등으로 충분한 효과를 거두지 못한다는 지적이 많다. 따라서 북한이탈주민 정착도우미와 전문상담사 등이 북한이탈주민과의 상호 신뢰관계를 구축하고 전문적인 서비스를 제공할 수 있도록 교육과 지원이 필요하다.

아울러 멘토링(mentoring) 제도의 실효성 제고가 필요하다. 현행 멘토링 제도는 남한 출신 멘토와 북한이탈주민을 짝지어 시행되고 있는데, 경제적 적응에 성공한 북한이탈주민을 멘토로 함께 활용하는 것이 효과적일 수 있다. 남한 출신 멘토의 경우 북한이탈주민에 대한 이해가 부족하고 북한이탈주민 역시 정착 초기에 남한사회나 남한 출신에 대한 신뢰도가 낮아 멘토링 제도의 효과가 낮을 수 있다. 따라서 정착 초기의 현지적응은 북한이탈주민 멘토와 남한 출신 멘토가 공동으로 담당하고, 심리상담이나 직업훈련, 취업이나 창업 등과 관련해서는 전문상담사와 연계시켜주는 시스템이 필요할 것으로 보인다.

② 북한이탈주민 성공모델 발굴과 홍보

북한이탈주민의 성공적인 정착을 위해서는 이들에 대한 남한사회의 인식 개선이 필요하며, 북한이탈주민 스스로도 남한사회에서 뿌리내리고 성공할 수 있다는 자신감이나 희망이 필요하다. 이러한 차원에서 북한이탈주민 중 남한사회에서 다양한 분야에 진출하여 성공한 사례들을 발굴하여 적극 홍보하고 북한이탈주민에 대한 멘토로서의 역할을 강화할 필요가 있다.

(3) 정부지원제도의 성과평가 강화와 실효성 제고

① 통계DB 구축과 통계기반 정책평가 강화

북한이탈주민 지원제도의 실효성을 높이기 위해서는 정책목표와 성과지표를 명확히 하고 목표 달성도에 대한 평가와 피드백을 통해 성과관리를 강화해야 한다. 북한이탈주민 지원제도의 중장기 목표와 이에 따른 구체적인 성과지표를 도출하고, 주기적인 성과평가를 통해 지원제도를 개편·보완함으로써 정책의 실효성을 높여야 한다.

성과평가를 위해서는 체계적인 북한이탈주민 통계DB의 확충이 필요하다. 북한이탈주민 통계로는 북한이탈주민지원재단에서 실시하고 있는 실태조사가 가장 대표적이나, 지원제도의 수혜실적이나 구체적인 성과에 대한 객관적 통계와는 연계되어 있지 않아 성과평가에는 한계가 있다. 따라서 북한이탈주민 패널자료를 구축하고 이를 지원제도별 실적자료나 고용보험DB 등 행정통계와 연계하여 지원제도별 성과평가가 가능토록 할 필요가 있다.

② 맞춤형 일자리 지원과 복지

여성 북한이탈주민의 연령과 교육수준, 직업경험, 건강상태 등 개인적 특성에 따라 정책대상을 그룹화하고 각각에 적합한 정책조합(policy mix)을 제공할 필요가 있다. 예를 들어 고학력·고숙련 그룹에 대해서는 전문직·사무직 취업이 가능토록 지원하고, 특히 북한에서의 전문직 경험을 살릴 수 있는 일자리 개발과 지원이 필요하다. 저학력·저숙련 그룹에 대해서는 민간부문에 대한 취업지원과 함께 사회적 기업이나 공공 일자리 등을 통한 취업지원도 필요하다. 건강 등의 이유로 경제활동이 어려운 계층은 취약계층으로 분류하여 복지 차원에서 접근해야 한다.

또한 여성이 갖는 특수성을 고려하여 경제활동의 애로요인을 해결해 주어야 한다. 20~30대 여성에 대해서는 출산과 육아에 대한 지원을 강화해야 하며, 미취학자녀에 대한 보육 지원뿐 아니라 취학자녀에 대한 방과

후 교육이나 진로지도와 교육정보 제공과 같은 지원도 필요하다. 중고령층에서는 건강문제가 취업의 장애요인인 경우가 많으므로 이에 대한 사전적·사후적 지원을 강화하되, 취업자에 대한 역차별 현상이 일어나지 않도록 제도를 정비해야 한다.

③ 경제활동에 대한 인센티브 강화

북한이탈주민 지원제도는 기본적으로 경제활동을 촉진하는 방향으로 설계·운용되어야 하며, 이를 위한 제도 개선이 필요하다. 취업으로 일정수준의 소득이 발생하는 경우 기초수급 지원 대상에서 제외되기 때문에 취업 자체를 기피하는 문세에 대한 지석이 많다. 따라서 취업과 동시에 다양한 복지혜택이 감소함으로써 취업 시 효용이 미취업 시보다 오히려 낮아지는 역전현상이 일어나지 않도록 지원제도의 개편이 필요하다.

각종 장려금제도의 개선도 필요하다. 직업훈련장려금이나 자격취득장려금의 경우 장려금 수령을 목적으로 구직의사와 무관하게 직업훈련을 받거나 자격증을 취득함으로써 취업과 연계되지 못하는 경우가 많다. 직업훈련이나 자격증이 취업과 연계될 수 있도록 정책대상의 선정이나 장려금 지급방법 등에 대한 개선이 필요하다. 고용지원금이나 취업장려금의 사중손실 문제도 해결해야 한다. 이러한 지원이 북한이탈주민의 안정적 취업을 촉진하고 기업의 인력충원 및 경쟁력 제고로 이어질 수 있도록 면밀한 검토가 필요하다.

3) 소비생활적응과 삶의 질 제고

만족스러운 소비생활을 영위하는 것은 취업과 소득획득의 궁극적인 목표라고 할 수 있다. 따라서 여성 북한이탈주민의 경제적 자립과 삶의 질을 위해서는 적정한 소득획득과 함께 일상생활의 필요를 채우고 만족을 줄 수 있는 소비의 실천이 요구된다. 성공적인 소비생활적응 지원을 위한

정책은 크게 적정 소비수준의 유지를 위한 정책과 소비자로서의 역량 향상을 위한 정책으로 나누어 접근할 수 있다. 근로능력이 취약하고 소득이 제한된 상황에서 적정 소비수준을 유지하는 것과 함께 삶의 질을 결정하는 다양한 소비영역을 학습하고 건전한 소비태도를 갖는 것은 매우 중요하다.

(1) 적정 소비수준과 소비행태 달성을 위한 지원 강화

① 정착금의 현실화

북한이탈주민을 위한 정착지원제도의 변화 중 가장 큰 변화는 정착금의 급격한 축소라고 할 수 있다. 자립과 자활을 촉진하기 위해 2005년부터 정착금을 정액화하였고, 2007년부터는 1인 세대 기준 1천만 원에서 600만 원으로 축소했다가 2013년부터는 700만 원을 지급하고 있다. 이 중 초기정착금은 400만 원이고 나머지는 분할 지급된다. 정착금을 줄이는 대신 취업 및 고용 장려금을 지급한다는 취지다. 그런데 이러한 정착금, 특히 초기정착금의 적합성에 대해서는 재고가 필요해 보인다. 여성 북한이탈주민의 소비지출행태를 보면 부채에 매우 보수적이어서 부채보유율은 20% 미만이나, 부채를 지는 경우에는 평균 부채액이 1,000만 원을 상회하고 있다. 부채 이유 중에는 중개인에게 지불한 초기입국비용이나 질병치료 등이 있다. 특히 정착 초기에는 입국비용이나 의료급여로 충당되지 않는 질병치료로 인해 재정적인 압박을 받을 가능성이 크다. 따라서 초기정착금으로 입국비용, 질병치료, 기본적인 생활용품 마련 등 정착 초기의 비용을 어느 정도 감당할 수 있는지에 대한 점검이 필요하며, 실제 자료를 근거로 사회보장지원의 목표를 정하고 정착금을 조정할 필요가 있다. 정착금의 결정은 북한이탈주민의 실제 소비지출 자료를 근거로, 또한 다른 생계급여, 의료급여, 주거지원 등의 제도와 연동하여 통합적인 시각에서 이루어져야 한다.

② 안정적이고 실질적인 주거 지원

여성 북한이탈주민의 소비지출에서 대북송금과 주택관련 비용 등의 필수지출비목으로 인한 고정비용 지출이 높다. 특히 주택은 갖고 싶은 열망재 1위이며 주택자금 마련이 저축과 부채의 주요 이유이기도 하다. 이는 북한이탈주민의 정착에 있어 주택문제가 심각한 실질적 변수임을 말해준다. 북한이탈주민에게는 영구·공공임대아파트의 지급과 임대보증금 지원 등이 제공되는데, 대체로 특정지역의 임대아파트를 중심으로 밀집거주지역이 형성되어 있다. 이는 북한이탈주민 간의 정보공유나 정서적 지지에는 긍정적인 측면이 있으나 대부분의 북한이탈주민은 이 지역을 벗어나서 새로운 주택을 마련하기를 원하고 그것을 삶의 질 향상의 기준으로 생각한다.

따라서 북한이탈주민이 과도한 주거비로 인해 경제적 적응이 어려워지지 않도록 실질적인 지원이 필요하다. 북한이탈주민의 선호와 수요에 맞도록 임대주택을 지역별·규모별로 다양화하여 선택의 폭을 넓혀주고, 단기간 지원으로 한정하는 대신 자립할 수 있을 때까지 안정적인 지원을 담보할 필요가 있다. 또한 주택마련이나 주거이전 등의 의사결정은 많은 정보와 의사결정 기준을 필요로 한다는 점에서, 북한이탈주민의 주거에 대한 의사결정을 지원하는 교육 및 상담이 활성화되어야 한다. 이를 통해 북한이탈주민의 주택에 대한 불안감을 해소하고, 아울러 주택소유보다 사용에 초점을 맞추는 보다 합리적인 소비가치의 전환을 도모해야 한다.

③ 건강관련 지출부담 완화

건강의 상실은 취업이나 소득뿐 아니라 소비수준과 소비생활적응에도 유의한 영향을 미친다. 여성 북한이탈주민의 경우 탈북과정에서의 어려움 등으로 건강을 해치는 경우가 많아 건강에 관심이 매우 높고 그만큼 건강에 대한 지출도 많다. 보건의료비는 소비지출액 기준으로 3대 비목에 포함되며, 질병 및 재난에 대한 대비는 저축을 하는 주요 이유이고, 보

험에 대한 과도한 지출부담 역시 건강 상실에 대한 대비로 판단된다. 그러나 이들의 건강관련 소비는 의료기관 이용과 같은 사후적인 것에 머무르고, 운동과 같은 예방적 소비는 거의 이루어지지 않고 있다.

따라서 여성 북한이탈주민의 건강유지와 건강관련 지출부담을 완화하기 위해서는 의료기관 이용이나 의료비 감면 등의 사후적 혜택을 강화하는 방안과 더불어 건강증진 프로그램 제공 등 예방 차원의 접근방법이 필요하다. 사후혜택으로는 의료급여 대상자가 아닌 여성 북한이탈주민에 대해서도 의료비 감면 등을 통해 의료비 부담을 줄여주고 과도한 보험의 필요성을 줄일 필요가 있다. 장기치료가산금이 있기는 하나 북한이탈주민 중에서도 탈북과정에서 건강을 상실한 여성 북한이탈주민의 치료를 위해 이 가산금으로 어느 정도 충당 가능한지에 대한 고려가 필요하다. 이들의 건강에 대한 지원은 취업과 소득활동, 소비생활에 있어서 건강한 남한사회의 일원으로 활동할 수 있도록 길을 열어주는 초석과 같은 것이다. 예방 차원에서는 일상적인 건강관리가 가능하도록 지역사회의 공공체육시설 이용 등을 지원하거나, 건강한 식생활이나 운동 등 일상생활에서의 건강관리 필요성에 대한 인식 및 실천력 제고가 필요하다.

④ 생계급여 · 의료급여 제도의 차별적 · 효과적 운용

국민기초생활보장제도의 문제점으로 가장 많이 지적되는 것은 일괄적 수급자 선정시스템이다. 즉, 수급자로 선정되느냐 아니냐에 따라 생계비, 의료, 교육, 주거에 대한 지원 여부가 일괄적으로 결정된다(전희정 · 임란 · 박정인, 2012). 북한이탈주민의 경우 이전에는 본인이 탈수급자가 되는 경우뿐 아니라 가족 중 한 사람이라도 4대 보험에 가입되는 경우 의료보호를 받지 못하게 되었으나(장명선 · 이애란, 2009), 현재 의료급여에 대한 취업특례제도가 도입됨으로써 거주지보호기간 중인 북한이탈주민이 고용보험 가입 직장에 취업한 가구는 소득인정액에 해당하는 한 의료보호가 가능하도록 제도 개선이 이루어졌다(통일부, 2013). 이는 북한이탈주민의 탈수

급 노력과 근로동기를 촉발하고 경제적 자립을 촉진하는 개선책이라 할 수 있다.

또한 북한이탈주민의 경우 직업훈련 등을 통해 남한생활에 적응하기까지 생계지원이 필요하다는 점에서, 일반 빈곤층과 다른 시각으로 접근할 필요가 있나. 기초생활보장제도가 대체로 빈곤층을 대상으로 하기 때문에 초기에 기초생활보장 수급자가 될 수밖에 없는 북한이탈주민은 스스로 빈곤층으로 인식하며 좌절하기 쉽다. 따라서 북한이탈주민의 적응기간 동안 생활보장을 지원하는 제도라는 개념을 도입하여, 기초생활보장 수급자가 됨으로써 스스로 빈곤층으로 전락했다는 낙인의식에서 벗어나 적극적이고 능동적으로 남한사회에 적응하도록 할 필요가 있다.

⑤ 저축 장려

여성 북한이탈주민의 절반 이상은 저축이 없고, 노후대비에 실질적인 계획이 없다. 이들은 소득의 감소나 자녀의 교육, 주택마련, 혼사나 장례 등 생애주기상의 변화, 노년기 등에 대처할 능력이 없는 것이다. 저축행동은 저축할 수 있는 능력뿐 아니라 저축하고자 하는 의지에 의해 결정된다. 더욱이 북한이탈주민에게 저축은 자본주의사회에서 등장한 새로운 개념이므로, 이들의 저축의지를 키워주고 저축행동을 촉진하기 위한 고려가 필요하다. 따라서 서울시에서 저소득 가구를 대상으로 일정 저축에 대한 매칭지원을 해주는 희망플러스통장 사업과 같이 북한이탈주민을 대상으로 특화된 저축장려책을 고안할 필요가 있다.

(2) 소비자역량 강화를 위한 소비자정책 실현

① 신뢰할 수 있는 거래환경 조성

본 연구에서 약 절반의 여성 북한이탈주민은 시장거래에서 속을까봐 두려움을 갖는다고 하였고, 이것은 심리적응의 한 부분으로 제시되었다. 북한이탈주민의 불신 성향은 북한과 탈북과정에서 겪은 경험에 의한 것일

수도 있지만, 남한의 시장환경에서의 경험에 의한 것이기도 하다. 예컨대 박용석 · 원혜일(2010)의 연구에서 북한이탈주민은 금융피라미드, 다단계 판매, 보이스피싱, 보험사기 등 특수형태의 소비자피해를 많이 경험하고 있으며, 이의 주된 원인으로 남한의 경제생활 전반에 대한 이해 부족을 들고 있다고 하였다. 따라서 이들의 시장경제에 대한 이해도를 높이는 동시에 소비자피해 예방과 보호를 위한 제도적 배려가 필요하다. 공정거래위원회가 제시한 우리나라의 2012~2014년 소비자정책 기본계획의 기본방향 6가지 중 하나인 '신뢰할 수 있는 거래 환경 조성' 실행 시에 북한이탈주민과 같은 취약소비자를 고려한 구체적인 방안, 예를 들어 소비자피해의 사전예방을 모색하고 신속하고 효과적인 구제방안을 마련할 필요가 있다.

② 소비자교육 기회 확대를 위한 협조체계 구축

북한이탈주민의 소비자역량 강화를 위해 소비자교육의 기회를 확대할 필요가 있다. 현재 여성 북한이탈주민을 위한 소비자교육은 하나원 교육 총 420시간 중 2~3시간 포함된 것 외에 거의 이루어지고 있지 않으며 그나마 소비자교육이라기보다는 일반적인 사회경제교육에 포함되어 있다. 또한 하나원 퇴소 후 거주지보호기간 중 최초 1년 내에 참여하는 지역적응센터 제공 교육에서도 극히 일부만 포함되어 있다(박용석 · 원혜일, 2010).

본 연구에서 남한에서의 직업훈련이 소비생활부적응 유형에 속할 확률을 낮추는바, 직업훈련보다 소비생활적응과 관련된 전문적이고 다양한 교육의 기회를 제공할 때 적응수준을 높이는 데 더욱 효과적일 것이다. 소비자교육은 소비자기본법 제14조에 소비자권리의 하나로 "국가와 지방자치단체는 소비자의 능력 향상을 위한 교육을 실시하여야 함"이라고 규정되어 있다. 이에 공정거래위원회는 2009~2011년도 제1차 소비자정책기본계획과 2012~2014년도 제2차 소비자정책기본계획에서 체계적인 소비자교육 및 정보제공을 중요한 실행방안의 하나로 제시하고 있다. 특

히 정보습득 기회가 제한적인 취약계층 대상 교육 강화를 시행계획으로 삼고 있다. 따라서 여성 북한이탈주민을 취약계층으로 간주하여 소비자교육의 주요 대상으로 포함시켜야 하며, 북한이탈주민의 특수성을 고려한 교육 콘텐츠와 교육방식 등의 개발이 필요하다. 공정거래위원회나 한국소비자원이 주체가 되어 하나원이나 지역적응센터, 직업훈련기관 등과 건강지원센터, 소비자단체, 그리고 북한이탈주민단체들 간의 협조체계를 마련하여, 적합한 교육 프로그램을 제공하고 소비자교육이 이루어질 수 있는 통로를 확대해야 한다.

③ 소비생활적응에 대한 포괄적인 목표 설정

일반적인 소비자역량 향상을 목표로 하는 소비자교육과 다르게 북한이탈주민을 위한 소비자교육은 남한에서의 소비생활적응을 목표로 해야 하며, 이는 시장적응, 심리적응, 문화적응, 금융적응을 모두 아우르는 것이어야 한다. 시장거래 관련 기술적인 측면만이 아니라 문화적·심리적 적응 영역에서의 가치와 태도, 생활방식, 금융적응을 위한 지식과 기술 등 포괄적인 내용을 포함해야 하며, 자발적 학습을 위해서 북한이탈주민 스스로 각 영역의 소비생활적응에 대해서 이해하고 목표를 세우도록 하는 것이 필요하다. 목표수립 시에 본 연구의 소비생활적응 척도를 표준으로 삼을 수 있으며, 소비생활적응 표준의 정교화와 확정을 위한 추후 연구도 요구된다. 지역적응센터에서의 지역적응을 위한 초기집중교육에 소비생활교육을 포함해야 하며, 일회성 정보제공 방식으로만이 아니라 실천적 지식을 통해 태도 및 행동의 변화를 가져올 수 있는 전문적인 교육을 실시해야 한다.

본 연구에서 여성 북한이탈주민의 소비생활적응을 유형으로 구분해 볼 때 모든 영역에서 적응을 잘 하고 있는 고적응 유형은 전체의 25%에 불과하고, 나머지는 심리, 시장, 금융, 문화적응 영역 중 어느 하나 혹은 두 개의 영역에서 현저하게 낮은 점수를 나타낸 집단임을 유의할 필요

가 있다. 시장경제 제도와 규범을 잘 받아들이지 못하고 소비생활에 혼란을 느끼는 문화부적응 유형과, 시장에 대한 신뢰와 시장거래에 있어서 자신감이 부족하고 소비안정성과 충족성이 미흡한 심리금융부적응 유형의 소비생활만족도는 특히 낮다. 시장경제제도와 문화적 규범에 대한 교육과 소비생활에 대한 소신과 지침을 갖추게 하고 자신감을 증진시키는 소비자교육은 북한이탈주민의 교육 시에 꼭 다루어야 하는 내용이라 하겠다. 이는 효율적인 소비뿐 아니라 남한생활에 대한 전반적인 적응도를 높이는 데 도움이 될 것이다. 소비자자신감을 높이기 위해서는 남한 소비생활에서 필요한 용어와 언어교육, 의사소통교육이 함께 이루어져야 하며, 언어적 차이에 대해 당당한 의식을 갖도록 하는 의식교육도 포함해야 한다. 여성 북한이탈주민의 소비안정성과 소비충족성을 높이기 위한 금융소비자교육이 필요하며, 효율적인 재무관리에 대한 교육이 절실하다. 인터넷 정보탐색과 구매 관련 교육 등의 내용을 일반적인 컴퓨터교육이나 직업훈련과정에 접목시키는 방안도 가능하다.

④ 특화된 소비자교육의 제공

북한이탈주민에게 소비자교육 기회를 확대함과 동시에 이들이 겪는 다양한 소비자문제를 고려하여 교육 콘텐츠와 교육방식을 개발해야 한다. 사례중심 교육, 현장중심 교육, 성공적인 사례를 활용하는 모델링 교육 등, 알기 쉽고 생활에 적용할 수 있는 효과적인 교육방법이 필요하다. 가족과 함께 교육할 필요가 있고 수준에 맞는 내용과 용어를 사용해야 하며 단계별 교육, 실습을 통한 교육이 필요하다. 소비생활적응 취약집단과 우수집단의 상호교류의 장을 만들어 상호간의 학습을 유도하거나, 성공적으로 적응한 선배 북한이탈주민과의 상호작용을 활성화하는 방안도 있다.

특히 여성 북한이탈주민의 정착단계를 세분화하고 각 단계별로 필요한 소비가치와 소비영역에 대한 면밀한 교육과정이 설계되어야 한다. 예

를 들면 초기적응단계에는 초기에 대부분 구입하는 휴대전화, 냉장고, TV, 세탁기 등 주요 제품에 대한 구매교육 및 시장환경에 대한 교육이 필요하다. 통신비의 높은 비중을 고려할 때 정착 초기에 휴대전화 선택 및 통신비 관리와 관련된 교육은 향후 건전한 소비지출을 위해 매우 중요하나. 또한 냉장고, TV, 세탁기 등 비용이 많이 드는 초기 구입 가전제품의 합리적 선택에 대한 교육은 재무건전성 확립에 매우 중요하다. 저축에 대한 개념 및 재무관리에 대한 내용 또한 초기적응단계에서 제시되고 행동으로 이어지도록 해야 한다. 적응 초기에 삶의 복지를 결정할 수 있는 다양한 소비의 영역들을 학습하고 자신의 기호나 상황에 맞추어 건전한 소비습관을 들이는 것이 중요하다. 정착 초기의 지원이 끝나는 시점에서는 성공적인 자립으로 이양될 수 있도록 재사회화 등의 교육이 필요하다.

(3) 소비생활적응 촉진을 위한 지원서비스의 체계화

① 지원서비스와 상담서비스의 전문화

정착도우미와 보호담당관 등을 통해 생활에 밀접한 소비생활적응에 대한 지원이 가능하도록 하여 적기에 적합한 도움을 제공할 수 있도록 해야 한다. 운영상에 있어서는 정착도우미의 경우 자원봉사제인 만큼 이들의 봉사수준과 성실도에 있어서 편차를 줄이려는 노력이 필요하다. 따라서 유급직으로 전환하거나 교육을 통해서 지원서비스의 질적 수준을 제고하여야 한다. 또한 북한이탈 과정에서 여성들이 겪을 수 있는 심리적·신체적 고갈상태를 이해하고 이들의 특수한 상황을 파악하여 구체적인 해법을 도모할 수 있도록 전문화된 상담서비스의 지속적 제공이 필요하다. 소비생활적응을 돕기 위해서는 시장거래에 대한 정보제공 등의 기술적인 접근과 함께 시장거래에서의 두려움을 없애고 사회제도와 규범에 대한 문화적 이해와 신뢰를 도모하는 심리적 접근을 병행할 수 있는 상담 서비스가 제공되어야 한다. 여성 북한이탈주민의 남한사회 적응과 경

제적 적응을 위한 종합적인 서비스가 가능하도록 상담 서비스의 제공이 전문화되어야 하며, 서비스의 질 유지를 위해 표준 서비스 매뉴얼 등의 활용이 필요하다.

북한이탈주민의 요구에 맞는 서비스를 제공하기 위해서는 각 서비스가 실제로 어떻게 활용되고 있고 서비스 이용자들의 만족도는 어떤지에 대한 정기적인 조사와 평가가 필요하다. 정착도우미나 보호담당관 등의 자격검증을 시행하고 북한이탈주민 지원을 담당할 전문인력 양성을 고려해야 한다. 먼저 적응에 성공한 선배 북한이탈주민을 이러한 서비스 제공자로 활용할 수 있는 방안도 모색할 필요가 있다.

② 남한주민과의 인적 네트워크 강화

여성 북한이탈주민의 성공적인 소비생활적응에는 남한사회의 적극적인 포용과 이해가 필수적이다. 여성 북한이탈주민이 그들만의 관계에 매몰되지 않고 남한사람들과의 네트워크를 통해 필요한 정보나 자원을 제공받을 수 있도록 하는 것이 중요하다. 따라서 북한이탈주민의 삶의 질을 그들만의 제한된 이슈로 국한하지 않고, 다문화사회의 사회적 구성원을 지지하고 사회적 통합을 발전시켜나갈 수 있는 긍정적 계기로 삼고자 하는 범사회적 노력이 필요하다. 사회의 주요 구성원으로서 북한이탈주민을 이해하고 이웃으로 다가가고자 하는 남한주민의 의식전환을 통해 상호신뢰라는 중요한 사회적 자본이 형성될 수 있을 것이다.

남한주민과의 인적 네트워크를 강화하기 위해서는 북한이탈주민에 대한 인식 개선을 위한 홍보수단의 개발과 쌍방향 커뮤니케이션이 중요하다. 예컨대 소비자단체나 시민단체에서 북한이탈주민 회원을 적극적으로 확보하고 기존 회원과의 협업을 통해 유대를 강화하도록 장려하는 방안이 있겠다. 좀 더 적극적으로는 정착 초기 자발적인 시민들의 참여를 도모함으로써 지역시민과 북한이탈주민과의 멘토링 제도나 이웃맺기 행사 등을 지속적으로 개최하는 것도 가능하다. 여성 북한이탈주민의 소비

자 역량을 강화함으로써 건전한 소비생활문화를 실천하며 사회적 통합이 이루어지도록 하는, 적극적인 정책적 발상의 전환이 필요하다.

참고문헌

강일규 · 고혜원(2003), 『북한이탈주민의 취업촉진을 위한 직업능력개발 방안』, 한국직업능력개발원.

강일규 외(2004), 『북한이탈주민 취업능력 향상을 위한 제도 개선방안 연구』, 한국직업능력개발원.

강일규 외(2010), 『북한이탈주민 중 북한자격 인정자의 직업경로 실태 연구』, 한국직업능력개발원.

강장석(2012), 『북한이탈주민 지원사업의 효과성 분석』, 국회예산정책처.

강창구(2010), 「북한이탈주민(새터민)의 정착장애요인 분석을 통한 정착지원 방안」, 『통일문제연구』, 22(1): 261-290.

강혜영 외(2009), 『입국후 5년 경과 북한이탈주민의 생활수준』, 통일부.

강휘원(2010), 「미국의 소수인종 통합정책 탐색: 교육, 복지, 언어정책을 중심으로」, 『한국정책연구』, 10(1): 51-71.

고용노동부(2013), 『2013 고용형태별 근로실태조사』.

고지영 외(2010), 『경기도 북한이탈주민 생활실태와 취업지원 방안 연구』, (재)경기도 가족여성연구원.

국회(2012), 『국회보』 2012.08.

국회예산정책처(2009), 『북한이탈주민 정착지원사업평가』.

____________(2011), 『2012년도 예산안 부처별 분석 Ⅱ』.

기획재정부(2012), 『2013년도 세입세출예산사업별 설명서』.

김경호(2006), 「새터민 정착지원체계의 대안적 모색」, 『대한정치학회보』, 14(1): 331-346.

김기옥(2010), 「소비생활복지, 어떻게 측정할 것인가?」, 『소비자학연구』, 21(3): 167-194.

김미령(2007), 「북한이탈주민의 삶의 만족도에 관한 연구」, 『임상사회사업연구』,

4(3): 19-39.

김병욱 · 김영희(2011), 『북한이탈주민 소비실태와 합리적 소비생활』, 북한이탈주민지원재단.

김상철(2008), 「탈북자(북한이탈주민) 문제 해결방안」, 『복지행정연구』, 24: 127-162.

김성윤(2009), 「북한이탈주민 정착과 지원정책에 관한 연구」, 『한국동북아논총』, 50: 231-252.

김연희(2009), 「북한이탈주민 정착지원정책 평가와 제언」, 『KPI 리포트』, 3, 한반도평화연구원.

김연희 · 백학영 · 이겨레(2010), 『북한이탈주민 정착지원사업 효과성 분석: 경제적응을 중심으로』, 통일부 연구용역보고서, 대구대학교.

김영수 외(2010), 『북한이탈주민의 효율적 정착지원 방안』, 행정안전부.

김영신(2005), 「소비자소외감, 소비생활수준만족도와 생활만족도에 대한 인과분석: 성별에 따른 중 · 고등학생과 대학생의 비교」, 『소비문화연구』, 8(3): 77-101.

김영자(1999), 「탈북주민의 남한사회 적응교육을 위한 자원봉사자의 필요성과 역할」, 『北韓』, 1999년 9월호: 176-191.

김우영(2003), 「결혼과 출산을 중심으로 한 여성 취업률의 동태적 분석」, 『노동정책연구』, 3(1): 67-101.

김창권(2007), 「북한이탈주민의 남한노동시장에서의 취업결정요인 연구」, 『경상논총』, 25(2): 15-39.

김화순(2009), 「북한이탈주민의 고용에 미치는 요인 연구」, 한국기술교육대학교 박사학위논문.

남수정(2007), 「소비에 대한 자기조절이 소비생활 만족도에 미치는 영향」, 『소비자학연구』, 18(3): 1-18.

노경란 · 김임태(2007), 『북한이탈주민 취업지원프로그램 개발 연구』, 한국고용정보원.

박명규 외(2012), 『2011 통일의식 조사』, 서울대학교 통일평화연구원.

박명희(2005), 「중국내 탈북여성의 생존 실태와 난민지위문제」, 『신아세아』, 12(2):

115-144.

박상인 · 김태종(2008), 『생계비 보조금이 북한이탈주민의 취업에 미치는 영향에 대한 실증적 분석』, 서울대학교 통일평화연구소.

박성재(2012), 「북한이탈주민의 한국사회 통합제고를 위한 취업지원제도 개선방안」, 『노동리뷰』, 10: 91-109.

박성재 · 김화순(2008), 「탈북이주민 직업훈련의 노동시장 성과에 관한 연구」, 『직업능력개발연구』, 11(2): 71-96.

__________ (2012), 「북한이탈주민 고용보조금제도 효과성 평가」, 『노동정책연구』, 12(1): 115-140.

박성재 · 김화순 · 황규성 · 송민수(2011), 『북한이탈주민의 직업 변동 및 취업지원제도 평가』, 한국노동연구원.

박수미(2002), 「한국여성의 '인적자본'이 취업에 미치는 영향에 대한 연구」, 『한국인구학』, 25(1): 113-143.

박용석 · 원혜일(2010), 『북한이탈주민의 소비실태 및 소비의식 조사 연구』, 한국소비자원.

박윤숙 · 윤인진(2007), 「탈북 청소년의 사회적 지지 특성과 남한사회 적응과의 관계」, 『한국사회학』, 41(1): 124-155.

박정란(2006), 「여성 북한이탈주민의 직업가치와 진로의사결정과정 연구: 북한에서 남한에 이르기까지의 맥락적 접근」, 이화여자대학교 박사학위논문.

______(2009a), 「여성 북한이탈주민의 자녀 돌봄과 일: 실태와 지원방안」, 『한민족문화연구』, 28: 97-135.

______(2009b), 『서독의 민관 지원이 북한이탈주민지원에 주는 함의』, 한반도 평화포럼.

박정란 · 강동완(2008), 「북한이탈주민의 노동시장 진입을 위한 직업능력개발 지원 개선 방안」, 『직업능력개발연구』, 11(1): 45-70.

박정란 · 강동완 · 김흥광(2010), 『북한이탈주민 일자리 현황 및 연계방안: 일자리 생애 사례분석을 중심으로』, 북한이탈주민지원재단.

박현식(2006), 「사회복지조직간 네트워크 구축의 장애요인 연구: 탈북자 정착 지원을 중심으로」, 『사회복지정책』, 25: 203-223.

백경민(2007),「탈북자의 취업에 대한 경제사회적 연구: 인적자본과 사회적 자본을 중심으로」,『한국사회학회 사회학대회 논문집』: 225-243.

법무부(2013),『2013 출입국 · 외국인정책 통계연보』.

______(2014),『북한이탈주민 정착 및 법률지원 핸드북』.

북한이탈주민지원재단(2010),『2010 북한이탈주민 기초설문조사 분석보고서』.

______________(2011),『2011 북한이탈주민 생활실태조사 기초분석 보고서』.

______________(2012),『2012 북한이탈주민 실태조사』.

______________(2013),『2013 북한이탈주민 경제활동 실태조사』.

북한인권정보센터(2012),『2011 북한이탈주민 경제활동 동향: 취업 · 실업 · 소득』.

사회통합위원회(2011),『2011 핵심프로젝트』(http://www.harmonykorea.go.kr/project2011/project12.asp; 검색일 2012.11.01)

선한승(1995),『북한 탈북노동자의 적응력 실태와 적응과제』, 한국노동연구원.

선한승 외(2005),『북한이탈주민의 취업실태와 정책과제 연구』, 한국노동연구원.

설진배 · 송은희(2013),「북한이탈여성의 자존감과 경제적 적응이 생활만족도에 미치는 영향」,『평화학연구』, 14(4): 291-314.

성영애(2010),「가계부채의 용도별 보유현황 및 결정요인에 관한 연구」,『소비자학연구』, 21(3): 29-52.

손상희(2013),「북한이탈 청소년의 소비생활 정착과정: 근거이론적 접근」,『소비자학연구』, 24(1): 327-362.

손상희 외(2012),「북한이탈 청소년의 남한생활 적응을 위한 소비자교육 프로그램 개발: 초기적응 프로그램을 중심으로」,『소비자정책교육연구』, 8(3): 1-26.

손상희 · 정진화 · 김정은 · 박종옥(2014),「여성 북한이탈주민의 소비생활적응 연구」,『소비자문제연구』, 45(3): 329-357.

송영훈(2012),「북한주민의 통일의식, 주변관계 인식, 남한적응실태」,『북한주민통일의식과 북한사회변동: 2012 북한이탈주민 조사결과』, 서울대학교 통일평화연구원.

송태수(2009),「독일통일 20년의 경제적 통합과정: 평가와 함의」,『한독사회과학논총』, 19(4): 173-208.

양세정(1998),「주부취업과 가계소비지출」,『대한가정학회지』, 36(1): 169-186.

염유식 · 김여진(2011), 「북한이탈주민의 사회연결망 형성과 유형에 대한 근거 이론 연구」, 『한국사회학』, 45(2): 91-129.

유길상 · 박성재 · 김화순(2007), 『북한이탈주민에 대한 효과적인 직업훈련 지원방안』, 노동부.

유시은(2009), 「북한이탈주민의 경제적 적응 영향 요인 분석: 7년 패널조사를 중심으로(2001년~2007년)」, 연세대 박사학위논문.

______(2012), 「패널모형에 의한 북한이탈주민의 고용결정요인」, 『통일연구』, 16(1): 5-35.

유시은 · 엄진섭 · 윤덕룡 · 전우택(2008), 「북한이탈주민의 소득 수준 변화에 영향을 미치는 요인: 7년 패널연구」, 『통일정책연구』, 12(2): 117-153.

유지웅(2007), 「북한이탈주민의 사회적 배제」, 『통일문제연구』, 19(1): 145-175.

윤덕룡(2003), 「북한이탈주민의 사회경제적 현황과 문제점」, 『북한이탈주민의 경제적 자립』, 부산대학교 사회복지연구소 심포지엄 자료집.

______(2006), 「경제적 적응상황분석과 대책」, 『웰컴 투 코리아: 북조선사람들의 남한살이』, 한양대학교출판부.

윤덕룡 · 강태규(1997), 「탈북자의 실업과 빈부격차에 의한 갈등 및 대책」, 『통일연구』, 1(2): 169-220.

윤승현(2011), 「북한이탈주민의 지원 정책과 제도 개선방안」, 『북한이탈주민 지원 정책 현황과 향후 과제』, 국회입법조사처.

윤인진(2000), 「탈북자문제의 실태와 분석: 탈북과 사회적응의 통합모델」, 『통일논총』, 18: 3-32.

______(2007), 「북한이주민의 건강과 경제적응의 관계」, 『보건과 사회과학』, 21(1): 65-96.

이금순(2011), 『북한이탈주민 정착 초기 수도권-지방 거주 비교 및 지방 분산 방안』, 통일부.

이금순 외(2003), 『북한이탈주민 적응실태 연구』, 통일연구원.

이기영(2006), 「북한이주민의 노동시장활동과 경제적 자립에 영향을 미치는 요인」, 『통일문제연구』, 45: 179-216.

이기춘 · 나종연(2007), 「북한이탈주민의 북한과 남한에서의 소비생활경험 연구」,

『한국소비자정책』, 3(2): 101-122.

이기춘 · 정진화 · 나종연(2008), 「북한의 2002년 '7.1 경제관리개선조치' 이후 소비생활연구」, 『소비자학연구』, 19(4): 161-188.

이기춘 외(2000), 「탈북인을 통한 북한의 소비생활 및 남한과의 이질화 연구」, 『한국가정관리학회지』, 18(4): 57-71.

이미경(2006), 「탈북여성과의 심층면접을 통해서 본 경제난 이후 북한여성의 지위 변화 전망」, 『가족과 문화』, 18(1): 33-55.

이성수(2008), 「구매시 지각된 위험과 정보탐색의 관계에서 소비자 자기효능감과 인지적 종결욕구의 역할」, 『한국심리학회 연차학술발표대회 논문집』, 378-379.

이승종 · 이달곤 · 정과호(2008), 『통일과정에서의 북한노동자 직업훈련정책에 관한 연구』, 서울대학교 통일평화연구소.

이애란(2010), 「북한이탈주민 여성의 사회정착 현황과 조기정착 방안」, 『JPI 정책포럼』, 19, 제주평화연구원.

이영선 · 구혜완 · 한인영(2011), 「학술논문분석을 통해 본 북한이탈주민 여성의 특수성」, 『통일문제연구』, 56: 147-193.

이찬 외(2007), 「북한이탈주민의 기초직업능력진단」, 『농업교육과 인적자원개발』, 39(3): 213-238.

이찬 · 나승일 · 이수경(2012), 『북한이탈주민 특화훈련과정 마련』, 고용노동부.

장명선 · 이애란(2009), 『서울시 북한이탈주민여성 실태조사 및 지원정책방안 연구』, 서울시여성가족재단.

________(2010), 「북한이탈주민여성의 취업지원을 통한 경제적 자립을 위한 연구」, 『통일문제연구』, 54: 275-319.

전연숙 · 김봉환(2005), 「북한이탈주민 취업지원프로그램의 개발 및 효과성에 관한 연구」, 『직업교육연구』, 24(1): 111-131.

전우택(2000), 「탈북자들의 남한사회 적응과 심리갈등에 대한 이해」, 『한국심리학회 춘계심포지엄자료집』, 67-91.

전우택 외(2006), 「남한 내 북한이탈주민들의 3년간 사회의식 변화 및 생활만족도에 대한 추적연구」, 『신경정신의학』, 45(3): 252-268.

전우택 · 유시은 · 엄진섭 · 김희진(2009), 「북한이탈주민의 사회적응 7년 추적연구: 생활과 교육을 중심으로」, 『통일연구』, 13(1): 127-157.

전희정 · 임란 · 박정인(2012), 「국민기초생활보장제도 개선에 대한 사회복지전담 공무원의 인식 연구」, 『사회복지연구』, 43(1): 229-247.

정병호 · 전우택 · 정진경(2006), 『웰컴투코리아: 북조선 사람들의 남한살이』, 한양대학교출판부.

정영숙(1999), 「노인의 소비생활 만족도가 삶의 질에 미치는 영향: 노인 및 예비노인 집단을 중심으로」, 『소비자학연구』, 10(1): 43-59.

정진화 · 손상희 · 이주관(2013), 「여성 북한이탈주민의 교육훈련과 취업」, 『통일정책연구』, 22(1): 267-296.

조영남(2012), 『용과 함께 춤을 추자』, 민음사.

조정아 · 정진경(2006), 「새터민의 취업과 직장생활 갈등에 관한 연구」, 『통일정책연구』, 15(2): 29-52.

조천현(2002), 「탈북경로의 유형 및 실태와 현황: 생계형 탈북에서 삶의 질 향상 위한 형태로 급증」, 『北韓』, 2002년 10월호: 62-68.

통계청(2014, 2013), 『경제활동인구조사』. (http://kosis.kr/statisticsList/statisticsList_01List.jsp?vwcd=MT_ZTITLE&parmTabI Id=M_01_01; 검색일 2014.11.12.)

통일부(2009), 『2009 통일백서』.

______(2013), 『북한이탈주민 정착지원 실무편람』.

______(2014a), 『북한이탈주민정책』. (http://www.unikorea.go.kr/content.do?cmsid=1518; 검색일 2014.10.25.)

______(2014b), 『2014 통일백서』.

한국소비자원(2007), 『국민 소비행태 및 의식구조 조사』.

한국은행(2014), 『북한경제통계』. (http://www.bok.or.kr/broadcast.action?menuNaviId=2236; 검색일 2014.10.25)

허경옥(2004), 「타인과 본인의 비합리적 소비성향 및 소비생활만족도」, 『소비문화연구』, 7(3): 85-101.

허준영(2011), 『동독이탈주민에 대한 서독의 통합정책과 한국에의 시사점: 직업통

합을 중심으로』, 통일부.

______(2012), 「북한이탈주민 사회통합정책 방안모색: 서독의 갈등관리에 대한 비판적 검토」, 『통일정책연구』, 21(1): 271-300.

현경자 · 김연수(2011), 「여성결혼이민자의 한국생활적응 측정도구 개발연구」, 『보건사회연구』, 31(4): 63-100.

홍두승 · 설동훈(2012), 『사회조사분석』, 다산출판사.

Bandura, Albert (1977), "Self-Efficacy: Toward a Unifying Theory of Behavioral Change," *Psychological Review*, 84(2): 191-215.

Bearden, William O., David M. Hardesty and Randall L. Rose (2001), "Consumer Self-Confidence: Refinements in Conceptualization and Measurement," *Journal of Consumer Research*, 28(1): 121-134.

Becker, S. Gary (1993), *Human Capital: A Theoretical and Empirical Analysis, with Special Reference to Education*, Chicago: University of Chicago Press.

Berry, John W. (1994), "Acculturation and Psychological Adaptation: An Overview," In Anne-Marie Bouvy, van de Vijver, Fons J. R., Pawel Boski, and Paul G. Schmitz Lisse(ed.), *Journeys into Cross-Cultural Psychology*, Netherlands: Swets & Zeitlinger Publishers: 129-141.

Böhnke, Peter (2008), "Does Society Matter? Life Satisfaction in the Enlarged Europe," *Social Indicator Research*, 87(2): 189-210.

Borjas, George J. (1994), "The Economics of Immigration," *Journal of Economic Literature*, 32(4): 1667-1717.

Bourdieu, Pierre (1986), "The Forms of Capital," In J. G. Richardson (ed.), *Handbook of Theory and Research for the Sociology of Education*, Westports, CT: Greenwood Press: 241-258.

Bryant, W. Keith (1990), *The Economic Organization of the Household*, London: Cambridge University Press.

Burt, Ronald S. (1997), "The Contingent Value of Social Capital," *Administrative Science Quarterly*, 42(2): 339-365.

Campbell, Angus, Philip E. Converse and Willard L. Rodgers (1976), *The Quality of American Life: Perceptions, Evaluations, and Satisfactions*, New York: Russell Sage Foundation.

Chiswick, Barry R. (1978), "The Effect of Americanization on the Earnings of Foreign-born Men," *Journal of Political Economy*, 86(5): 897-921.

Clark, Andrew E. (2009), "Work, Jobs and Wellbeing across the Millennium," OECD Social Employment and Migration Working Paper 83.

Clark, Andrew E. and Andrew J. Oswald (1994), "Unhappiness and Unemployment," *Economic Journal*, 104(May): 648-659.

Coleman, James S. (1988), "Social Capital in the Creation of Human Capital," *American Journal of Sociology*, 94: 95-120.

Connor, Phillips (2010), "Explaining the Refugee Gap: Economic Outcomes of Refugees versus Other Immigrants," *Journal of Refugee Studies*, 23(3): 377-397.

Diener, Ed (1984), "Subjective Well-being," *Psychological Bulletin*, 85: 542-575.

Diener, Ed, Ed Sandvik, Larry Seidlitz and Marissa Diener (1993), "The Relationship Between Income and Subjective Well-being: Relative or Absolute?" *Social Indicators Research*, 28(3): 195-223.

Ferrer-i-Carbonell, A. (2005), "Income and Well-being: An Empirical Analysis of the Comparison Income Effect," *Journal of Public Economics*, 89(5): 997-1019.

Gerlach, Knut and Gesine Stephan (1996), "A Paper on Unhappiness and Unemployment in Germany," *Economics Letters*, 52(3): 325-330.

Glenn, Norval D. and Charles N. Weaver (1981), "The Contribution of Marital Happiness to Global Happiness," *Journal of Marriage and the Family*, 40(1): 161-168.

Granovetter, Mark S. (1973), "The Strength of Weak Ties," *American Journal of Sociology*, 78(6): 1360-1380.

Hao, L. and Y. Kawano (2001), "Immigrants' Welfare Use and Opportunity for Contact with Co-Ethnics," *Demography,* 38(3): 375-389.

Hao, L. and Richard W. Johnson (2000), "Economic, Cultural, and Social Origins of

Emotional Well-being: Comparison of Immigrants and Natives at Mid-Life," *Research on Aging*, 22(6): 599-629.

Harrell-Bond, Barbaba E. (1986), *Imposing Aid: Emergency Assistance to Refugees*, Oxford: Oxford University Press.

Helliwell, John F. (2003), "How's Life? Combining Individual and National Variables to Explain Subjective Well-belling," *Economic Modelling*, 20(2): 331-360.

Hendricks, L. (2002), "How Important is Human Capital for Development?: Evidence from Immigrant Earnings," *American Economic Review*, 92(1): 198-219.

Katona, George (1975), *Psychological Economics*, New York: Elsevier Scientific Publishing Co.

Kuhlman, Tom (1991), "The Economic Integration of Refugees in Developing Countries: A Research Model," *Journal of Refugee Studies*, 4(1): 1-20.

Lemaitre, George (2007), "The Integration of Immigrants into the Labour Market: the Case of Sweden," OECD Social, Employment and Migration Working Papers, 48: 1-50.

Litwin, Howard (2005), "Correlation of Successful Aging: Are They Universal?" *International Journal of Aging and Human Development*, 61(4): 313-333.

Long, James E. (1980), "The Effect of Americanization on Earning: Some Evidence for Women," *Journal of Political Economy*, 88(3): 620-629.

Magrabi, Frances M. et al. (1991), *The Economics of Household Consumption*, New York: Praeger Publishers.

Mincer, Jacob A. (1960), "Employment and Consumption," *Review of Economics and Statistics*, 42(1): 20-26.

____________ (1974), *Schooling, Experience, and Earnings*, New York: Colombia University Press.

____________ (1994), "Human Capital: A Review," In Clark Kerr and Paul D. Staudohar (ed.), *Labor Economics and Industiral Relations*, Cambridge, MA: Harvard University Press, 109-141.

Nee, Victor and Jimy Sanders (2001), "Understanding the Diversity of Immigrant Incorporation: A Form of Capital Model," *Ethnic and Racial Studies*, 24(3): 386-411.

OECD (2012), *Settling in: OECD Indicator of Immigrant Integration*, OECD Publishing.

Ooak, Emi (2001), "Social Capital and Income Attainment Among Chinese Immigrants Entrepreneurs in Toronto," *Asian and Pacific Migration Journal*, 10(1): 123-144.

Oswald, Andrew J. (1997), "Happiness and Economic Performance," *Economic Journal*, 107(November): 1815-1831.

Park, Jin Heum (1999), "The Earnings of Immigrants in the United States: The Effect of English-speaking Ability," *American Journal of Economics and Sociology*, 58(1): 43-52.

Parkins, C. Richard (1984), "Public Policy Issues in Refugee Resettlement," *Journal of Religion & Spirituality in Social Work: Social Thought*, 10(3): 15-20.

Potocky-Tripodi, M. (2003), "Refugee Economic Adaptation: Theory, Evidence and Implications for Policy and Practice," *Journal of Social Service Research*, 30(3): 63-91.

__________ (2004), "The Role of Social Capital in Immigrant and Refugee Economic Adaptation," *Journal of Social Service Research*, 31(1): 59-91.

Putnam, Robert D. (1995), "Bowling Alone: America's Declining Social Capital," *Journal of Democracy*, 6: 65-78.

Rha, Jong-Youn, Catherine P. Montalto, and Sherman D. Hanna (2006), "The Effect of Self-Control Mechanisms on Household Saving Behavior," *Financial Counseling and Planning*, 17(2): 3-16.

Romal, Jane B. and Barbara J. Kaplan (1995), "Differences in Self-Control Among Spenders and Savers," *Psychology: A Journal of Human Behavior*, 32(2): 8-17.

Ross, Catherine E. and Marieke Van Willigen (1997), "Education and the Subjective Quality of Life," *Journal of Health and Social Behavior*, 38(3): 275-297.

Sanders, Jimy M. and Victor Nee (1996), "Immigrant Self Employment: The Family as Social Capital and the Value of Human Capital," *American Sociology Review*, 61(2): 231-249.

Schmidt, Christoph M. (1997), "Immigrant Performance in Germany: Labor Earnings of Ethnic German Migrants and Foreign Guest-Workers," *Quarterly Review of Economics and Finance*, 37(1): 379-397.

Schultz, Theodore (1961), "Investment in Human Capital," *American Economic Review*, 51(March): 1-17.

Shefrin, Hersh M. and Richard H. Thaler (1988), "The Behavioral Life-Cycle Hypothesis," *Economic Inquiry*, 26(4): 609-643.

Slack, T. and L. Jensen (2007) "Underemployment across Immigrant Generations," *Social Science Research*, 36(4): 1415-1430.

Sohn, Sang-Hee (2013), "Living in a Consumer Society: Adaptation Experiences of North Korean Youth Defectors in South Korea," *Asian and Pacific Migration Journal*, 22(1): 109-131.

Tienda, Marta and Ronald Angel (1982), "Headship and Household Composition Among Blacks, Hispanics, and Other Whites," *Social Force*, 60(2): 508-531.

UN High Commissioner for Refugees(UNHCR) (2002), "Refugee Resettlement," *An International Handbook to Guide Reception and Integration*. (http://www.unhcr.org/refworld/docid/405189284.html; 검색일 2013.02.20)

Var, Sokunvery, Senel Poyrazli and Kamini M. Grahame (2013), "Personal Well-Being and Overall Satisfaction of Life of Asian Immigrant and Refugee Women," *Journal of Asia Pacific Counseling*, 3(1): 77-90.

Waddell, Fred E. (1999), 『고객관리를 위한 재무상담』, 김경자 외 역, 시그마프레스.

Waldinger, R. (1997), *Social Capital or Social Closure? Immigrant Networks in the Labor Market*, LA: University of California.

Winkelmann, Liliana and Rainer Winkelmann (1998), "Why Are the Unemployed So Unhappy?: Evidence from Panel Data," *Economica*, 65(257): 1-15.

Winkelmann, Rainer (2009), "Unemployment, Social Capital, and Subjective Well-being," *Journal of Happiness Studies*, 10(4): 421-430.

Zhang, Zhuouni and Xiaogang Wu (2011), "Social Change, Cohort Quality and Economic Adaptation of Chinese Immigrants in Hong Kong," *Asian Pacific Migration Journal*, 20(1): 1-30.

찾아보기

ㅇ

ㅈ

ㅊ

ㅌ

ㅍ

Abstract

Economic Adaptation of Female Defectors from North Korea: Employment, Income and Consumption

Jin Hwa Jung and Sang-Hee Sohn

The number of defectors from North Korea (hereafter, defectors) residing in South Korea has rapidly increased since the latter half of the 1990s. At the end of 2013, the number of defectors exceeded 26,000, of which women comprised about 70% (Korean Ministry of Unification, 2014). To successfully resettle in South Korea, it is critical for defectors to achieve economic sustainability by securing a stable income and rational consumption behavior. However, most defectors experience significant difficulties gaining stable employment and income security, and engaging in rational consumption behavior. Among the defectors, women on average confront harsher conditions relative to men. This study focuses on female defectors and analyzes the current status of economic adaptation and determining factors, thereby drawing policy implications for the advancement of the economic security and welfare of the female defectors. Economic adaptation is analyzed in terms of both employment and income, and consumption patterns and adaptation. The research model was adopted based on the refugee economic integration model (Kuhlman, 1991), taking into account the unique characteristics of defectors and roles of human capital and social capital.

This book consists of six chapters. Following the introduction (Chapter

1), Chapter 2 examines the overall resettlement status of the defectors and relevant support systems based on related statistics and existing studies on defectors from North Korea. According to the North Korean Refugees Foundation (2013), defectors are subject to high unemployment rates and crowded into low-skill low-wage jobs if employed. As a result, their income levels are low and consumption levels are also poor. In particular, when compared to male defectors, female defectors have a lower economic activity rate, higher unemployment rate, and lower income level. Thus, while there is a need for an effective policy that could assist in the economic resettlement of defectors, policy-based consideration of female defectors is especially needed.

Chapter 3 explains the research method, survey contents and sample description for this study. The survey was conducted for female defectors from North Korea who reside in Seoul, South Korea. The women were between the ages of 25 and 60. Survey data from 278 female defectors were used in the analysis of economic adaptation. In examining the demographic characteristics of the respondents, the average age was 43 and over one-third of the respondents were in poor health. Married women with a spouse and married women without a spouse due to divorce or bereavement each comprised 40% of the respondents. With respect to the respondents' spouses, one-half were from North Korea, one-quarter from South Korea and one-quarter from China. Nearly 30% of the respondents were two-year college graduates or had a higher education degree from North Korea. With respect to human capital acquired in South Korea, about 20% of the respondents reported that they had completed some type of higher education and more than 70% of the respondents obtained vocational training in South Korea. The average period of

residency in South Korea was just short of six years.

Chapter 4 analyzes the employment status, income level and life satisfaction of the female defectors. According to the study results, female defectors' age, health condition, and the existence of under-aged children all had a significant effect on the probability of employment. While the level of schooling and residency in South Korea significantly increased the defectors' chances of employment, the human capital attained in North Korea did not have a significant effect. Educational attainment in South Korea increased employment chances around 20%, and in particular, significantly increased the chances of employment in white-collar jobs as compared to blue-collar jobs. Furthermore, educational attainment in South Korea plays a critical role in determining the income level (both personal earnings and household income) and overall life satisfaction of the female defectors. Thus, human capital accumulation through formal education in South Korea can be an effective strategy to enhance the probability of employment, especially in high-quality jobs, and subsequently, increase the income level and well-being of the female defectors. In contrast, the schooling level or professions attained in North Korea did not contribute to the economic adaptation of female defectors and their overall satisfaction with life in South Korea.

Chapter 5 analyzes the consumption patterns and consumption life adaptation level of female defectors from North Korea. In general, female defectors face significant financial constraints because their household expenditure level is low while requisite expenditures such as housing cost, debt redemption and remittance to North Korea is high compared to their overall living expenses. The consumption levels were determined by requirements such as health condition, the number of

family members and household income. Savings or debt levels were affected by job characteristics and income. Female defectors' level of consumption life adaptation was measured in four adaptation domains: psychology, market, financial, and cultural. The overall level of consumption life adaptation was nearly positive (2.79 on a 4-point scale), with the market adaptation level being the highest and the cultural adaptation being the lowest. Female defectors were classified into cultural maladaption (28.2%), psycho-financial maladaption (27.8%), market maladaption (19.1%), and well-adapted (24.9%). The probability of being included in each group was determined by the female defectors' human capital accumulation in South Korea, health condition, marital status, and prior market experiences in North Korea. Consumption satisfaction was significantly lower in the maladapted groups as compared to the well-adapted group.

In Chapter 6, we propose the basic principles of refugee support policies as reinforcing self-sustained economic security, personalized support tailored to the group characteristics, and policy design based on performance evaluation. Under these principles, policy measures are derived to enhance female defectors' employability and income levels, and also to facilitate their level of consumption life adaptation. In order to enhance the female defectors' employability and increase their income levels, we suggest expanded and more effective human capital investment, strengthened social capital, reinforcement of performance evaluations, and the improvement of the refugee support system. To facilitate the female defectors' successful adaptation as consumers, we propose the reinforcement of related support to sustain adequate consumption levels and consumer education programs to enhance consumer competence.

저자 약력

정진화

서울대학교 가정관리학과 학사(경제학 부전공)
서울대학교 대학원 석사(소비자경제학)
미국 일리노이대학교 석사, 박사(경제학)
산업연구원(KIET) 선임연구위원
한국여성경제학회 회장, 국민경제자문회의 위원
현 서울대학교 농업생명과학대학 농경제사회학부 교수

「여성 북한이탈주민의 교육훈련과 취업」(2013, 공저)
「한국 농가의 고령화와 농가소득에의 영향」(2013, 공저)
「농가소득의 양극화: 경영주 연령 및 소득원별 비교」(2012, 공저)
『한국사회의 양극화 현상과 대책: 소득 및 교육격차를 중심으로』(2011, 공저)
『AA제도의 경제적 의의와 성과』(2010, 공저)
「북한의 2002년 '7.1 경제관리개선조치' 이후 소비생활연구」(2008, 공저)

손상희

서울대학교 가정관리학과 학사
서울대학교 대학원 석사(소비자경제학)
미국 일리노이대학교 박사(소비자경제학)
대전대학교 생활과학부 교수
한국소비자정책교육학회 회장, 신용회복위원회 심의위원
현 서울대학교 생활과학대학 소비자학과 교수

"Living in a Consumer Society: Adaptation Experiences of North Korean Youth Defectors in South Korea"(2013)
「북한이탈 청소년의 소비생활 정착과정: 근거이론적 접근」(2013)
「북한이탈 청소년의 남한생활 적응을 위한 소비자교육 프로그램 개발: 초기적응 프로그램을 중심으로」(2012, 공저)
"Phases of Shopping Addiction Evidenced by Experiences of Compulsive Buyers"(2013, 공저)
"A Model of Compulsive Buying: Dysfunctional Beliefs and Self-Regulation of Compulsive Buyers"(2012, 공저)
『누가 행복한 소비자인가?』(2011, 공저)

서울대학교통일학연구총서

01 **북한체제의 형성과 한반도 국제정치**
김세균 외 7인

02 **북한 산업개발 및 남북협력방안: 지리적 접근**
박삼옥 · 허우긍 · 박기호 · 박수진

03 **탈북가족의 적응과 심리적 통합**
이순형 · 조수철 · 김창대 · 진미정

04 **남북한 환경정책 비교연구 1**
윤여창 외 6인

05 **남북한 환경정책 비교연구 2**
김정욱 외 4인

06 **남북통합지수, 1989-2007**
김병연 · 박명규 · 김병로 · 정은미

07 **통일한국의 어린이 영양**
이연숙 · 윤지현 · 심재은 · 장수정

08 **북미 대립: 탈냉전 속의 냉전 대립**
장달중 · 이정철 · 임수호

09 **네트워크 세계정치: 은유에서 분석으로**
하영선 · 김상배 엮음

10 **김일성사회주의청년동맹과 조선민주녀성동맹: 사회변동과 체제유지의 기제**
이온죽 · 이인정

11 **다플랫폼 다채널 시대의 통일방송**
윤석민 · 배진아 · 곽정래 · 이현우 · 채정화

12 **기초자료로 본 독일 통일 20년**
임홍배 · 송태수 · 정병기

13 **탈북인의 공 · 사적 관계와 의사소통**
이순형 · 김창대 · 진미정

14 북한의 『조선어학전서』 연구
권재일

15 판례로 보는 남북한관계
이효원

16 북한 경제에서의 시장과 정부
김병연 · 양문수

17 통일농업 성장보고서(1991~2009): 남북농업 교류협력 평가와 발전방향
최정남 · 김완배 · 리금 · 최장호

18 남북한 교류협력 거버넌스의 구조와 동학
정근식 · 정은미 · 강동완

19 독일 통일과 여성: 젠더 관점에서 조망한 독일의 분단과 새통일
한정숙 · 홍찬숙 · 이재원

20 북한사회와 굴절된 근대: 인구, 국가, 주민의 삶
박경숙

21 북한이탈청소년과 남한청소년의 도덕성, 법의식과 권위 인식
이순형 · 김창대 · 진미정

22 남북 언어의 어휘 단일화
권재일

23 남북한 젊은 세대의 통일관
강원택 · 이재철 · 조진만 · 한정택 · 김새미

24 북한이탈주민의 종교경험
이순형 · 최연실 · 진미정

25 여성 북한이탈주민의 경제적 적응: 취업, 소득, 소비
정진화 · 손상희

26 북한의 체육과 여가
나영일 · 현주 · 안지호 · 신영진 · 진현주 · 성제훈

27 중국의 대북 무역과 투자: 단둥시 현지 기업 조사
김병연 · 정승호

28 북한주민의 질병관과 질병행태
김석주 · 이왕재 · 박상민 · 이혜원 · 최희란

29 북한의 수학 연구 현황 분석
김도한 · 신정선